내 아이
실리콘밸리
CEO로
자라는 교육

내 아이 실리콘밸리 CEO로 자라는 교육

초판 1쇄 발행 | 2025년 8월 11일

지은이 | 김정호
펴낸이 | 박영욱
펴낸곳 | 북오션

주 소 | 서울시 마포구 월드컵로 14길 62 북오션빌딩
이메일 | bookocean@naver.com
네이버포스트 | post.naver.com/bookocean
페이스북 | facebook.com/bookocean.book
인스타그램1 | instagram.com/bookocean777
인스타그램2 | instagram.com/supr_lady_2008
X | x.com/b00k_0cean
틱톡 | www.tiktok.com/@book_ocean17
유튜브 | 쏠쏠TV·쏠쏠라이프TV
전 화 | 편집문의: 02-325-9172   영업문의: 02-322-6709
팩 스 | 02-3143-3964

출판신고번호 | 제 2007-000197호

ISBN 978-89-6799-887-5(03370)

*이 책은 (주)북오션이 저작권자와의 계약에 따라 발행한 것이므로 내용의 일부 또는 전부를 이용하려면 반드시 북오션의 서면 동의를 받아야 합니다.
*책값은 뒤표지에 있습니다.
*잘못 만들어진 책은 구입하신 서점에서 교환해 드립니다.

추천사

대다수 경제학자는 한국경제위기의 해법을 정책에서 찾는데, 저자는 독특하게 한국인의 역량 문제로 접근한다. 주어진 임무를 신속 정확히 해내는 역량으로 3만 달러 경제를 만들어냈지만, 그 역량의 한계 때문에 이 땅에 새로운 산업이 나오지 못한다고 진단한다. 새로이 필요한 글로벌 비즈니스 능력과 도전 정신, 회복탄력성 등의 역량은 어릴 때 가정에서, 유치원 교육부터 시작해야 한다는 저자의 제안이 독특하고 설득력 있다. 아이를 둔 부모, 경제학자, 정책결정자들에게 일독을 권한다.

◇ 김종석, 한국뉴욕주립대 교수 / 전 국회의원

저명한 경제학 교수가 "과거에 갇혀 있는 대한민국"에 해답을 찾고자 유치원에 왔습니다. 이미 10년 전부터 미래지향적 유아교육 방향을 제안해온 저자가 이번에는 《내 아이 실리콘밸리 CEO로 자라는 교육》으로 방황하는 대한민국 유아교육에 방향을 제시하고 있습니다. 책을 읽어 내려가는 동안 가슴이 두근거리고 눈물이 나는 이유는 무엇일까요? 아마도 당신이 유아교육자거나 어린 자녀를 둔 학부모라면 저와 같았을 겁니다. 어린 유아들의 미래를 걱정하는 학부모, 정책입안자, 학자, 교사 등 모두에게 이 책을 권합니다.

◇ 신미숙, (사)한국유치원총연합회 이사장 / 자연생태숲유치원 원장

아이를 글로벌 리더로 키우려면 잘못했을 때 곧바로 사과를 하고, 대우를 잘못 받았을 때 상대방의 눈을 똑바로 보고 말로 지적하는 법부터 가르쳐야 한다. 리더는 다양한 사람들을 조직하고 이끌 수 있어야 한다. 이번에 김정호 교수님이 펴낸 책에는 글로벌 리더의 기초적인 소양 교육에 대한 황금과 같은 말씀으로 가득하다. 뜻을 크게 품은 어머니들이 아이들을 글로벌 시대의 멋진 신사로 키우길 바란다.

◇ 김주성, 한국학중앙연구원 이사장 / 국가교육위원회 비상임위원 / 전 한국교원대학교 총장

2000년 노벨 경제학상 수상자인 제임스 헤크먼은 초기 유아교육에 대한 투자수익률은 놀라울 만큼 높으며, 유아교육이 대학교육보다 더 중요하다고 강조했습니다. 우리나라에서는 일찍이 김정호 교수께서 우리나라의 미래 발전을 위해서 획일적인 정부 주도의 공교육이 아니라 다양하고 창의적인 사립 유치원의 자율적인 교육이 바람직하다고 주장해왔는데, 정말 공감하며 사립 유치원을 통해 글로벌 인재가 많이 배출되기를 기대해봅니다.

◇ 이덕선, (사)한국유치원총연합회 전 이사장

인적 자본에 대한 투자는 어릴수록 효과가 좋다. 제임스 헤크먼에 따르면 인지능력도 중요하지만, 정서적 안정/끈기/자신감 등 비인지적 능력이 개인의 성취와 행동에 더 큰 영향을 준다. 우리나라는 현재 3R(읽기, 쓰기, 셈하기)로 일컬어지는 인지능력 조기교육이 과열되어 있다. 문제를 찾아내고, 창의적으로 해결하기보다는 주어진 문제에 대한 해답을 빠르게 찾는 방법을 배운다. 네 살 아이들이 의미도 모르는 영어 단어를 외우고, 중고등학생용 영어 문제를 푼다. 빠른 답 찾기 교육은 미래 사회에 필요한 창의성과 문제를 찾는 능력을 기를 수 없다. 호기심이 있어야 생활 속 문제가 보이는 법인데, 빠르게 답을 고르는 데 익숙해진 아이들은 호기심을 가질 여유가 없다. 김정호 교수는 이 책에서 우리나라 교육 현실의 문제점을 정확히 진단하고, 대안을 제시하고 있다.

◇ 김나영, 중학교 교사 / 2024 금융의 날 대통령표창 수상자
/ 《최소한의 행동경제학》《오늘부터 머니챌린지》 저자

| 책을 펴내며 |

 이 책은 유아교육 이야기인 동시에 한국 경제 위기에 대한 이야기이다. 유아교육, 가정교육부터 바꾸어내지 못하면 우리 아이들은 20년 후 실업자가 되고, 한국은 추락할 수밖에 없다는 경고이다. 이미 어른이 된 한국인들만으로는 거칠게 다가온 지정학적 위기, 경제적 위기를 헤쳐나가기 어렵다. 의욕은 있어도 역량이 부족하기 때문이다. 지금의 유아들부터 새로운 역량을 길러줄 수 있다면 20년 후부터 그들이 뭔가 새로운 가능성을 찾아 나설 수 있을 것이다. 1960~70년대의 한국 젊은이들이 이전과는 완전히 달라진 상황에 적응했듯이.
 한국은 절체절명의 위기에 처해 있다. 경제는 중국과 손잡고 안보는 미국의 도움을 받으며 살아온 안미경중 체제는 끝나버렸다. 미국은 이제 공짜로 한국을 지켜주지 않는다. 오히려 자기 나라 물건을 수입 안 하면 가만두지 않겠다고 위협하는 존재가 되었다. 중국은 더하다. 우리 주력 산업의 가장 큰 시장이 되어주었던 중국은 이제 가성비는 물론 기술적으로도 한국을 뛰어넘는 존재가 되어버렸다. 이제는 우리의 국제정치적 선택에 대해서마저 간섭하려 한다. 우리 스스로 지키지 못하면 언제 나라를 빼앗길지 모른다. 새로운 산업을 만들어내지 못하면, 또 새로운 시장을 개척하지 못하면 현재의 3만

달러 소득은 머지않아 2만 달러로 추락할 것이다.

우리의 주력산업은 모두 박정희, 전두환 대통령 시절에 시작된 것들이다. 안타깝게도 새로운 산업은 만들지 못했다. 새로운 산업을 만들고 싶어도 그럴 능력이 없고, 새로운 시장을 창출하고 싶어도 능력이 안 된다. 다른 나라 사람들을 만나서 한국의 처지를 이해시키고, 협력을 통해서 시너지를 만들고 싶어도 능력이 없어서 못한다. 의욕 때문이 아니라, 역량 부족이 문제다.

기업들은 이미 이런 위기 상황을 미리 내다보고 조직 문화를 글로벌화하려고 많은 시도를 했다. 하지만 삼성도 LG도 대부분 실패했다. 외국의 우수 인재들을 뽑아놓으면 몇 년 못 버티고 대부분 다 떠나버렸다. 기존 한국인 직원들이 그들과 섞이기를 거부했기 때문이다. 사내영어공용화도 그래서 실패로 끝났다. 이미 성인이 된 사람에게 새로운 행동방식, 새로운 세계관을 요구하는 것은 한국인이 아니길 요구하는 것과 크게 다를 바가 없다. 새로운 산업, 새로운 시장 개척은 그래서 늘 실패해왔다.

기존의 행동방식, 세계관을 바꾸려면 어릴 때부터 시작해야 한다. 가정에서부터 낯선 이와의 친화력을 길러주고, 위험에 과감히 도전하는 태도를 가르쳐줘야 한다. 두려워도 새로운 것에 도전하고, 실패해도 다시 일어서야 함을 몸으로 알려줘야 한다. 학교도 달라져야 한다. 외국인과의 의사소통, 협업 능력을 스스로 기를 수 있게 기회를 줘야 한다. 그저 아이들을 보호하고, 행복하게 해주고, 권리 주장이나 하라고 가르쳐서는 이 나라에 희망이 없다.

　우리나라의 젊은 부모들, 젊은 교사들에게 호소하기 위해 이 책을 썼다. 아이들을 미래역량을 갖춘 인재로 기르자. 거친 세상으로 나아가서 새로운 길을 개척하는 사람으로 기르자. 행복에 탐닉하고, 권리 주장이나 하는 민주 투사가 아니라 도전, 실패를 딛고 일어나는 의지, 글로벌 협업 능력을 가진 사람으로 기르자. 그래야 스스로 일자리를 만들고, 우리나라도 당당한 선진국의 지위를 누릴 수 있다. 이 책에는 그러기 위한 제도적 변화와 더불어 가정에서 아이들을 기르는 방향 등 다양한 생각들을 제안했다.

　다행히 필자는 경제학과 지정학, 그리고 유아교육에 모두 조금씩은 조예가 있다. 경제학은 40년 넘게 주 전공이었고, 지정학 즉, 글로벌 정치경제환경의 판도는 6년 전 〈김정호의 경제TV〉를 시작하면서 나름대로 많은 연구를 해왔다. 2013년부터는 충남대 천세영 교수의 주선으로 유아교육 현장에 대해서도 제법 연구를 할 수 있었다. 이런 여러 경험들을 녹여 이 책에 담아내었다. 아이들을 기르는 젊은 부모님들, 교육의 새로운 길을 열고 싶어하는 젊은 교사 분들

께 꼭 일독을 권한다.

  많은 분들의 격려 덕분에 탄생한 책이다. 늘 필자의 연구를 격려해 주시는 덕선장학재단 이덕선 이사장님께 감사드린다. 출판 시장 상황이 어려운데도 선뜻 출판을 맡아주신 북오션 출판사 박영욱 대표님께도 감사한다. 지금은 하늘에 올라가신 친구이자 스승, 고 천세영 교수에게 이 책을 바친다.

2025년 6월 26일
이탈리아 돌로미티에서 김정호 씀

차례

추천사   004

책을 펴내며   006

제1장 | 실리콘밸리에 한국인 CEO가 없는 이유

한국인 인텔 팀장이 몸으로 배운 실리콘밸리 성공법   018

공부와 돈벌이 다 가르치는 나라들, 공부만 가르치는 한국   021

엘라와 샬롯, 싱가포르의 어린이 자매 기업가들   022

공교육으로 기업가정신 가르치는 싱가포르   024

삐꾸이리따야(Pikkuyrittäjät) 핀란드의 꼬마 기업가들   026

기업가정신 교육 1위의 나라, 핀란드   031

유치원부터 로봇공학 가르치는 에스토니아   035

돈을 멀리하라고 가르치는 한국   036

국가위기를 대하는 서로 다른 태도   038

제2장 | 벼랑 끝 대한민국, 새로운 인간형 절실하다

약육강식 시대의 개막	044
수출도, 내수도 소멸해간다	046
자본도 인재도 탈출	048
20년째 제자리, 글로벌 비즈니스 허브의 꿈	051
AI가 대체하는 인간의 일 자리	054
거친 시대가 한국인에게 요구하는 새로운 역량	055
한국인의 역량: 학생 우수, 성인 평균 미달, 학력 과잉	059

제3장 | 과거에 갇힌 한국, 경제학 김교수는 유치원에 가다

한국의 주력산업은 50년 전 작품	064
국내를 못 벗어나는 서비스 산업들	066
청년들의 모험 기피증	067
넘쳐나는 캥거루족	068
인종 차별 Top 5 국가	068
UN에도, 실리콘밸리에도 한국인은 드물다	069
외국 인재 거부 증후군	071
국내 당파 싸움에만 매몰된 정치	073
영어, 영어, 영어…	074

삼성, LG의 변신 실패가 말해주는 것	078
고수익을 가져다주는 유아교육 투자	082
행복과 민주와 입시에 몰입하는 한국 교육 현실	085
이어지는 공교육 탈출	087
유치원, 어린이집에 길을 터주자	090

제4장 유치원에서 다 배우게 하자

중요한 것은 다 유치원에서 배운다	094
유치원에서 익혀야 할 미래시대 역량들	096
행복 교육과 인간의 본능	098
행복 교육 vs. 현명한 교육	100
한국 누리과정, 핀란드 횡단역량, 싱가포르 미래역량	101
2019 개정 누리과정, 놀이 중심 교육의 효과	105
싱가포르 유치원의 목적 지향 놀이 교육	106
독일, 스웨덴, 덴마크 유치원의 위험놀이	109
놀이 중심 네덜란드의 유치원 유급 제도	111
이중언어교육하는 스위스와 싱가포르, 국가 자부심도 최고	114
유치원 교육, 이렇게 바꾸자	116

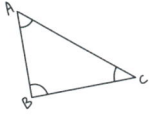

제5장　부모부터 변하자

한국 부모의 과도한 자식 사랑　　　　　　　　122

대학만 잘 가면 되는 시대의 종말　　　　　　126

'내 새끼 제일주의' 증후군　　　　　　　　　130

미래교육, 아이와의 대화로 시작하자　　　　132

낯가리지 않기를 가르치자　　　　　　　　　135

말 잘 듣는 아이에서 질문 잘하는 아이로　　138

아이를 험하게 기르자　　　　　　　　　　　140

집안일로 성공 습관을 길러 주자　　　　　　143

부모에게 닥친 결단　　　　　　　　　　　　146

학교 개혁에 부모가 나서자　　　　　　　　　149

제6장　IB 월드 스쿨 논란으로 드러난 교사, 학생-부모 동상이몽

IB 수업의 현장 속으로　　　　　　　　　　　154

IB 월드 스쿨이란　　　　　　　　　　　　　156

IB 교육과 기존 교육의 미래역량 비교　　　　159

학생과 부모는 찬성, 교사는 반대　　　　　　163

교사가 반대하는 IB 학교와 찬성하는 혁신학교의 차이점　　168

교사 대 부모, 누구 선택이 학생 미래에 더 나은가　　　170

제7장 대량 미달 사태로 보는 공립 유치원의 비밀

공립 유치원 대량 미달 사태가 말해주는 것 ... 176
공립 유치원 대량 미달 사태의 원인 ... 179
공립 유치원 낮은 비용의 비밀 ... 185
단설 유치원 좋은 시설은 얼마짜리일까 ... 187
공립 교원 인건비가 빠져 있다 ... 188
사립은 62만 원, 공립은 207만 원 ... 190

제8장 붕괴 중인 공교육, 수요자 중심 대수술 시급하다

위기의 현주소: 잠자는 교실, 무너지는 교권 ... 197
근본 원인: 공급자 중심의 낡은 틀 ... 199
학교 vs. 학원: 극명한 현실 격차 ... 201
예산은 충분, 문제는 시스템 ... 204
대전환의 길: 수요자 중심 교육개혁 5대 과제 ... 206
스웨덴, 덴마크도 하는 스쿨바우처 제도: 성공 사례와 시사점 ... 210
국가수준 교육과정과 현장 적용의 자율성 ... 213
공립·사립 유치원/학교 예산 제도와 학생 수의 관계 ... 214
스웨덴, 덴마크 학생·학부모의 반응 및 사회적 영향 ... 216
미래세대를 위한 공교육 혁신, 더 이상 선택 아닌 필수 ... 218

제9장 | 거꾸로 간 K-유치원 바우처

교육 예산을 공립 학교로 주지 말고 학부모에 주자	224
한국 유아교육-보육 바우처의 구조	226
바우처 방식의 유아무상교육 도입 이후 나타난 변화	230
바우처의 이상에 비추어본 한국 유아교육 바우처의 현실	234
유아교육 바우처 제도를 둘러싼 오해들	240
바우처다운 바우처를 위한 제안	245

제10장 | 유보통합이라는 이름의 획일화

몬테소리 유치원을 통해 본 다양성 폭발의 원리	251
어린이집 확산도 자유화의 결과	256
무상보육+누리과정, 획일화의 시작	257
유보통합과 다양성, 획일성	260
어린이집이 열악한 이유: 보육료 규제	262
푸르니가 말해주는 어린이집 문제의 진실	265
다양성을 유지하는 통합 방안	268

미주	272

실리콘밸리에 한국인 CEO가 없는 이유

한국인 인텔 팀장이 몸으로 배운 실리콘밸리 성공법

순다르 피차이 구글 CEO, 사티아 나델라 마이크로소프트 CEO, 아르빈드 크리슈나 IBM CEO…. 실리콘밸리에는 인도 출신 CEO가 정말 많다. 대만 출신도 상당하다. 젠슨 황 엔비디아 CEO, 리사 수 AMD CEO가 대만 출신이다. 아쉽게도 한국 출신은 없다.

필자가 미국 유학하던 시절 해외 유학생 상황과 비교해보면 이해하기가 힘든 현상이다. 1984년부터 4년간 다닌 일리노이대학교 어배너 섐페인 캠퍼스(University of Illinois, Urbana-Champaign)는 공대가 유명했는데 한국 학생들이 많았다. 외국인 유학생 중에 한국 학생이 가장 많았던 기억이다. 당시 중국 학생은 거의 없었고 대만, 인도 학생들도 한국 학생보다 수가 적었다. 그런 만큼 실리콘밸리에 취업한 한국인들도 꽤 있었을 것이다. 그런데 CEO를 보면 인도 출신은 아주 많고, 대만 출신도 제법 있는데 한국 출신은 전무하다시피 한다. 오랫동안 그 이유가 궁금했었는데 우연히 한 유튜브 영상을 보다가 아하 하며 무릎을 쳤다.

그림 · **실리콘밸리 인도 출신 CEO / 대만 출신 CEO**

카이스트 졸업 후 인텔에 취업해서 팀장까지 지내고, 국내에 들어와 삼성전자 반도체 사업부에서 최연소 상무를 지낸 유웅환 박사님이 나의 궁금증에 대한 답을 콕 찍어주었다. 바로 한국인들이 일하는 방식, 한국인들의 사고방식이 핵심이었다. 여러분도 스마트폰으로 QR코드를 스캔하면 바로 들어가서 볼 수 있다.

그 요지를 정리하면 이렇다. 실리콘밸리에서는 동료들이 같이 일하고 싶어하는 사람이 승진을 한다. 그 사람 덕분에 다른 동료들이 얻는 것이 많을수록 많은 사람을 이끌 수 있다. 그의 말을 직접 들어보자.

"리더가 되기 위해서는 동료들로부터 '함께 일하고 싶은 사람'이라

*스마트폰으로 QR 코드를 스캔하면 바로 접속 가능.

는 신뢰와 지지를 받아야 합니다…. 승진은 연차나 근속이 아니라, 주변 동료들이 '저 사람과 일하고 싶다'고 느끼는 정도에 따라 결정됩니다(04:34)."

리더십이 아니라 팔로워십을 발휘해야 높이 올라가는데 한국인에게는 그것이 없다. 한국인은 1등부터 꼴찌까지 이어지는 줄을 늘 머리 속에 그려놓고 1등이 되기 위해 노력한다. 그리고 동료가 같이 일하고 싶은 사람보다는 상사가 원하는 사람이 되려고 한다. 혼자서는 일을 잘하지만 여럿이 같이 일하면서 동료들과 시너지를 내는 데에 매우 서툴다. 이것이 실리콘밸리에 한국인 CEO가 없는 이유라고 했다. 본인이 50명 그룹의 팀장을 할 수 있었던 것은 같이 일하더라도 동료들에게 더 많은 크레디트를 주었기 때문이라고 했다.

듣고 보니 나 자신이 정말 그렇게 살아왔다. 하지만 그것이 문제임을 알았다고 해서 익숙해져 있는 그 행동방식, 사고방식을 바꿀 수 없다. 아마 한국인 대부분 그럴 것이다. 대학생 나이만 돼도 고치기 어려울 것이다. 자녀가 글로벌화된 세계에서 잘 살아내길 원한다면 유치원 나이부터 교육법이 달라져야 한다. 가정에서도, 유치원, 학교에서도 교육법이 모두 달라져야 한다.

공부와 돈벌이 다 가르치는 나라들, 공부만 가르치는 한국

대한민국, 싱가포르, 핀란드, 에스토니아, 이 네 나라는 닮은 점이 많다. 학생들의 뛰어난 성적도 그중 하나다. OECD가 2022년 81개국을 대상으로 실시한 PISA(국제학업성취도 평가)에서 1위는 싱가포르, 3위는 한국, 4위는 에스토니아가 차지했다. 핀란드는 17위로 밀렸지만 늘 상위권을 유지하던 나라다.

하지만 결정적 차이가 있다. 학생들의 실력은 모두 뛰어난데 학교를 벗어나서 특히 스타트업, 첨단 기술로 창업하는 활동의 현실은 판이하다. 다음 그림은 2024년 인구 100만 명당 스타트업 기업의 숫자이다. 에스토니아가 318로 가장 많고, 싱가포르 218, 핀란드가 81이다. 한국은 7로 에스토니아의 1/50, 싱가포르의 1/30에 불과하다.

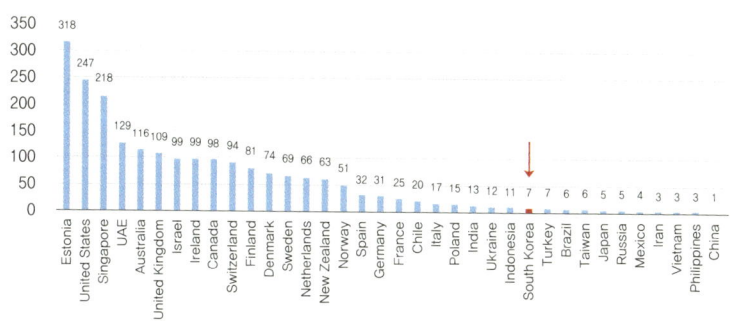

그래프 · 인구 100만 명당 스타트업 창업기업 수(2024)

출처: https://www.startupranking.com/countries의 숫자를 재가공

왜 이런 차이가 나는지 궁금해서 그 원인을 찾아봤다. 창업환경이 다른가 찾아보니, 창업 자금을 비롯한 여러 가지 정책적 지원책은 우리나라도 뒤지지 않았다. 이런저런 원인을 찾다가 뜻밖의 차이점을 발견했다. 바로 교육이다. 이 나라들과 한국은 교육 현실이 매우 달랐다. 이 나라들은 어릴 적부터 매우 현실에 기반을 둔 교육을 했다. 비즈니스를 직접 배우기도 하고, 로봇을 직접 만들기도 한다. 아이들의 행복과 안전을 교육의 최우선 과제로 삼는 우리나라와는 차이가 컸다. 그런 교육의 결실로 탄생한 '어린이 기업가(Kidpreneurs)'들을 찾아가 보자.

엘라와 샬롯, 싱가포르의 어린이 자매 기업가들

6살 엘라, 8살 샬롯 두 자매가 자신들이 직접 디자인하고 제작한 노트를 페이스북으로 홍보하고 있다. 싱가포르 어린이 기업가 바자회(Singapore Kidpreneurs Bazaar)에 내놓고 팔 상품인데 페이스북에서 벌써 제작해놓은 수량의 23%가 팔렸다고 한다. 한 경제지에 실린 인터뷰 기사를 줄여서 옮긴다.[1]

그림 · 스스로 디자인한 노트를 판매하는 샬롯(8)과 엘라(6)

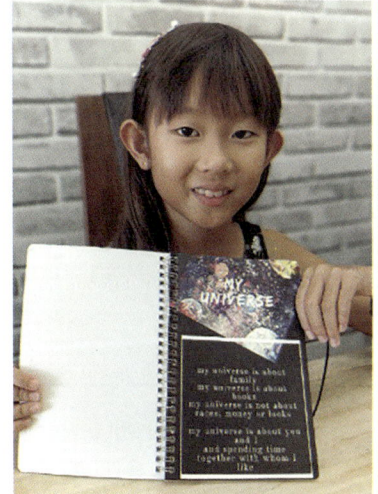

*스마트폰으로 QR 코드를 스캔하면 바로 접속 가능.

질문: 바자회에서 무엇을 판매할 예정인가요?

샬롯과 엘라: 여러 가지 상품을 판매하려 합니다. 그중에서 사람들이 가장 큰 관심을 보이는 상품은 여기 저희가 들고 있는 한정판 노트입니다. 이 노트의 표지는 젊고 재능 있는 예술가 엘라의 그림입니다. 조명 장난감도 팔고 있어요.

질문: 어떻게 이런 것을 팔 생각을 했나요?

엘라: 저는 하고 싶은 게 많아요. 앞으로 화가나 책에 삽화 그리는 일을 하고 싶은데, 싱가포르에서는 그런 일로 돈을 벌기 힘들 거라고 걱정하셨어요. 그래서 이번 기회에 제가 좋아하는 일로 돈도 벌 수 있는지 시험해보고 싶었어요. 그림 자체만으로 잘 안 팔린다 해도 그 그림으로 노트북의 표지나 재활용 백 등에 프린트하면 팔릴 수도 있겠다 싶었어요.

질문: 이번에 어느 정도나 돈을 벌 수 있을 거라고 생각하나요?

샬롯과 엘라: 손해만 안 보면 좋겠어요. 좌판용 자릿세와 노트 제작비로 비용이 꽤 많이 들거든요.

질문: 이 일을 해보니 어떤 점이 좋던가요?

샬롯과 엘라: 우리 힘으로 돈을 벌 수 있다는 것이 좋고요. 우리의 재능을 알아주는 사람들이 있음을 알게 되어서도 좋아요. 페이스북에 홍보하기 위해 사진과 영상을 제작하고 대본을 써야 했어요. 또 여기저기 배달도 다녀야 했는데요. 다 재미있어요.

줄리아(샬롯과 엘라의 어머니)에 대한 질문: 어린 나이에 의젓하게 기업가 역할을 해내는 자녀들이 자녀들이 정말 자랑스러우실 것 같아요. 두 따님이 어린이 기업가가 된 것에 대해 어떻게 생각하시나요?

줄리아: 아이들이 처음 노트를 완성했을 때 지었던 그 표정이 너무 좋아 보였어요. 제품을 기획하고 마케팅하면서 보여지는 에너지와 창의력, 홍보 영상을 만들고 사람들에게 제품에 대해 설명하는 그 자신감도 정말 멋졌어요. 이런 일을 해보지 않았다면 필요한 것은 늘 엄마가 사주는 거라 생각했을 거예요. 이 일을 하면서 자립심이 높아지고, 팔고 사는 관계도 이해하기 시작했어요. 앞으로 어린이 기업가 수업, 워크샵에 참가하면서 더욱 성장해가겠죠.

공교육으로 기업가정신 가르치는 싱가포르

―

싱가포르는 인구 590만 명의 작은 도시 국가에 불과하지만 이 험난한 격변기에 가장 잘 적응하고 있는 나라다. 1인당 소득은 9만 달러로 3.6만 달러인 한국의 2.5배에 달한다(2024).[2] 소득이 높으면 대개 성장률이 낮은데 이 나라는 여전히 성장가도를 달린다. 2024년 경제성장률 4.0%로 2.0%인 한국의 2배다. 미중 갈등의 여파로 중국을 탈출한 투자들이 이 나라로 향한 덕분이다.

싱가포르는 건국 초기부터 국가 생존과 발전을 위한 핵심 전략으로 '교육'을 삼았다. 자원빈국으로서 살아남고 글로벌 허브로 성장하기 위해, 학교 교육은 외국 자본 유치와 세계 시장을 무대로 활동할 인재를 키우는 최전선이었다. 외세의존적 경제 구조를 극복하고 급변하는 국제 환경에 대처하기 위해 싱가포르는 교육을 통해 유능한 인적 자원을 확보하는 데 집중했다. 특히 다양한 문화권과 소통하고 국제 무역을 원활히 수행하기 위한 이중언어(영어 및 모국어) 교육을 건국 초부터 강화했다.

1990년대 들어서는 단순 언어능력뿐 아니라 비판적 사고, 협업 등 실질적인 '역량 중심' 교육으로 전환했다. 2000년대 이후 지식 기반 경제 시대에 발맞춰 교육의 초점은 더욱 발전하여 문제해결능력, 창의성, 그리고 불확실한 미래에 스스로 가치를 창출하는 '기업가정신' 함양에 집중하고 있다.

특히 주목할 부분은 '기업가적 과감성(entrepreneurial dare)'이 강조된다는 사실이다.[3] 이는 단순히 사업체를 설립하고 운영하는 기술적인 측면을 넘어, 경계를 허물고 혁신하며 돌파구를 찾으려는 태도와 사고방식을 의미한다.[4] 과학 연구, 공학, 예술 등 모든 분야에 적용될 수 있는 이 '기업가적 과감성'은 학생들이 익숙한 환경에서 벗어나 도전하고, 실패를 두려워하지 않으며(resilience), 변화에 빠르게 적응하는 능력(adaptability)을 키우는 것을 목표로 한다.

이러한 기업가정신 교육은 더 이상 특정 엘리트 과정에 머무르지 않는다. 현재 싱가포르의 유치원, 초등학교, 중등학교 정규 교육과정 및 방과 후 활동에 통합되어 운영된다.

초등 단계에서의 대표적인 프로그램으로 비즈키즈(BizKid$)와 어린이 기업가 프로그램(JEP: Junior Entrepreneurship Programme) 등이 있다. 학생들은 소그룹을 이뤄 직접 사업 아이템을 구상하고, 제품을 만들거나 서비스를 기획한다. 실제 교내 판매 행사 등을 통해 가격 책정, 비용 계산, 마케팅 전략 수립 등 비즈니스 기본 원리를 자연스럽게 배우고 경제 관념을 익힌다. 또 어릴 때부터 도전 정신, 창의적 사고방식, 자립심을 기르고 변화하는 세상에 대처할 역량을 몸으로 익힌다. 앞서 소개한 두 명의 어린이 기업가 엘라와 샬롯은 그런 교육과 사회 분위기의 산물이다.

삐꾸이리따야(Pikkuyrittäjät) 핀란드의 꼬마 기업가들

이 사진은 핀란드 호이스콘 학교의 여학생 10명이 세운 꼬마 기업 리에키(Lieki)의 홈페이지에서 옮긴 것이다. 핀란드어로 쓰여 있는데 필자가 구글번역기를 돌려 번역했다. 여러분도 스마트폰으로 사진 왼쪽 아래 QR코드를 스캔하면 바로 들어갈 수 있다.

그림 · 핀란드 호이스콘 학교의 꼬마기업가들

*스마트폰으로 QR 코드를 스캔하면 바로 접속 가능.

창업 당시 아이들의 나이는 10~12세였다. 이 기업이 파는 상품은 목재와 자갈이다. 사진에서 아이들이 자신들의 상품인 나무 조각을 들고 있다. 홈페이지에는 가격과 픽업 방식을 고지해놓았다.

> 리에키는 좋은 장작을 판매합니다.
> 목재는 통나무와 짧은 판자를 섞은 것으로,
> 어느 회사에서 왔는지에 따라 하중이 다릅니다.
> 이제 전기값이 비싸졌으므로 벽난로를 사용하는 것이 좋습니다.
> 저희 나무는 화력이 좋습니다.
> • $10m^3$: 200 유로 + 운송비
> • $15m^3$: 280 유로 + 운송비
> 화물에 대한 지불은 전자송장을 통해 고객에게 사전에 요청됩니다.
> 리에키는 현재 고품질 샌딩 자갈도 판매하고 있습니다.

- 큰 양동이(약 20리터): 10유로
- 작은 양동이(약 10리터): 6유로

현금으로 지불하거나 픽업 시 송장을 발급해드립니다.

- 픽업 : 자갈은 별도로 합의한 시간에

호이스콘 학교 스포츠홀 근처에서 픽업할 수 있습니다.

수익금은 호이스콘 학교 학생들을 위해 사용될 예정입니다.

호이스콘 학교의 꼬마 기업가 2022~2023. Alina, Eevi, Ellen, Emmi-Lotta, Karoliina, Loviisa, Meri, Saimi, Senja 및 Vilma

- 연락처: hoiskonpikkuyrittajat@edualajarvi.fi

리에키의 초기 사업은 후원 기업들이 제공해준 잉여 장작을 판매하는 것이었다. 이후 학생들은 다른 후원 기업에서 기증받은 모래와 자갈을 판매했으며, 밸런타인데이와 어린이 기업가 경진대회 결선 전인 토요일에 팝업 카페를 운영하는 등 활동 범위를 넓혀나갔다.

장작 판매 운영 과정은 매우 구체적이었다. 학생들은 특정 시간에 전화 주문을 받았고, 10, 15, 1㎥ 등 다양한 크기의 장작 묶음을 각각 200유로, 280유로, 25유로에 판매했다. 운송회사와 제휴해서 거리 기반 요금(80~120유로 이상)으로 배송 서비스를 제공했으며, 대량 주문은 사전 전자송장으로, 직접 수령하는 소량 주문은 현금으로 대금을 받았다. 놀랍게도 준비된 상품들은 판매 시작 후 단시간 내에 매진되었다. 마케팅 측면에서는 '리에키(Liekki, 불꽃)' 브랜드를 개발하고 로고와 웹사이트를 제작했으며(앞의 QR 코드) 로고가 인쇄된 성냥갑을 홍보물로 활용했다. 필요 시 온라인 상점을 열 계획도 세웠다.

판매 대금 관련해서는 후원 기업들이 송장 발행을 처리하고 수익금을 리에키에 전달하는 방식으로 운영되었다. 발생한 수익금은 학교 전체 학생들을 위해 사용하기로 결정되었으며(리에키 팀이 동료 학생들의 의견을 수렴하여 결정), 이는 스포츠 장비, 팝콘/솜사탕 기계 구입, 학교 여행 자금 지원 등에 쓰였다. 10~12살 여자 아이들이 이런 일을 해냈다니 대단하다.

　자신감을 얻은 아이들은 어린이 기업가 경진 대회에 출전했고, 세일즈 연설 경쟁을 통해 최고의 판매 프레젠테이션 상을 수상했다. 이 팀의 프레젠테이션 동영상은 그림의 QR코드를 스캔하면 볼 수 있다. 중학생으로는 놀라운 성과여서 〈토르스타이 레흐티〉라는 지역 언론 매체에 보도되었을 정도다.[5] 상을 받은 후 아이들은 많은 것을 배웠다고 말했다.

그림 · 핀란드의 어린이 기업가 경진 대회 장면

*스마트폰으로 QR 코드를 스캔하면 바로 접속 가능.

- 자신감이 높아졌어요.
- 스트레스가 많은 일이라도 해낼 수 있게 되었어요.
- 다양한 고객을 대하는 법을 배웠어요.
- 낯선 사람을 대하는 법을 배웠어요.
- 회사를 시작할 때 어떤 것을 고려하고 해결해야 하는지 배웠어요.

호이스콘 학교는 고등학교 진학을 위한 전통적 교과목과 더불어 기업가정신 교육을 병행한다. 이 교육은 다음과 같은 방식으로 이루어진다.

* **팀 구성 및 아이디어 개발**: 학생들은 자신이 원하는 상대와 팀을 이루어 비즈니스 아이디어를 구상한다. 각 팀은 회사의 이름, 로고, 마케팅 자료 등을 개발하며, 이를 통해 창의적 사고와 협력 능력을 기른다.

* **실제 제품 판매**: 학생들은 자신들이 개발한 제품이나 서비스를 실제 고객에게 판매한다. 앞에서 소개한 리에키도 그중 하나였다. 이들은 지역에서 제공받은 자원을 활용해 장작을 판매했다. 이 과정에서 학생들은 마케팅, 주문 관리, 고객 서비스 등을 직접 경험한다.

* **멘토링 및 지원**: 학생들은 지역의 후원 기업들과의 협력을 통해 학생들은 멘토링을 받는다. 예를 들어, 호이스콘 CLT 같은 지역 기업이 학생들에게 자원을 제공하고, 사업 운영에 대해 조언한다. 이러

한 지원은 학생들이 실제 비즈니스 환경에서 필요한 기술을 배우는 데 큰 도움이 된다.

* **경쟁 및 성과 인정:** 프로그램 마지막에는 학생들이 자신의 비즈니스 성과를 발표하고, 대회에 참가하여 상을 받을 기회를 가진다. 이를 통해 학생들에게 동기를 부여하고, 그들의 노력을 인정받는다.

호이스콘 학교는 이러한 교육 방식을 통해 학생들이 미래의 세상에 잘 적응할 수 있는 역량을 길러주고 있다.

기업가정신 교육 1위의 나라, 핀란드

핀란드는 GEM 2021/2022 보고서에서 조사 대상 50개국 중 '학교에서의 기업가정신 교육(Entrepreneurial Education at School)' 부문에서 1위를 차지했다.[6] 이는 전문가 설문조사를 기반으로 한 평가로, 초중등 교육에서의 창의성·자율성·주도성 지원, 시장경제 원리 교육, 기업가정신 및 창업 교육의 적절성 등을 기준으로 한다. 한국은 지속적으로 이 부문이 부족하다는 평가를 받아왔다.

핀란드 교육에서 기업가정신은 경제적 활동을 넘어 개인이 갖추어야 할 태도 및 삶의 방식으로 간주된다. 이는 직업생활뿐만 아니라 일상생활, 학습, 여가 활동 등 사회의 모든 영역에서 필요한 자질로 여겨진다. 교육 목표는 학생들이 모험심, 융통성, 자기주도력, 협력 능력, 새로운 상황에 지식을 적용하는 능력 등 혁신가적 기질과 태도를 함양하는 데 초점을 맞춘다. 이는 학생들이 변화하는 사회에 적응하고, 불확실한 미래에 대처하며, 자신의 삶을 주체적으로 설계하고 관리하는 능력을 기르는 것을 의미한다.

핀란드는 2014년(2016년 시행) 국가 핵심 교육과정 개정을 통해 7가지 횡단적 역량(Transversal Competences: laaja-alainen osaaminen)을 설정했으며, 이는 모든 교과목 학습에 통합되어야 하는 핵심 목표이다. '직무 수행 역량과 기업가정신'은 그 7가지 역량 중 하나다.

이 역량의 목표는 학생들이 일과 직업생활에 대한 긍정적인 태도를 형성하고, 일과 기업가정신의 중요성 및 가능성을 이해하며, 공동체와 사회 구성원으로서 자신의 책임을 인식하도록 돕는 것이다. 또한, 학생들이 학교 교육과 여가 활동을 통해 습득한 지식과 기술이 미래 진로에 어떤 의미를 갖는지 이해하고, 협력, 프로젝트 수행, 네트워킹 능력을 기르도록 지원한다. 이러한 횡단적 역량 접근 방식은 기업가정신이 비즈니스에만 필요한 능력이 아니라, 모든 시민이 갖추어야 할 기본적인 소양이라는 인식에 바탕을 두고 있다.

핀란드에서는 유아교육 단계부터 기업가정신 함양의 기초를 다지는 것을 중요하게 여긴다. 2022년에 개정된 유아교육 및 보육(ECEC) 국가 핵심 교육과정은 6가지 횡단적 기술 및 지식 영역을 제시한다. 비록 '기업가정신'이 명시적인 영역으로 포함되어 있지는 않지만, '사고와 학습'(창의적·비판적 사고, 문제 해결, 끈기), '자기 돌봄과 일상생활 기술 학습'(독립성, 책임감, 정서 조절), '문화적 지식, 상호작용, 자기표현'(협력, 타인 존중) 등의 영역은 기업가적 태도와 역량의 기초를 형성하는 데 기여한다. 특히 놀이를 통한 학습, 질문 장려, 실패 경험 후의 회복탄력성 지원 등은 유아들이 주도성, 창의성, 문제해결능력을 자연스럽게 발달시키는 데 중점을 둔다. 또한, 핀란드 ECEC는 아동의 학습 과정을 문서화하고 관찰하며 개별적인 강점과 요구에 기반한 평가를 강조하는데, 이는 아동의 주체적인 학습과 성장을 지원하는 중요한 요소이다. 이러한 접근은 이후 단계의 기업가정신 교육을 위한 토대를 마련하는 것으로 볼 수 있다.

초등 이상의 단계에서는 학생들로 하여금 실제 현장 기반의 기업 활동에 참가하도록 한다. 중요한 몇 가지 프로그램을 소개하자면 다음과 같다.

* **나와 나의 도시(Me & My City)**: 핀란드의 대표적인 현장 교육 프로그램으로, 주로 초등학교 6학년(12~13세) 학생들을 대상으로 한다. 학생들은 10차시 동안 사전 수업을 통해 직업 탐색, 급여, 세금, 광고 등에 대해 학습한 후, 실제 도시를 축소해놓은 축소 모형 타운에서 하루 동안 특정 직업을 갖고 판매 직원, 소비자, 시민으로서의 역할을 수행한다. 여기에는 실제 지역 기업들을 모델로 한 15~20개의 사업장과 자체 은행 시스템이 갖추어져 있으며, 학생들은 급여를 받고 소비 활동을 하며 사회와 경제 시스템의 작동 원리를 체험적으로 학습한다. 이 프로그램에는 6학년 학생의 약 70~85%가 참여할 정도로 높은 호응을 얻고 있다. 고학년을 위한 프로그램에서는 학생들

이 팀을 이루어 국제 시장에서 실제 기업을 경영하는 시뮬레이션 게임에 참여하기도 한다.

* **기업가로서의 1년**: 중·고등학생들이 1년 동안 실제 돈으로 자신의 사업 아이템을 개발하고 회사를 설립하여 운영한다. JA Finland가 제공하는 프로그램으로 참가 학생들은 사업 아이디어 구상, 사업 계획 수립, 제품/서비스 개발, 마케팅, 판매, 재무 관리 등 창업의 전 과정을 맡아 운영한다. 에투-톨로 고등학교의 장작 판매 회사, 에텔라-타피올라 고등학교의 아이스티 회사 등 성공적인 기업이 나오기도 했다. '도전하라(Uskalla Yrittää)'라는 이름의 전국 규모 경진대회를 개최하여 우수 학생 기업을 선발하고 시상한다.

* **꼬마 기업가(Little Entrepreneurs)**: 주로 초등학교 4~6학년 학생들을 대상으로 하는 프로그램으로, 학생들이 그룹을 이루어 미니 회사를 설립하고 자신들의 아이디어를 바탕으로 제품이나 서비스를 개발하여 실제 고객에게 판매하는 경험을 제공한다. 참가자들은 이 활동을 통해 아이디어 발상, 브랜딩, 가격 책정, 마케팅, 판매 등을 배우고 실행하며, 후원 기업들의 후원과 조언을 얻기도 한다. 앞서 소개했던 호이스콘 학교의 학생 기업 리에키도 이 프로그램 속에서 설립되었다.

* **YES Finland**: 교사들 대상으로 기업가정신 교육을 제공하는 프로그램이다. 교사 연수, 학교 내 기업가정신 개발 지원, 학교-기업

네트워크 구축 서비스를 제공하며, 지역 및 국가 수준에서 관련 행사, 세미나, 연수 프로그램을 조직하고 교육 계획 및 전략 개발에도 참여한다. YES 네트워크는 지자체, 교육 기관, 기타 기업가정신 교육 관련 기관들을 연결하고 지원하는 역할을 한다.

유치원부터 로봇공학 가르치는 에스토니아

―

에스토니아 교육에 대해서는 2023년 EBS가 흥미로운 취재를 한 적이 있다. 이 나라 수도 탈린의 탈린21학교에는 초등 1학년부터 고3까지 유치원을 제외한 모든 학년이 있다. 기자가 찾은 초등 5학년 교실에서는 로봇이 그림을 그리고 있다. 아이들이 직접 코딩한 정보로 로봇을 작동시키는 로봇공학 수업이다. 아이들은 제각각 자신이 원하는 로봇을 직접 제작한다. 초등학교 5학년이 그런다는 것도 놀라운데, 유치원부터 이런 교육이 이뤄진다고 한다. ProgeTiger라는 이름의 이 로봇공학 교육은 에스토니아 공교육의 큰 부분을 차지한다. 아이들의 이런 경험이 왕성한 창업활동으로 결실을 맺고 있는 것이다.

그림 · 에스토니아 학교에서의 ProgeTiger 로봇공학 수업 현장

*스마트폰으로 QR 코드를 스캔하면 바로 접속 가능.

돈을 멀리하라고 가르치는 한국

―

대한민국, 싱가포르, 핀란드, 에스토니아는 지정학적으로도, 경제적으로도 비슷한 점이 많다. 자원빈국이자 주변 강대국 틈바구니에 놓인 유사한 지정학적 숙명을 공유한다. 모두 에너지, 식량 등 필수 자원의 상당 부분을 수입에 의존하며, 한국은 미중일 등, 싱가포르는 주요 무역로와 주변국, 핀란드와 에스토니아는 러시아 등 강대국의 영향력 아래 놓여 있다. 이러한 현실은 결국 외부 세계와의 활발한 경제적 교류, 즉, 뛰어난 글로벌 비즈니스 역량 확보 없이는 국가의 존립과 발전이 어렵다는 것을 명확히 보여준다. 생존과 번영을 위해 글로벌 무대에서 강력한 경제적 경쟁력을 갖추는 것이 필수적이다.

따라서 미래를 대비하기 위해 필요한 핵심역량은 세계 시장을 읽

고 기회를 포착하는 '글로벌 비즈니스 능력'과 더불어, 예상치 못한 난관에 부딪혔을 때 좌절하지 않고 돌파구를 찾는 '문제해결 의지 및 능력'이다. 불확실성 속에서 스스로 길을 만들고 도전을 두려워하지 않는 정신이 절실하다. 자원 없는 국가가 살아남는 길은 결국 사람의 역량, 즉, 부가가치를 창출하고 교환하는 능력에 달려 있다.

이러한 핵심역량은 어릴 때부터 체계적으로 길러져야 한다. 싱가포르와 핀란드는 이미 유아교육부터 기업가정신, 탐구 기반 학습, 문제해결 중심의 교육을 통해 아이들이 현실 세계에서 가치를 창출하고 난관을 극복하는 경험을 쌓도록 유도한다. 즉, 냉혹한 경제 현실에서 '돈 버는 법' 또는 '가치를 만들고 교환하는 법'의 기초를 자연스럽게 가르친다. 도전을 장려하고 실패를 성장의 발판으로 삼게 한다.

반면 한국의 학교교육은 그 반대로 가고 있는 듯하다. 한편으로는 입시 위주의 5지선다형 찍기 교육을 하면서 다른 한편으로는 '행복교육' '아이들의 필요를 채워주는 교육'에 치중하며 편안함에 익숙하게 만든다. 더 나아가 '혁신교육' '민주시민역량 교육' 등을 내세우며 돈을 벌지 않아도 모두가 행복하게 살 수 있는 이상적인 공동체 사회에 대한 비현실적인 꿈만 심어주는 경향이 강하다. 이는 결과적으로 현실적인 경제 역량과 냉혹한 국제 경쟁을 간과하고, 마치 '돈을 멀리하라'고 가르치는 것과 다를 바 없다. 도전 의지나 난관 극복 능력 배양에는 매우 소홀하며, 현실 안주를 부추기는 교육에 가까워지고 있다.

국가위기를 대하는 서로 다른 태도

—

　지금은 유초등 단계에서도 기업가적 용기와 과감성을 강조하는 이들 국가들도 처음에는 주입식·암기식 학교 교육이었다. 그것이 이렇게 현장 중시 교육, 기업가적 도전을 강조하는 교육으로 바뀌는 데에는 경제위기가 중요한 요인으로 작용했다.

　핀란드는 1990년대 초, 구소련 붕괴와 내부 금융 문제 등이 복합적으로 작용하며 GNP 13% 감소, 실업률 18.9% 급증이라는 심각한 경제 위기를 맞았다. 국가적 생존 전략으로 '혁신'을 내세우면서, 교육에서도 창의성과 문제해결능력을 갖춘 인재 양성에 초점을 맞추기 시작했다. 이러한 철학은 2016년 국가 핵심 교육과정에 전면 도입된 '현상 기반 학습(Phenomenon-based Learning)'에 잘 나타난다. '우리 동네 탐험'과 같은 실생활 주제를 중심으로 아이들이 직접 자료를 찾고, 팀을 이뤄 해결책을 모색하며, 발표하는 과정을 통해 학습이 이뤄진다.

　싱가포르 역시 경제위기가 교육에 큰 변화를 가져왔다. 원래는 이 나라도 다른 동아시아 나라들처럼 암기 위주의 교육을 당연시했었지만, 1997년 아시아 금융위기를 계기로 '생각하는 학교, 학습하는 국가(Thinking Schools, Learning Nation)' 비전을 세웠다. 이후 '덜 가르치고 더 많이 배우게 하라(Teach Less, Learn More, 2005)' 정책으로 나아갔고, 학생 주도적인 탐구 활동이 강조됐다. 최근에는 모든 학교에 적용되는 '응용학습 프로그램(ALP)'과 '삶을 위한 학습 프로그램(LLP)'이 주목받는다. 이 프로그램들은 학생들이 과학, 기술, 예술, 스포츠 등 다양한 분야에서 실제적인 문제 해결 프로젝트에 참여하고, 지역사회와 연계된 현장 체험을 통해 배우도록 설계됐다.

결국 핀란드와 싱가포르의 유초등 교육 혁신은 불확실한 미래를 살아갈 아이들에게 정해진 지식을 주기보다, 어떤 상황에서도 스스로 길을 찾고 세상에 기여할 수 있는 단단한 내면의 힘을 길러주려는 국가적 노력의 일환으로 풀이된다. 변화의 파고를 넘기 위한 두 교육 강국의 선제적 대응이 전 세계 교육 현장에 새로운 영감을 주고 있다.

한국도 1998년 이후 몇 년 동안 외환위기와 구조조정을 겪으면서 글로벌 경쟁력의 중요성이 부각되었다. 부모들 사이에서 영어교육 열풍이 불고, 이명박 정부에서는 영어몰입교육이 시도되었다. 원어민 교수 채용도 늘었다. 하지만 전교조를 비롯한 교사 집단의 엄청난 저항에 부딪혀 유야무야되고 말았다.

그 대신 우리는 행복교육, 혁신교육, 교내 민주화에 주력했다. 그 결과는 잠자는 교실로 나타났다. 아이들은 학교에 가서 자고 교사는 방치한다. 2020년 5월 전교조가 유초중고 교사 49,084명을 대상으로 설문조사했는데 그 결과는 참담하다. '수업시간에 잠자는 학생이 거의 없다'고 답한 비율은 고등학교의 경우 7.3%에 불과했다. 92.7%는 학생이 잠자는 교실에서 수업을 하고 있다는 말이다. 필자를 더욱 놀라게 한 것은 초등학교 70.5%, 유치원 71%라는 숫자였다.[7] 다시 말해서 초등학교와 유치원에서도 30% 정도의 수업에서 자는 아이들이 있다는 말이다. 공교육이 얼마나 심각하게 망가졌는지를 보여주는 숫자다.

또 다른 참담한 현실은 교사들이 학생에게 맞는 사건들이다. 과거엔 덩치 큰 중고생이 주로 교사를 폭행했다면, 최근엔 초등학교에서도 그런다고 한다. 〈조선일보〉의 기사는 다음과 같이 전했다.

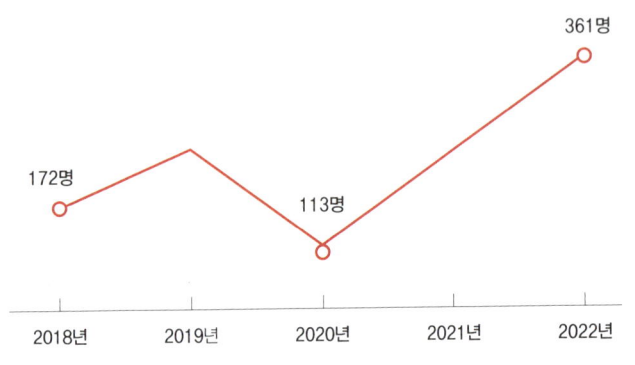

그래프 · 최근 5년간 학생·학부모에게 폭행당한 교사 수(교권보호위원회 심의 기준)

출처: 교육부

서울의 한 초등학교 C교사는 1학년 학생이 심하게 말을 안 들어 부모에게 연락하려고 휴대전화를 들었다. 그랬더니 학생이 갑자기 주먹으로 때리고 발로 차면서 휴대전화를 빼앗으려 했다. 경기 수원의 한 초등학교 교장은 "선생님 때리는 학생이 매년 한 명씩 나온다"면서 "자는 애를 깨우면 '네가 뭔데?' '왜 나한테 그래'라며 격하게 저항하는 등 지도가 안 먹힌다"고 말했다.[8]

수업시간에 아이들이 무슨 짓을 해도 교사가 방치하는 이유는 조그만 문제라도 생기면 자신에게 문책이 돌아오기 때문이다. 교내 민주화라는 것이 그렇게 만들었다. 이런 상황에서 아이들을 데리고 학교 밖 현장에 나가고 싶어할 리가 없고, 그런 환경 속에서 모험심과 의지력, 책임감 강한 인재가 자라나기를 기대하기는 힘들다. 기업가정신은 더욱 그렇다. 그 많은 교육개혁들을 해왔는데도 그렇다. 하지만 이 아이들이 학업을 마치고 나가서 대할 세상은 너무 거칠게 변하고 있다.

벼랑 끝 대한민국, 새로운 인간형 절실하다

　대한민국은 벼랑 끝에 서 있다. 국제정치적으로도 경제·산업적으로도 엄청난 파도가 코앞에 다가왔다. 이것을 돌파하지 못하면 우리는 쓸려가 버릴 것이다. 우리 미래세대는 그 어려운 상황을 헤쳐나가야 한다. 우리 아이들은 지금 학교에서 가정에서 그런 역량을 쌓아가고 있는가. 먼저 세상의 변화부터 하나씩 살펴보자.

약육강식 시대의 개막

—

　무엇보다 우리나라를 둘러싼 국제 환경이 험하게 변해가고 있다. 북한은 러시아와 함께 우크라이나와 전쟁을 벌이면서 최첨단 전투 기술을 몸으로 체득 중이다. 이 기술이 언제 우리에게 향할지 모른다. 시진핑은 트럼프를 만났을 때 한국이 중국의 속국이었다는 발언을 했다. 중국이 언제 우리의 영해를 잠식해 들어올지 모른다. 중국인들이 만든 지도에는 만리장성이 평양까지 뻗쳐 있고, 서해의 공해상에 구조물을 구축 중이다. 대만을 점령하겠다며 수시로 섬 전체를 포위한 채 실전과 다름없는 군사훈련을 한다. 거기서 전쟁이 터지면 주한미군이 참전하고 한국군의 도움을 청할 텐데 어찌해야 하나?

그동안 북한과 중국, 러시아로부터 한국을 지켜주던 미국마저 태도를 바꿨다. 돈을 더 내놓지 않으면 주한미군을 철수시킬지도 모른다. 뿐만 아니라 고율 관세를 무기로 한국의 투자와 인재를 빨아들이기 시작했다.

이런 식으로 가다가는 또다시 강대국들에게 나라의 주권을 빼앗길지도 모른다. 과거 우리 조상들이 겪었던 치욕의 국난들은 세계 정세에 어둡고 어쩌면 세계 정세를 알고 싶어하지 않기 때문에 벌어졌다. 대항해시대에 일본은 포르투갈 등으로부터 서양 기술을 받아들인 결과 통일을 이뤘고, 그 주역인 도요토미 히데요시는 중국 대륙과 인도까지 정복을 꿈꿨다. 우리는 그런 사실은 알지 못한 채 임진년에 일본의 침략을 당했다. 정묘호란, 병자호란은 여진족에 대해 모른 채 그리고 욱일승천하는 그들의 힘을 무시한 때문일 수 있다. 조선 말에는 영국과 러시아 사이의 그레이트 게임(Great Game)과 그 속에서 일본의 역할을 알지 못해 조선 왕이 러시아와 손을 잡는 선택을 했고(아관파천 등) 결국 일본에게 나라를 빼앗긴 측면이 강하다.

현재 한국인은 그 정도까지는 아니다. 최소한 머리로는 세계 정세를 어느 정도 파악하고 있다. 하지만 정서적으로는 여전히 틈만 나면 국내 일에 매몰되어버리고 만다. 지금 우리의 정치판은 그 증거이다.

수출도, 내수도 소멸해간다

경제 역시 위기로 치닫고 있다. 한국은 수출로 먹고사는 나라이다. 특히 중국에 대한 수출이 많았다. 그림에서 확인할 수 있듯이 2000년 이후 한국의 대중 수출은 급격히 늘어 2010년이 되면 25%에 달했다. 중국 기업들이 한국의 중간재를 수입한 후 가공해서 수출하느라 그랬다. 중국이 세계의 공장이 되어가는 과정은 한국이 3만 달러 국가로 도약하는 과정이기도 했다.

그런데 그 중국 시장이 소멸해가고 있다. 중국의 제조업이 양적으로 질적으로 급성장하면서 한국의 중간재를 필요치 않게 되었다. 오히려 한국 기업들보다 가성비 뛰어난 제품들을 출시하다 보니 세계시장뿐 아니라 한국 국내시장에서마저 한국 제품의 판로가 막히고 있다.

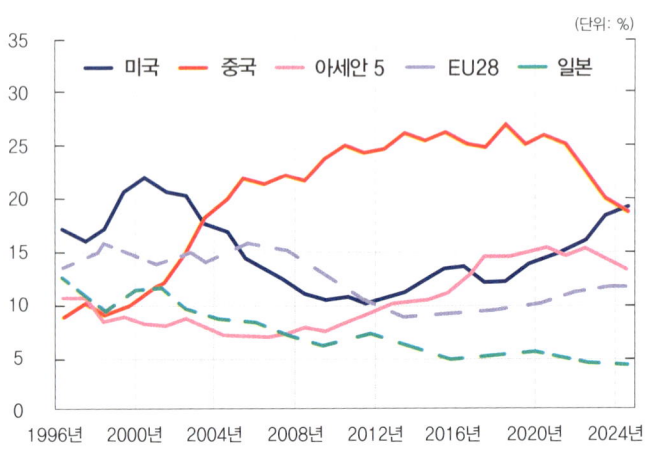

그래프 · 한국의 국가별 수출 비중

출처: 경향신문. https://www.khan.co.kr/article/202404181320001

그나마 미중 갈등이 격화되면서 미국 시장으로의 수출이 늘어서 중국 시장 위축을 어느 정도 보충해줬는데, 이제 미국에서도 트럼프가 관세를 무기로 수입을 막으려 하고 있다. 새로운 시장을 개척해야만 하는데 그러지 못하고 있는 현실이다.

그래프 · 한국인의 국내 소비, 해외 소비

출처: 한국은행 금융경제 스냅샷

내수 시장 역시 급격히 위축되고 있다. 인구 감소와 해외 소비 증가 때문이다. 대한민국의 2024년 합계 출산율은 0.75인데, 이는 여성 한 명이 15세에서 49세까지의 가임 기간 중 낳는 아이의 숫자를 말한다. 남녀 한 쌍을 기준으로 한다면 35년 만에 2명이 0.75가 된다는 것이고, 젊은 인구가 거의 1/3로 줄어든다는 말이다. 그 효과는 이미 유치원, 어린이집의 폐원과 초등학교의 빈 교실에서 분명히 나타나고 있다. 그러니 국내 소비가 안 줄어들면 오히려 이상하다. 노인 인구는 한동안 늘겠지만 그 연령대는 소비가 매우 적을 수밖에 없다.

위축되는 그 소비마저도 해외를 향한다. 연휴 때, 휴가철에 가장 붐비는 곳이 인천공항이라는 사실을 보면 알 수 있다. 해외 나가서 돈 쓰려고 국내에서는 저축하는 지경이 됐다. 일본처럼 외국인 관광객이라도 많으면 내수 공백을 채우겠는데, 한국은 아직 그런 매력을 갖추지 못했다.

자본도 인재도 탈출

안 그래도 국내 기업 여건이 안 좋아 투자가 부진했었는데, 미국의 관세 폭탄까지 가세하다 보니 투자가 대거 미국으로 향하고 있다. 정의선 회장은 미국에 30조 원을 들여 자동차 공장을 짓겠다고 발표했다. 나란히 서 있던 트럼프 대통령은 현대차를 위대한 기업이라고 추켜세웠다. 현대차가 한국이 아닌 인건비 비싼 미국에서 생산을 확대하겠다고 나선 이유는 관세 때문이다. 그렇게 안 하면 미국에 자동차를 팔기 어려워졌기 때문이다. 그래서 제철공장도 미국에 새로 짓겠다 한다.

다른 기업들의 상황도 마찬가지다. 삼성전자는 텍사스 테일러에 반도체 공장을 짓는 중이고, LG는 애리조나와 미시간 주에서 배터리 공장을 뒀다. SK도, 포스코도, 한화도 다 미국에 투자할 예정이다. 이런 추세는 4년 후 트럼프의 임기가 끝난다 해도 별로 달라지지 않을 것이다. 단순히 트럼프의 취향 때문이 아니라 미국 유권자들이 생각이 달라졌기 때문이다.

인재 역시 한국을 떠난다. 우리나라 최고 인재의 산실, 카이스트를 보면 안다. 3차원 반도체 설계 최고 권위자인 카이스트 김정호 교수(필자와 동명이인)는 〈서울경제신문〉 기사에서 우리나라 인재 유출 실상에 대해서 이렇게 밝혔다.

"KAIST나 서울대의 AI·반도체 분야 석·박사 중 우수한 40%가량은 실리콘밸리로 니가 거의 돌아오지 않습니다. …국내 연구 현장에서 보상도 크지 않고 수직적인 문화가 여전해 인재를 붙잡기 힘듭니다. …언어·교육·주거 문제까지 겹쳐 해외 인재 유치도 어렵습니다."[9]

2024년 10월 23일. 미국 국무부는 미국 정부가 EB1, 2 비자 발급 상황을 발표했다. EB란 뛰어난 능력을 가진 고학력 고급인재에게 부여되는 고용 기반 비자(Employment Based Visa)이다. 2023년 미국 정부가 전 세계인에게 발부한 EB1, 2 비자의 숫자가 11만 4,130개인데, 한국인에게는 5,684개가 발급되었다. 전체 숫자로는 인도, 중국, 브라질에 이어 네 번째이지만 인구 규모를 감안하면 한국이 압도적으로 1위이다.[10]

다음 그래프는 인구 10만 명당 EB1, 2 숫자를 보여준다.[11] 인도는 1.44명, 중국 0.94명인데, 한국은 10.98명으로 거의 10배에 가깝다. 엄청난 숫자의 고급 인재들이 우리나라에서 미국으로 나가고 있다. 중국으로 나가는 인재는 돌아오기라도 할 텐데, 미국으로 나간 인재는 거기서 눌러 살 가능성이 높다.

그래프 · 인구 10만 명당 미국EB1, EB2 발급 실적

미국은 요즈음 세계의 고급 인재를 엄청나게 빨아들이고 있다. 특히 AI, 반도체, 로봇 같은 분야가 그렇다. 맥킨지가 반도체 산업을 대상으로 전 세계적 인재 부족 현상을 분석했다. 이에 따르면 2029년까지 전 세계적으로 필요한 반도체 첨단 인력이 14.6만 명, 이 중 공급 가능한 인원은 매년 1,500명씩 9천 명에 불과하다. 부족 인원은 무려 13.7만 명이다. 특히 미국은 반도체 자급을 위해서 막대한 재정을 투입해가면서 반도체 공장을 만들고 있으니 더욱 그렇다. 그 인력을 가장 많이 가진 나라가 한국과 대만인데, 특히 한국에서 많이 빠져나가고 있다.

트럼프 시대에는 미국의 인재 사냥이 더욱 심해질 것으로 보인다. 그가 추방하고 있는 불법이민자들은 주로 저임금 근로자들이다. 고급인재에 대해서는 그 반대이다. 외국인 유학생에 대해서는 대학 졸업과 더불어 그린 카드, 즉, 영주권을 주겠다는 말을 해놓은 상태이다. 공약들끼리 서로 충돌하는 것들이 많아서 100% 그렇게 되리라는 보장은 없지만, 그래도 그의 오른팔 격인 일론 머스크와 그의 실리콘밸리 기업가들이 강력히 지지하는 정책이라서 가능성이 높다. 그만큼 미국은 인재에 목말라 있다.

미국만 그런 게 아니다. 일본도 구마모토와 홋카이도에 새로 반도체 공장을 짓고 있지만, 인재가 매우 부족하다. 지난 20년 동안 반도체 인재풀이 다 말라버렸다. 필요 인력은 당연히 한국과 대만에서 구할 수밖에 없다. 취업 포털 등을 통해 열심히 외국 인재 확보에 열심이라고 한다. 닫혀 있던 일본마저 이렇게 외국 인재 유치에 열심이다.

20년째 제자리, 글로벌 비즈니스 허브의 꿈

한국인의 투자도 소비도 해외로 빠져나가는 난국을 타개하려면 외국인 기업, 외국인 투자, 외국인 소비라도 국내로 유치할 수 있어야 한다. 그렇게 성공한 대표적 나라가 싱가포르이다. 중국을 탈출한 기업들이 공장은 베트남과 인도, 캄보디아에 두지만 본사 기능, 금융 기능은 대부분 싱가포르에 두려고 한다. 국민소득(GNI)가 11만 달러로 세계 1위인데, 경제성장률이 4%대를 달린다. 아무것도 가진 것 없는 작은 도시 국가가 이런 성공을 거둘 수 있는 이유는 국적, 인종, 언어를 불문하고 비즈니스를 하기 좋기 때문이다. 싱가포르는 대표적 글로벌 비즈니스 허브이다.

우리나라도 정권들마다 빠지지 않고 글로벌 비즈니스 허브 정책을 펴왔다. 간략히 요약하자면 다음과 같다.

* **노무현 정부**: '동북아 비즈니스 허브' 전략을 추진했다. 이는 한국을 동북아시아 지역의 경제 활동 중심지로 만들려는 구상으로, 특히 경제자유구역(FEZ)을 핵심 수단으로 삼아 물류, 금융, 첨단산업 분야에서 글로벌 기업 유치 및 역내 교류 거점화를 지향했다.

* **이명박 정부**: 한국을 '글로벌 비즈니스 허브'로 구축하겠다고 선언하고 이를 위해 수도권 성장축 재편을 추진했다.[12] 이는 수도권의 경쟁력을 강화하여 세계적인 비즈니스 중심지로 만들려는 의지를 표명한 것으로, 전방위적 규제 완화와 한미·한EU FTA 등 적극적인 개방 정책을 통해 글로벌 스탠더드에 부합하는 투자 환경 조성을 병행했다.

* **박근혜 정부**: 한국을 '글로벌 창업 허브'로 발전시키겠다는 목표를 제시했다.[13] 창조경제 기조하에 ICT, 콘텐츠 등 신산업 분야의 스타트업 생태계를 육성하고, 이를 통해 글로벌 인재와 자본을 유치하며 국내 유망 기업의 해외 진출을 적극 지원하는 데 초점을 맞추었다.

* **문재인 정부**: 특정 첨단 산업 분야에서의 글로벌 리더십 확보를 강조했다.[14] 특히 코로나19 팬데믹을 계기로 한국의 바이오·제약 생

산 역량을 기반으로 '백신 생산 글로벌 허브'로 도약하겠다는 비전을 제시했다.

* **윤석열 정부:** '글로벌 허브 도시' 전략을 추진했다. 대표적으로 부산을 상하이 같은 국제적인 금융·물류·첨단산업 융합 도시로 만들기 위해 '글로벌허브도시특별법' 제정까지 추진하는 등 구체적인 로드맵을 제시했다. 이외 함께 제주, 인천 등 기존 또는 잠재적 허브 도시들의 글로벌 경쟁력 강화도 병행했다.

그러나 모두 실패했고, 한반도에서 비즈니스를 하는 외국 기업은 찾아보기 힘들다. 이는 정책의 실패라기보다 한국인들 대부분이 사고방식, 행동방식을 바꾸지 않기 때문이라고 보는 편이 더 현실적이다. 글로벌 허브가 되려면 모든 경제활동을 글로벌 시각에서 봐야 하는데 그렇지 못하다. '외국 자본이 이런 환경에서 투자하기를 원할까'라는 관점에서 봐야 하는데 국내 정치, 국내 경제의 관점에서만 본다. 그러다 보니 경제활동은 규제의 늪을 못 벗어나고 한국의 국내 산업은 정치에서 풀려나지 못하게 되었다. 이런 기업 환경 속으로는 어떤 기업도 들어오고 싶어하지 않는다. 있던 기업도 나가고 싶어한다. 한국인들의 세계관, 행동방식을 바꾸지 않으면 글로벌 비즈니스 허브는 앞으로도 구호로만 그치고 말 것이다.

AI가 대체하는 인간의 일자리

—

하루가 다르게 진화하는 인공지능(AI)도 큰 도전이다. 특히 일자리 관점에서 보면 더욱 그렇다. ChatGPT, Gemini의 Deep Research, Felo와 같은 AI 에이전트는 이미 시장 조사, 보고서 작성, 프레젠테이션 제작 등 고도의 숙련도를 요하던 전문직, 사무직의 업무 상당 부분을 수행 가능한 수준에 도달했다. 그런 지능을 장착한 휴머노이드 로봇도 속속 등장하고 있다.

이들이 인간이 수행하던 각종 육체노동의 큰 부분을 대체할 것임은 누구나 예상할 수 있다. 하지만 일자리에 대한 충격은 그보다 훨씬 크고 광범위할 것이다. 과거 안정성과 전문성이 보장되던 다수의 직업군 역시 AI 기술의 영향권으로 들어갔다. 앞서 언급한 시장조사나 기획 업무뿐 아니라 의료 분야에도 큰 변화가 예상된다. AI가 X-ray 영상 판독 및 혈액 검사 결과 해석 등을 수행하며 의사의 진단 업무를 대신 할 것이다. 어쩌면 수술도 그런 영역이 될지 모른다. 법률 분야에서는 법령 및 판례 검색과 분석이 AI의 영역이 되고 있다. 어쩌면 판사의 영역인 판결도 AI 몫이 될 수 있다. 회계 분야에서는 복잡한 기장 업무의 자동화가 진행 중이며, 금융 투자 분야에서도 AI 애널리스트가 시장 분석, 예측, 투자 결정 등 인간 전문가의 역할을 수행하는 사례가 늘고 있다.

세계경제포럼(WEF)은 '일자리의 미래' 보고서에서 2030년까지 AI 기술 혁신으로 인해 약 9천 2백만 개의 기존 일자리가 소멸할 수 있다고 내다봤다. 국내 산업연구원은 우리나라의 상황을 다루면서 2022년 기준 전체 일자리의 13.1%에 달하는 327만 개가 AI로 대체될 수 있으며, 이 중 59.9%가 전문직에 해당할 것으로 추정했다. 이는 전통적으로 양질의 일자리로 인식되던 직업 상당수가 AI로 인해 위협받을 수 있음을 명백히 보여준다.

물론, AI가 오히려 새로운 기회가 될 가능성도 얼마든지 있다. AI 덕분에 새로운 직업이 생겨날 수 있다. 하지만 그러자면 굉장한 노력을 해야 할 것이다. 가만히 있는 사람에게 일자리가 찾아오지 않는다. AI와의 긴밀한 협업을 통해 시너지를 창출할 수 있어야 한다. 기존의 수동적이고 조직 의존적 사고방식만으로는 AI가 불러오는 변화의 태풍에 쓸려나가기 십상이다. 실패를 무릅쓸 수 있는 도전정신, 실패를 기회로 삼아 다시 일어서는 회복탄력성(Resilience), 미래 예측 및 대비를 위한 기획 역량 등이 반드시 필요하다. AI로 직업을 잃을지 아니면 더 좋은 일자리를 만들어낼 수 있을지, 어느 쪽일지는 각자의 태도와 역량에 달려 있다.

거친 시대가 한국인에게 요구하는 새로운 역량

그야말로 퍼펙트 스톰이 우리에게 닥쳤다. 외교적으로는 힘이 곧 정의인 시대, 강대국이 약한 나라를 제 마음대로 휘두르는 시대가 시작됐다. 경제적으로는 주력 산업이 쇠퇴하고 투자와 기업, 인재가 한국을 떠나고 있으며, AI는 기존의 일자리를 잠식하기 시작했다. 우리가 수십 년간 의지해온 세상의 틀이 해체되고 있는 것이다. 안보, 소득, 일자리 어느 것 하나 보장되지 않는다. 모든 것을 새로 만들어야 생존할 수 있는 세상이 되었으며, 특히 미래세대에게는 더욱 절실한 과제이다.

이제 새로운 인간형이 필요하다. 과거의 한국인 모습으로는 이 위기를 헤쳐나가기 어렵다. 도전과 개척 정신, 고통을 견디고 성취하려는 의지, 외국인과의 친화력 등은 이 시대 청년이 반드시 갖추어야 할 역량이다. 구체적으로 다음과 같은 역량이 요구된다.

* **스스로 일자리를 만드는 사람**: 안정적인 직장에 의존하는 시대는 지났다. 이제는 스스로 비즈니스 기회를 포착하고, 창의적인 아이디어를 현실로 만들어 성공시키는 능력이 중요하다. 이는 단순히 반짝이는 생각을 넘어, 실패를 두려워하지 않고 끊임없이 도전하며 난관을 극복하는 강인한 의지, 즉, '그릿(GRIT)'을 필요로 한다. 변화하는 시장을 읽고, 새로운 가치를 창출하며, 자신의 길을 개척해나가는 기업가정신이 모든 개인에게 요구되는 시대이다.

* **글로벌 시각으로 세상을 보는 사람**: 동네 식당조차 이제는 전 세계를 상대로 경쟁해야 한다. SNS의 발달로 맛집 정보는 국경 없이 퍼져나가고, 외국인 관광객들은 구글 평점을 보며 식당을 고른다. 내수시장 소멸에 좌절할 것이 아니라, 인스타그램이나 유튜브 등을 활용하여 적극적으로 외국인 고객을 유치하고 그들을 감동시켜야 한다.

이는 단순히 언어 능력의 문제가 아니라, 열린 마음으로 다양한 문화를 이해하고 존중하며 소통하려는 태도의 문제이다. 이러한 글로벌 마인드는 어릴 때부터 길러져야 한다.

* **외국인, 외국어, 외국 문화에 익숙한 사람**: 당분간 외국인과 소통할 때 영어는 필수 역량일 것이다. 하지만 머지않아 AI가 동시 통역을 충분히 해낼 수 있으리라 본다. 그럴 때에 가장 큰 문제는 외국인에 대한 심리적 저항감, 불편함 등이 될 것이다. 한국의 대기업들이 글로벌 비즈니스를 하면서도 외국인 임원을 두지 못하는 이유는 직원들의 영어 실력이 부족하다기보다는 심리적 불편함 때문이라고 봐야 할 것이다. 따라서 어릴 때부터 원어민 강사 등 외국인들과 접촉해서 익숙하게 만들어주는 것이 필요하다. 영어 문장을 외우는 것보다 외국인, 외국 문화에 익숙해지도록 하는 것이 더욱 중요하다.

* **국제 사회와 협력하여 시너지를 창출하는 사람**: 더 이상 미국에만 의존해서는 살아남기 어렵다. 복잡하게 얽힌 국제 정세를 정확히 파악하고, 그 속에서 한국의 위치와 강점을 냉철하게 파악해야 한다. 이를 바탕으로 다른 나라와 적극적으로 교류하고 협력하여 서로에게 이익이 되는 '윈-윈' 관계를 구축해야 한다. 단순히 관계를 맺는 것을 넘어, 효과적인 설득과 조율을 통해 공동의 목표를 설정하고, 때로는 양보하고 타협하며 최적의 결과를 이끌어내는 외교적 역량이 개인 차원에서도 중요해졌다.

US 뉴스 앤 월드리포트에 따르면 한국의 국력은 세계 6위로, 프랑스나 일본보다 높다. 하지만 많은 한국인들은 여전히 과거 약소국 시절의 인식에 머물러 있다. 이러한 인식의 괴리는 국제 사회에서 한국이 제 역할을 하는 데 걸림돌이 된다. 우리는 더 이상 '작은 봉우리'가 아님을 인식하고, 세계 정세에 민감하게 반응하며 한국의 생존과 번영, 세계에 기여할 바를 주체적으로 고민해야 한다. 국내 정치의 틀을 넘어 국가 전체의 미래를 생각하는 넓은 시야가 필요하다.

그래프 · **2024년 전 세계 국력 순위**

순위	국가명	점수 (단위: 점)
1	미국	100
2	중국	95.8
3	러시아	91.0
4	영국	83.3
5	독일	81.0
6	한국	64.3
7	프랑스	63.1
8	일본	62.9
9	사우디아라비아	56.6
10	이스라엘	56.2

출처: 유에스 뉴스 앤드 월드 리포트(US NEWS AND WORLD REPORT)

* **개인을 존중하는 수평적 사고:** 유교적 전통의 영향으로 한국 사회는 위계질서가 강하지만, 이러한 서열 의식은 외국인을 대할 때 넘어서야 할 장벽이다. 국적이나 지위에 관계없이 모든 사람을 동등한 개인으로 존중하는 평등 의식을 갖추어야 한다. 상대방을 독립된 인격체로 대하는 사고의 전환이 필요하다.

이러한 역량들은 기존의 세계시민 교육에서 강조하는 환경 보호나 공정무역과 같은 '착한 시민'의 덕목을 넘어선다. 이는 급변하는 글로벌 환경 속에서 한국과 한국인이 성공적으로 생존하고 번영하며, 동시에 국제 사회와 조화롭게 공존하기 위해 반드시 필요한 실질적인 능력들이다.

하지만 한국인의 모습은 그것과 거리가 멀다. 독립적 판단보다는 조직의 위계질서에 순응하는 걸 편하게 생각한다. 안전 지향적이고 내부 지향적이다. 과거 추격형 경제, 정답을 알던 경제에서는 한국인의 그런 속성이 잘 맞았다. 또 중국과 미국이 한국에 우호적이었을 때는 글로벌 역량 부족이 문제되지 않았다. 하지만 이제 세상이 완전히 달라졌다. 다르게 대응하지 않는다면 한국인은 커다란 낭패를 보게 된다. 스스로를 바꿔내야 한다. 그리고 스스로를 바꾸는 일은 유치원에서부터 시작할 수밖에 없다.

한국인의 역량: 학생 우수, 성인 평균 미달, 학력 과잉

OECD가 몇 년마다 한 번씩 회원국 학생들, 성인들의 지적 능력을 평가한다. 학생에 대해서는 국제학업성취도(PISA)[1]라는 이름으로 읽기, 수학, 과학 역량을 평가해서 점수를 발표한다. 한국 학생들

---

1) Programme for International Student Assessment

은 항상 상위권을 차지해왔다. 가장 최근인 PISA 2022의 경우 OECD 37개국의 학생들이 참가했는데 한국은 3개 부문 모두에서 두각을 나타냈다. 읽기는 전체 평균이 476인데 한국은 515, 수학은 평균이 472인데 한국은 527, 과학은 평균 485에 한국은 528이다. 순위로도 다 최상위를 차지했다.

표 · 국제 성인역량 영역별 국제 비교

언어능력		수리력		적응적 문제해결력	
평균점수	국가명	평균점수	국가명	평균점수	국가명
296	핀란드	294	핀란드	276	핀란드
289	일본	291	일본	276	일본
284	스웨덴	285	스웨덴	273	스웨덴
281	노르웨이	285	노르웨이	271	노르웨이
279	네덜란드	284	네덜란드	265	네덜란드
276	에스토니아	281	에스토니아	264	덴마크
275	벨기에	279	벨기에	263	에스토니아
⋮		⋮		⋮	
260	OECD 평균	263	OECD 평균	251	OECD 평균
⋮		⋮		⋮	
254	슬로바키아	254	헝가리	244	라트비아
249	대한민국	254	크로아티아	241	스페인
248	헝가리	253	대한민국	241	헝가리
248	라트비아	250	스페인	238	대한민국
247	스페인	249	미국	236	이스라엘
⋮		⋮		⋮	
236	폴란드	239	폴란드	230	라투아니아
235	포르투갈	238	포르투갈	226	폴란드
218	칠레	214	칠레	218	칠레

출처: 한국인의 역량, 학습과 일 국제성인역량조사(PIAAC) 보고서, OECD, 교육부, 고용노동부, 한국직업능력개발원.

그런데 성인역량 측정 결과(PIAAC)[2]는 학생들의 결과와는 큰 차이가 난다. 16~65세의 성인을 대상으로 언어 능력, 수리력, 문제해결

---

2) Programme for the International Assessment of Adult Competencies. https://www.oecd.org/en/about/programmes/piaac.html

능력을 주로 보는데 한국은 세 가지 모두에서 평균 또는 그 아래에 머물렀다. 언어 능력의 경우 OECD 평균이 260인데 한국은 249, 수리력의 평균은 263인데 한국은 253이다. 문제해결능력의 경우 평균이 251인데 한국은 238이었다.

그런데 연령대별로 보면 다른 그림이 보인다. 16~24세의 경우는 언어, 수리, 문제해결능력 모두에서 최상위를 차지한다. 이는 한국인은 나이가 들수록 급속히 역량이 떨어짐을 말해준다.

또 한 가지 주목할 만한 지표가 학력 미스매치에 대한 측정 결과이다. 한국은 학력 과잉 비율이 31.3%로 평균보다 높았다. 학문 분야 미스매치(전공-일 불일치)도 49.9%(OECD 평균 37.7%)로 참여국 중 가장 높았다.

이런 결과들을 조합해서 우리나라 교육의 얼개를 해석해보면 다음과 같다. 한국의 부모들은 자녀를 대학 또는 대학원까지 공부시키는 것을 인생의 큰 목표로 삼는다. 자녀들은 부모의 전폭적인 지원과 감시하에 공부에 매달린다. 그 덕분에 뛰어난 지필고사 실력을 가질 수 있지만 스스로 공부하려는 동기도 능력도 배우지 못한다. 직장에 들어가서 진급을 거듭해서 감시와 통제의 정도가 줄어들수록 새로운 것에 도전하고 학습할 의지가 약해지고 역량도 위축된다.

한국 경제가 급성장을 거듭하던 시절에는 대학을 나와 좋은 기업에 취업만 하면 역량이 부족해도 연공서열 문화 덕분에 묻어갈 수 있었다. 하지만 이제 그런 문화가 한계에 도달했고, 한국 사회 곳곳에서 그 증상들이 나타나고 있다. 다음 장에서는 그 현실 속으로 들어가 보겠다.

과거에 갇힌 한국, 경제학 김 교수는 유치원에 가다

한국의 주력산업은 50년 전 작품

―

한국의 주력산업은 반도체, 자동차, 조선, 철강, 석유화학 등이다. 대부분 1970~80년대에 일본을 모방해서 만들어졌고, 1990년대 이후 일본을 추월해서 성공을 거뒀다. 이제 중국이 그 대부분에서 우리를 추월했는데 새로운 산업은 만들지 못하고 있다.

다음 표는 산업연구원이 연초에 발표한 우리나라 주력산업의 전망도이다.[15] 검은 우산, 검은 구름 등은 심각한 역성장, 흰색 구름은 약한 성장을 나타낸다. 태양은 밝은 전망을 표시한다. 자동차, 정유, 조선, 섬유 등 곳곳에 검은색이 박혀 있음을 확인할 수 있다. 중국 산업의 성장과 미국발 관세 전쟁이 직접적인 원인이지만, 근본 원인은 산업 자체의 성장 동력 약화다.

표 · 대한민국 13대 주력산업의 2025년 전망 기상도

산업군	업종	수출	내수	생산	수입
기계산업군	자동차	☁	☁	☁	☁
	조선	☁	☔	☁	☀
	일반기계	☁	☁	☁	☁
소재산업군	철강	☁	☁	☁	☁
	정유	☔	☁	☁	☔
	섬유화학	☁	☁	☁	☁
	섬유	☁	☁	☁	☁
IT·신산업군	정보통신기기	☀	☁	☀	☀
	가전	☁	☁	☁	☁
	반도체	☀	☀☀	☀☀	☀
	디스플레이	☁	☁	☁	☁
	이차전지	☔	☔	☁	☔
	바이오헬스	☁	☀☀	☀☀	☀

다행히 반도체와 바이오헬스는 아직도 성장 중이지만, 그것도 미중 갈등에 따른 반사이익 덕을 많이 봤다. 만약 미국의 대중국 반도체 장비 수출 통제가 없었다면 아마도 화웨이 같은 중국 기업이 삼성전자, SK 하이닉스를 추월했을 가능성이 높다. 제약 산업 역시 미국이 중국의 CDMO 제약 기업들을 견제하기 시작하면서 삼성바이오로직스 등 한국 기업이 반사이익을 누리고 있다.

굳이 신산업을 들자면 1990년대 시작한 케이팝, 그리고 2000년대 초에 시작한 네이버와 카카오 정도이다. 하지만 산업 규모로 보았을 때 이것으로는 미래세대가 먹거리로 삼기 힘들다.

국내를 못 벗어나는 서비스 산업들

—

　가장 큰 문제는 소프트웨어를 비롯한 서비스 산업을 못 만들어낸다는 것이다. AI도, 금융도, 교육도 모두 과거의 틀을 벗어나지 못한다. 새로 창업하는 스타트업의 숫자가 현실을 보여준다. 인구 100만 명당 스타트업 기업의 숫자를 보면 에스토니아가 318개, 미국이 247개, 싱가포르 218개로 톱 3를 이룬다. 이스라엘, 핀란드, 덴마크 같은 나라들도 100개 내외로 상당히 많다. 그에 비하면 한국은 7개에 불과하다. 전쟁 중인 우크라이나의 12개보다도 작다. 우리나라의 신산업 공백 현상을 적나라하게 보여주는 데이터이다.

　소프트웨어의 경우 수직적 조직 문화가 문제라는 지적들이 많다. 수평적 문화로 바꾸어내야 한다. 하지만 글로벌한 시야, 그리고 외국어 의사소통능력을 갖추었다면 한국을 벗어나 실리콘밸리에 가서 기회를 만들 수 있었을지 모른다. 대만인, 인도인, 이스라엘인이 그렇다. 안타깝게도 우리는 수직적 조직 문화에다가 국경을 벗어나지 못하는 폐쇄적 성향까지 겹쳐 있다. 금융도 정책적으로 국제화를 추진해보기도 했지만, 결과는 대부분 실패였다. 교육 산업 역시 국내를 벗어나려 하지 않는다. 그러니 새로운 산업, 새로운 먹거리가 생겨날 리 없다. 이는 한국인 고유의 태도 문제여서 정책으로 해결하기 힘들다. 어릴 때부터 교육으로 바꾸어내야만 한다.

청년들의 모험 기피증

한국인의 모험 기피증은 심각한 지경에 이르렀다. 청년들도 예외가 아니다. 이과에서 공부 가장 잘하는 사람들은 다들 의사가 되려 한다. 소득이 높고 정원이 제한된 직종의 경쟁률이 높은 것은 당연하지만 한국은 지나치다. 소위 N수생의 비율이 합격생의 80%에 이른다는 사실은 그런 추측을 확신으로 만들어준다.[16]

문과 역시 마찬가지여서 공부 잘하는 사람들은 판사와 변호사, 회계사, 공무원, 공기업 직원이 되려 한다. 이 직업들은 의사와 더불어 가장 안정적으로 돈 많이 버는 직업이자, 모험이 필요 없는 직업들이다. '사'자 달린 직업들은 면허로 보호받으며 공무원, 공기업 직원은 세금으로 급여가 보장된다. 청년들이 그런 직업에 매달린다는 것은 그만큼 우리 사회의 발전 가능성이 작다는 뜻이기도 하다.

그런데 그런 직업들은 AI로 가장 쉽게 대체될 수 있는 영역이기도 하다. 의사의 경우 혈액검사, X-Ray, 초음파 검사 등의 결과를 판독하고 그 원인을 진단하는 일은 인간 의사보다 AI가 훨씬 뛰어날 것이다. 인간 의사가 수십 년간 밤잠을 새워가며 외우고 공부했던 수많은 논문들을 AI는 순식간에 다 스캔할 수 있을 테니 말이다. 공무원들이 하는 기획 및 조사 업무, 회계 업무, 판례 검색 업무도 모두 AI가 인간보다 훨씬 더 뛰어나다.

미래세대는 지필시험을 통과한다고 좋은 직업이 주어지지 않을 것이다. 미래 인간은 AI와 협력해서 자신의 일자리를 스스로 만들어내야 할 운명이다. 지필시험 준비에만 익숙한 한국 청년들의 미래가 심히 걱정된다.

넘쳐나는 캥거루족

—

미래의 거친 물결을 헤쳐나가려면 무엇보다 독립, 자립 의지가 필요하다. 부모로부터의 독립은 필수 덕목이다. 안타깝게도 OECD 자료는 한국의 20대 청년 중 부모를 떠나지 못하는 비율이 81%임을 밝혔다.[17] 덴마크, 스웨덴 같은 나라는 10%다. 물론 북유럽 국가들의 경우 복지혜택이 중요한 요인으로 작용하겠지만, 독립심 역시 중요한 요소임을 부인할 수 없다. 스웨덴, 덴마크 부모들은 추운 겨울에도 아이들을 유모차에 태운 채 길에서 재운다. 갓난아이 때부터 독립된 삶을 요구받으며 자라다 보니 성인이 된 후에 독립하는 것은 너무나 당연하다. 이제는 한국의 부모도 자녀도 그런 태도를 가져야만 한다. 부모가 자식을 책임져줄 수 없는 시대이기 때문이다.

인종 차별 Top 5 국가

—

US 뉴스 앤 월드 리포트가 발표한 인종평등지수를 보고 깜짝 놀랐다. 창피하기도 했다. 2024년의 경우 89개 나라 중에서 1~5위는 덴마크, 뉴질랜드, 네덜란드, 핀란드, 캐나다 순이었다. 모든 인종을 가장 평등하게 대하는 나라들이다. 필자가 놀라고 창피했던 것은 최하위, 즉, 가장 인종차별적인 나라들의 순위를 보았을 때다.[18] 최악은 이란 89위이다. 그런데 놀랍게도 한국이 85위. 벨라루스(85), 미얀마(86), 엘살바도르(84), 캄보디아(83)와 비슷하다. 일본은 62위이고, 중국마저도 70위로 한국보다 훨씬 덜 인종차별적으로 평가됐다.

깜짝 놀라 한국에서의 인종차별 사례를 찾아보니 직접 당한 사람들의 기록이 엄청 많았다. 특히 외국인 노동자들과 인도, 동남아 등으로부터 온 관광객에 대한 것이 많았다. 이래서는 국제사회의 일원으로 제대로 자리매김할 수 없다.

한국인은 국내에 들어온 외국인을 잘 받아들이지 않을 뿐 아니라 외국으로도 잘 나가지 않는다. 연휴만 되면 해외 관광객으로 인천공항이 북새통을 이루지만 외국인과 섞여서 일하는 한국인은 많지 않다. 대표적인 데가 세계 정치의 중심인 UN, 그리고 글로벌 첨단산업의 중심인 실리콘밸리다.

UN에도, 실리콘밸리에도 한국인은 드물다

2024년 우리나라는 UN 예산의 2.57%를 부담한다. 전 세계 국가 중 9위이다. 그러나 직원 중 한국인은 0.93%에 불과하다. 전체 12만 명이니 1,000명 정도인데, 분담금 비중이 2.1%로 우리보다 작은 스페인의 직원 수가 1,700명에 이른다. 사람 수가 적은 만큼 영향력이 크기를 기대하기도 어렵다. WTO 역시 한국의 분담금은 2.9%인데, 직원은 4명으로 0.6%에 불과하다. 한국인이 한반도를 벗어나기 얼마나 두려워 하는지, 또는 불편해 하는지를 잘 보여주는 숫자들이다.

표 · 주요 국제기구별 한국 분담금 및 직원 비율

기구	분담금 (단위: 만 원, %)	직원 (단위: 명, %)
유엔사무국	2073억 9400 (2.3)	129 (1.0)
경제협력개발기구(OECD)	145억 7500 (3.5)	46 (1.2)
국제원자력기구(IAEA)	140억 3800 (2.3)	32 (1.1)
유엔교육과학문화기구(UNESCO)	91억 7600 (2.9)	28 (2.5)
세계무역기구(WTO)	79억 900 (3.6)	4 (0.8)
유엔산업개발기구(UNIDO)	39억 2600 (3.7)	7 (1.6)
포괄적핵실험금지기구(CTBTO)	28억 9500 (2.8)	6 (1.6)
국제민간항공기구(ICAO)	28억 8900 (2.0)	7 (1.1)
국제이주기구(IOM)	16억 9100 (2.0)	5 (1.0)
국제해사기구(IMO)	6억 1400 (1.0)	6 (2.6)

출처: 동아일보, https://www.donga.com/news/Inter/article/all/20211006/109579759/1

국제사회에서 존재감이 없기는 기업계도 예외가 아니다. 반도체, AI 등 세계 IT 산업의 중심, 미국 실리콘밸리의 상황을 보면 알 수 있다. 젠슨 황 엔비디아 CEO, 제리 양 야후 창업자, 스티브 첸 유튜브 창업자, 모리스 창 TSMC 창업자 등 실리콘밸리의 스타 기업가 중에는 대만 출신이 많다. 인도인 역시 그렇다. 순다르 피차이

구글 CEO, 사티아 나델라 마이크로소프트 CEO, 샨타누 나라옌 어도비 CEO, 아르빈드 크리슈나 IBM CEO 등이 인도 출신이다. 하지만 한국인은 찾기 어렵다. IT 강국임을 자부해온 한국인이지만 정작 세계 IT 산업의 중심에 끼지 못하고 있다. 1970년대부터 연구소 중심으로 한국인 취업이 있기는 했었는데, 기술 연구에만 머물렀을 뿐 비즈니스로 진출한 사람이 많지 않았다고 한다.[3] 외국인과의 소통, 상호작용을 불편하게 여기는 한국인의 심리상태가 국제기구에서든 글로벌 경제계에서든 이처럼 낮은 위상을 초래했다고 봐야 한다.

외국 인재 거부 증후군

―

2024년 7월 OECD가 한국 경제에 대한 진단보고서를 냈는데, 외국 인재에 대한 폐쇄성이 중요한 지적 사항이었다.[19] 한국이 외국의 인재를 받아들이는 데 너무 소극적이라는 지적이다. 다음 그래프는 2022년 당시 국가별 이민 비자 발급 숫자인데, 한국은 거의 눈에 띄지 않을 정도로 적다. 그마저도 직종을 보면 영어교사가 가장 많고, 중요한 직종들은 극히 미미한 수준이다.

---

3) 실리콘밸리에는 왜 한국인 스타 CEO가 없을까? 동아일보, 2009-09-24

그래프 · 국가별 취업이민비자 발급 건수(2022)

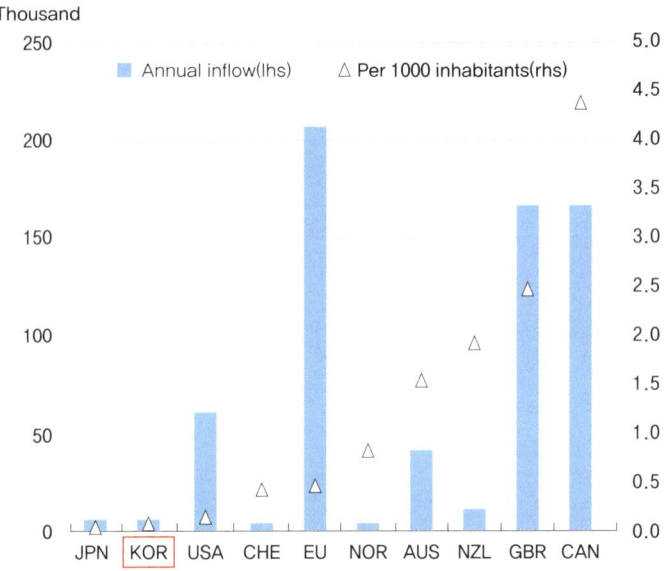

출처: http://www.oecd.org/en/publications/oecd-economic-surveys-korea-2024_c243e16a-en.html

    근래에 들어 외국인 노동자들이 많아지고 있기는 하지만 그 대부분은 조선족, 네팔인, 필리핀인 등이고 한국인이 하기 싫어하는 3D 업종이다. 하지만 우리에게 정말 필요한 것은 한국인이 하고 싶어하는 일, 한국인이 올라가고 싶어하는 자리에 뛰어난 외국 인재들을 받아들이는 일이다. 그래야 새로운 것을 배울 수 있고 그들과의 협업을 통해 시너지 효과를 낼 수 있다. 하지만 안타깝게도 기껏 외국 인재를 임원 자리에 영입해놓고도 영어가 불편해서, 또 문화가 달라서 따돌리다가 결국 못 견디고 나가게 만들기가 다반사다.

국내 당파 싸움에만 매몰된 정치

전직 경제부총리이기도 한 김동연 경기도지사가 스위스 다보스에서 열린 세계경제포럼(WEF)에 참석하고 와서 남긴 이 말이 한국 정치의 정곡을 찌르고 있다.

"다보스에 가보니 세계 지도자들의 고민과 한국 지도자들의 고민이 너무나 동떨어져 있더라. 정말 큰 일이다. (중략) 각국이 지정학적 위기와 인공지능의 출현, 현실화된 기후 위기 등 폭풍우 같은 변화 속에 생존을 위해 몸부림치고 있는 동안, 한국은 폴리코노미(policonomy·경제가 정치에 휩쓸려 가는 현상)에 빠져 시대의 흐름을 거스르고, 역주행하고 있는 것을 확인했다."[20]

사정이 이렇다 보니 세계 정세의 변화 속에서 진정 한국인 전체에 좋은 선택보다는 자기 정파의 이익, 자기 당 지지자만을 위한 선택을 하기 십상이다. 그러다 보면 전체로서의 한국은 위험에 처할 수 있다.

정치인들이 어리석어서 이러는 것이 아니다. 그렇게 해야 더 당선 가능성이 높기 때문에 그렇게 한다고 봐야 한다. 세계 정세의 흐름을 고려해서 합리적 결정을 내리는 정치인은 표를 얻기 어렵다. 유권자 각자가 세계시민 의식을 가지고 투표를 할 때에 비로소 정치인들도 나라 전체에 이로운 정책들을 들고 나올 것이다.

영어, 영어, 영어…

한국인은 영어 공부에 엄청난 돈, 시간, 노력을 쏟아부어 왔다. 그런데도 실력은 형편없다. 글로벌 교육기업 EF(Education First)는 매년 비영어권 국가 사람들에 대한 온라인 테스트[21] 결과를 기초로 영어능력지수를 발표한다. 우리 한국은 2024년은 116개 국 중 50위를 차지했다. 2020년에는 32위였는데 그 몇 해 사이에 많이 떨어졌다. 우리가 못해졌다기보다 다른 나라 사람들의 영어 실력이 빠르게 늘었기 때문이다.

표 · 주요국 2023년 토플 성적
(120점 만점 기준)

순위	국가	점수
1위	오스트리아	100점
	독일	100점
	아일랜드	100점
	슬로베니아	100점
5위	스위스	99점
6위	싱가포르	98점
	벨기에	98점
	덴마크	98점
30위	인도	93점
	말레이시아	93점
	이탈리아	93점
79위	대한민국	86점
	북한	86점
	중국	86점
149위	일본	73점

표 · 주요국 2023년 토플 말하기 성적
(30점 만점 기준)

순위	국가	점수
1위	독일	26점
	덴마크	26점
	남아공	26점
4위	오스트리아	25점
	아일랜드	25점
	슬로베니아	25점
	스위스	25점
	네덜란드	25점
	스웨덴	25점
99위	북한	21점
	이란	21점
	인도네시아	21점
129위	대한민국	20점
	중국	20점
164위	일본	17점

*ETS '2023년 전 세계 토플 성적 통계 데이터'를 시원스쿨랩에서 분석한 내용(시원스쿨 LAB 제공)

한국인의 영어 말하기 실력은 정말 문제다. EF지수에서 50위라도 한 것은 읽기와 듣기만 평가하기 때문이다. 토플 시험은 전체 120점 중 말하기 30점을 포함하는데, 이 부문에서 한국은 20점으로 전 세계 230개국 중 129위이다. 읽기와 듣기를 포함하는 전체 점수로는 79위인데 말이다.[22]

가장 높은 순위에는 북유럽 국가들이 올라 있다. EF 지수 1위는 네덜란드이고, 토플 말하기 1위는 덴마크와 독일이다. 그 이유로 두 가지가 자주 거론된다. 첫째, 이 지역 언어들이 영어와 어순이 비슷하다. 둘째, 나라들마다 인구가 적어 모국어 영상을 제작하기 어렵고, 그래서 TV에 영어권에서 제작된 영상들이 방영되다 보니 자연스럽게 영어를 익히게 된다. 둘 다 어느 정도 설득력이 있기는 하지만 결정적 이유인지는 의문이다. 어순이 비슷하기로 따지면 한국어와 일본어는 정말 그렇다. 그렇다고 한국인이 일본어를 잘하는가? 모국어 시장이 작다는 것 역시 사실이긴 하지만 그렇다고 영어로 된 영상을 그대로 시청할 이유라고 보기는 어렵다.

가장 핵심적인 이유는 이들이 외국어인 영어를 열린 마음으로 받아들였기 때문이라고 본다. 자국어 번역을 음성으로 더빙 처리 안 하고 자막으로만 달았다는 사실이 그들의 태도를 말해준다. 우리는 이제 TV, 특히 지상파 TV에서는 외산 영화조차 찾아보기 어렵게 되었다.

동아시아 국가로 최상위는 싱가포르다. EF 3위. 토플은 6위이다. 이 나라가 잘하는 이유는 나라 전체가 영어를 일상적으로 쓰기 때문이기도 하지만, 유치원에서부터 다중언어교육을 하기 때문이다.

이런 사례가 말해주는 언어교육의 원리는 외국어는 어릴 적부터 익숙해져야 한다는 것이다. 어린아이들이 시험 공부하듯이 영어 단어와 문장을 외우는 것은 바람직하지 않지만, 뜻을 모르더라도 자연스럽게 외국인과 외국어, 외국 문화에 노출되어 익숙해지는 것은 매우 중요하다.

안타깝게도 우리나라에서는 영어, 좀 더 나아가 외국어 자체가 주류 교육계에서 증오의 대상이 된 듯 보인다. 한국인이 가장 먼저 밀어낸 외국어는 일본어이고, 다음은 한자, 중국 글자를 밀어냈다. 한국어 단어의 엄청난 비중이 일본이 만든 한자어들인데 이제 한국인은 자기가 쓰는 말이 어디서 왔는지 알지 못한다. 이명박 정부가 소위 몰입교육이라는 방식을 통해 영어를 본격적 생활 언어로 교육하려 했지만 교사들의 거부로 무산되고 말았다.

김인나 교사 등이 교사들을 대상으로 미래세대에 필요한 유아의 핵심역량이 뭐라고 생각하는지를 조사했는데[23], 창의성, 자기주도성, 문제해결능력이 가장 크게 나왔다. 안타깝게도 글로벌 친화성 같은 것은 들어 있지 않다. 영어 말하기 능력 역시 그렇다.

한국인에게 영어는 계륵 같은 존재다. 한국인 교사가 가르치다 보니 학생들의 말하기 실력이 도대체 나아지질 않는다. 그렇다고 외국인 교사를 들여놓으려니 한국인 교사들이 불편하다. 그래서 어떻게든 그들의 단점을 찾아 쫓아내버렸다. 심지어 선행학습이라는 이유로 유치원과 초등 저학년 교실에서는 영어 수업을 금지시키기까지 했다. 이제 국가수준 유아교육과정인 누리과정에서는 영어 공부를 시킬 수 없다. 그나마 사립 유치원에서는 특별활동으로라도 하는데, 공립 유치원에서는 영어 교육이 금기처럼 되어버렸다.

그래프 · 미래시대에 필요한 유아의 핵심역량에 대한 유아교사의 인식구조

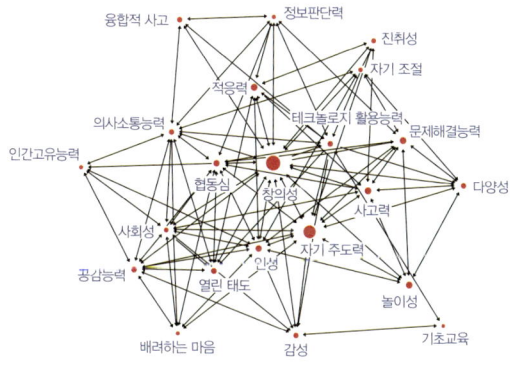

출처: 김안나, 임선아, 김혜정, 미래사회에 필요한 유아의 핵심역량과 교육 내용에 대한 교사의 인식 연구, 미래유아교육학회지. Nov 25, 2023. 30:27

    이런 우왕좌왕의 결과가 바로 한국인의 형편없는 영어 말하기 실력이다. 실리콘밸리와 UN에서 한국인 직원을 찾아보기 어려운 이유, 국제회의에 가서도 국력에 걸맞는 영향력 행사를 못하는 이유도 한국인의 외국인 기피증과 더불어 영어 말하기 공포증 때문이다.

    하지만 기업들은 속이 탄다. 직원들이 적극적으로 나라 밖으로 나아가 비즈니스 기회를 만들어야 하는데 잘 안 된다. 외국의 우수 인재를 받아들여 기업 문화를 혁신하고 싶은데 그 역시 뜻대로 되지 않는다. 한국인의 영어 울렁증, 외국인을 대할 때의 불편함 같은 것들 때문이다.

삼성, LG의 변신 실패가 말해주는 것

―

현대기아차 그룹은 외국인 인재를 영입해서 큰 성과를 이뤄냈다. 2006년 기아자동차 최고디자인책임자 겸 부사장으로 취임한 독일 자동차 디자이너인 피터 슈라이어는 기아차의 디자인을 획기적으로 바꿔놓았다. 그 전까지 일관된 브랜드 정체성이 없었는데, '호랑이 코' 그릴을 비롯한 혁신적인 디자인 아이덴티티를 구축하여 기아차의 디자인 경쟁력을 획기적으로 끌어올렸다. 그의 영입은 현대기아차 그룹 전체의 디자인 방향성에 큰 영향을 미쳤다.

BMW의 고성능차 개발을 이끌었던 알버트 비어만은 현대차그룹에 합류하여 'N'이라는 고성능 브랜드를 성공적으로 론칭하고, 현대차의 주행 성능과 기술력을 한 단계 끌어올리는 데 핵심적인 역할을 했다.

루크 동커볼케는 벤틀리와 폭스바겐에서 쌓은 경험을 바탕으로 제네시스 브랜드의 디자인 방향을 설정하고 고급차 시장에서 제네시스의 입지를 확고히 하는 데 기여했다. 그의 합류는 제네시스 브랜드에 새로운 활력을 불어넣었다는 평가다. 이런 성공을 경험한 때문인지 2025년 1월에는 미국인 호세 무뇨스(José Muñoz)를 대표이사 사장으로 영입했다. 기업 문화 전체를 글로벌 수준으로 바꾸겠다는 선언인 셈이다. 한국 기업으로는 파격적인 사건이다. 현대기아차그룹의 외국인 인재 활용 성공은 우리나라에서 매우 예외적인 일이다. 삼성도, LG도 외국 인재 영입을 통해 기업 문화의 변화를 시도했지만 실패했다. 기존 구성원들의 무언의 저항 때문이었다.

삼성전자도 외국인 임원에 공을 들이곤 했다. 가장 최근 사례는 대만 출신 린준청(林俊僅) 부사장이다. TSMC에서 첨단 패키징 담당 고위직을 지냈는데, 삼성전자가 2023년 부사장으로 영입했다. 당면한 난관을 극복하기 위한 고육지책이었다.

삼성전자가 SK 하이닉스에 밀리게 된 원인은 HBM 반도체이다. AI용 반도체의 최대 생산지인 엔비디아에 HBM 고대역폭 메모리를 납품해야 하는데 삼성은 여전히 그 관문을 통과하지 못하고 있다. HBM은 D램 반도체 여러 장을 포개서 만드는데, 매우 어렵다고 한다. 이 분야에서 가장 앞선 곳이 대만의 TSMC이고, 린준청은 바로 그 업무를 담당하는 최고 전문가이다. 그런데 그가 2024년 말에 퇴사하고 말았다. 아직도 삼성전자는 SK 하이닉스만큼 HBM을 제대로 못 만들고 있는데도 그렇게 됐다. 신문 기사로는 계약이 끝났기 때문이라고 하는데, 지난 10월, 11월 기사들의 논조는 오래 있을 듯한 분위기였다.

2025년 1월 3일자 〈중앙일보〉의 '삼성도 아는 삼성 숙제'라는 분석 기사는[24] 삼성전자가 외부 고급인력을 영입한 케이스는 여럿이지만 성공한 적이 거의 없었다고 진단했다. 결국 외국인에게 배타적 기업문화 때문일 가능성이 높다. 이번 대만인 임원의 경우도 그렇다고 봐야 할 것이다.

사실 삼성전자의 변신 노력의 역사는 그보다 훨씬 더 전으로 거슬러 올라간다. 2011년부터 수원 공장의 모든 회의를 영어로 진행하겠다며 야심 찬 계획을 발표했지만, 그 후로 아무런 소식이 없는 것

을 보면 실패한 것으로 보인다. SKT, 두산 등도 다 비슷한 실패를 경험했다.[25]

LG전자는 훨씬 더 야심 찬 변화를 시도했지만 실패로 끝났다. 2007년 LG전자 신임 CEO로 부임한 남용 부회장은 회사를 글로벌 마케팅 컴퍼니로 만들겠다며 대대적 개혁에 착수했다. 최고위 임원인 부사장급에 전원 외국인들을 스카우트해서 앉히기 시작했다. 2009년이 되자 외국인 부사장은 5명에 이르렀다. 최고 마케팅 임원(CMO), 최고 인사담당 임원(CHO) 등 그룹의 핵심적 업무를 모두 외국인 임원들에 맡겼다. 회사 문화와 직원들의 행동방식을 글로벌하게 바꾸고자 함이었다. 사내 영어공용화도 병행했다. 그러나 이 시도는 결국 실패했고, 외국인 임원들은 계약 기간 3년을 채운 후 재계약은 없다는 통보를 받았다.

가장 큰 원인은 외국인 임원과 한국인 임원 사이의 소통 부재였다고 한다. 두 집단은 서로 따로 놀았다. 외국인을 데려다 놓으면 한국인의 태도가 달라질 수 있을 거라는 기대는 어그러졌다. 외국인을 피하는 문화는 바뀌지 않았다. 심지어 전체 회의를 마친 후에 한국인 임원끼리 따로 회의를 할 때도 많았다. 외국인 임원도 자신들을 피하는 한국인 직원에게 서운함을 느꼈고, 급기야 함께 일할 외국인 직원을 외부에서 데려오곤 했다고 한다. 외국인 최고 의사결정권자와 한국인 현장 직원 사이의 관계가 이렇게 되다 보니 현장 대응은 늦어졌고 회사 실적도 추락했다.

긍정적 변화가 전혀 없지는 않았다. 전 세계에 나가는 LG전자 광고를 일관된 콘셉트로 정리했다. 또 전 세계 지사마다 제각각이었던 직원 근무 평가 기준을 글로벌 기준에 맞게 단일화하는 성과도 이뤄냈다. 그럼에도 불구하고 회사의 이익은 추락했고, 2009년 3분기에 4년 만의 적자를 기록하기에 이른다. 결국 LG의 글로벌화를 위한 파격적 실험은 실패로 막을 내렸다.

 실패의 근원은 한국인 직원들이 변화에 저항했기 때문이다. 거부감과 불편함에 따른 고통을 참아내려 하지 않았다. 일단 성인이 되고 나면 사고방식, 행동방식을 바꾸기가 얼마나 어려운지를 잘 드러내주는 사례이다.

 명령 복종 문화를 배격하고 자기주도적 문화를 만들기 위한 시도들도 늘고 있다. 대표적인 사례가 호칭 파괴다. 상사는 부하 직원에 반말을 하고 부하는 상사에게 직급에 님 자를 붙여 부르던 관행을 파괴해가고 있다. 삼성그룹은 전 임직원이 부장님, 상무님 같은 존칭 대신 '프로'로 부른다. LG경영연구원은 이름 뒤에 직급 없이 님 자만 붙여 부른다. 대부분의 대기업들이 어떤 형태로든 호칭에서 계급 또는 직위를 없애는 추세다. 명령하고 복종하는 분위기를 타파하고 자유로운 사고를 촉진하기 위한 노력인데,[26] 효과가 크지 않다는 평가가 많다.

 수평적 의사 소통을 통한 아이디어 창출, 다른 나라 사람들을 만나서 설득하고 협업하는 능력, 해외 인재들과 만나 시너지를 내는 능력, 스스로 해외 시장을 개척하는 능력이 절실히 필요하다는 데에 대부분 한국인들이 동의할 것이다. 하지만 대부분의 시도가 다 실패로 끝나버리는 이유는 성인이 되고 나서야 비로소 그런 필요성을 깨닫기 때문이다. 새로운 사고방식, 행동방식의 습관화는 어릴 때부터 시작해야 한다. 가정과 유치원, 어린이집에서부터 시작해야 한다.

고수익을 가져다주는 유아교육 투자

시카고대학 경제학과 제임스 헤크만 교수는 2000년 노벨경제학상을 받고 나서부터 경제학자로서는 이례적인 연구에 착수했다. 어릴 적에 유아교육을 받은 아이와 그렇지 않은 아이의 성인이 된 후의 소득을 추적한 후 투자된 금액과 비교하는 연구였다. 결과적으로 드러난 수익률은 연 7~10%라는 놀라운 수치였다. 그리고 이 그래프에서 확인할 수 있듯 어릴수록 수익률이 높았다.[27] 유치원 단계인 유아교육의 수익률은 성인 대상 직업훈련보다 무려 16배나 높았다.

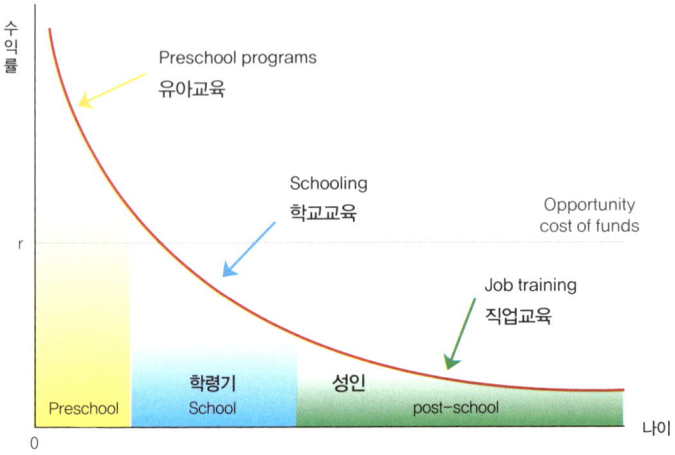

그래프 · 헤크만 곡선: 인적 자원 투자(교육, 훈련)의 수익률

같은 맥락에서 가르시아 등의 학자들은 1960년대 미시간 주에서 저소득층을 대상으로 실시된 페리 프리스쿨 프로그램(Perry Preschool Program)과 이와 유사한 노스캐롤라이나 주의 ABC/CARE 프로그램을 대상으로 40년 이상 무작위 통제실험을 실시했다. 그중 ABC/CARE 프로그램의 효과는 다음 표에 요약되어 있다.[28] 고등학교 및 대학교 졸업률에서도 모두 프로그램 참가자가 높았고 소득 수준 역시 그랬다. 30세가 되었을 때 여성 참가사의 연간 소득은 비참가자의 23,443달러보다 거의 11%인 2,547달러가 높았고, 남성 참가자는 19,800달러, 무려 68%나 더 높았다.

표 · ABC/CARE 프로그램 효과

	여성		남성	
	대조군 평균	참여자 평균 효과	대조군 평균	참여자 평균 효과
PIAT 점수	95.63	+4.92	93.46	+7.7
고등학교 졸업률	0.51	+0.25	0.16	+0.07
대학교 졸업률	0.08	+0.13	0.12	+0.17
30세 기준 소득 (달러)	23,443.42	+2,547.50	29,340.31	+19,809.74

출처: Garcia et al. (2020)

이런 결과는 IQ나 지식 수준 같은 인지적 능력이 아니라 자존감, 참을성, 정서적 안정과 같은 비인지 역량 덕분이었다.[29] 이 결과가 말해주는 것은 2가지이다. 첫째, 성인 이후의 성공에서 비인지적 역량이 매우 중요하다. 둘째, 그런 비인지적 역량에 대한 교육은 어릴 때일수록 효과가 크다.

한국도 유아교육을 비롯한 교육에 많은 투자를 해왔지만 그것을 통해 아이들이 미래 세상을 살아내는 데 필요한 역량을 얼마나 체득했는지는 의문이다. 영국은 1990년대부터 유아의 신체적 사회적 역량을 중요성을 깨닫고 유아교육에 본격적 투자를 시작했다. 그리고 효과적 투자를 위해서 구체적 효과에 대한 EPPSE 추적 연구를 병행했다.[30] 1997~2014년 기간 동안 141개 기관 2,800명 어린이를 대상으로 기관에서의 유아교육 및 가정교육의 효과를 추적 조사했는데, 교육의 질적 수준에 따라서 효과에 매우 큰 차이가 있음이 관찰되었다. 즉, 고품질 교육과 높은 교사 수준이 아동의 추후 성과에 긍정적 영향을 줬다. 다시 말하면 같은 돈을 투자하더라도 안 좋은 교육을 시킨다면 효과는 미미하다는 말이다. 우리나라의 교육에 대한 막대한 투자가 과연 큰 성과를 내고 있는지는 의문이다.

그래프 · 유아교육의 품질에 따른 성과

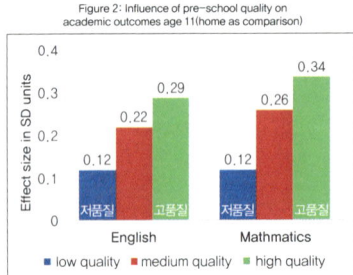
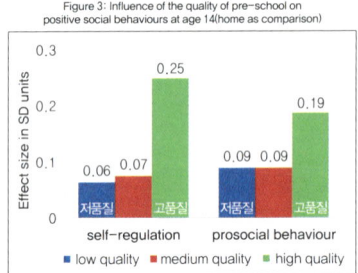

행복과 민주와 입시에 몰입하는 한국 교육 현실

—

　대기업들이 사라졌을 때, 지금처럼 자란 아이들이 세상에 나가서 스스로 밥벌이를 할 수 있을까? 잡아먹으려고 달려드는 강대국들을 잘 설득해서 나라의 성장궤도를 잘 유지할 수 있을까? 우리의 자유와 민주주의를 지켜낼 수 있을까? 그러자면 아이들은 강인하고 적극적이어야 한다. 상대의 국적이 무엇이든 교류하고 협상하고 타협 또는 결단을 내려야 한다.

　한국인들은 현재 그런 능력이 정말 부족하다. 새로운 것에 도전하기보다는 지금까지 해왔던 안전한 자리에 머무르려 한다. 부모에게, 국가에게 기대는 성향도 강하다. 외국인을 가까이하고 싶어하지 않으며, 만나서도 제대로 의사소통을 못한다. 강대국에 저항하고 거부하긴 하지만 그들을 설득하고 타협해서 시너지를 만들 의사도 능력도 부족하다.

　이런 역량들은 마음먹는다고 하루아침에 생겨나지 않는다. 어릴 때부터 반복해서 노출되고 연습해야 얻을 수 있는 마음과 몸의 습관들이다. 가정에서도 학교에서도 어릴 때부터 이와 유사한 환경에 노출되어야 하고, 경험하고 연습해야 한다.

　그래서 싱가포르의 학교들은 유치원에서의 놀이도 목적 지향적으로 시키고, 핀란드는 국가교육과정에 기업가적 과감성(entrepreneurial dare)을 포함시켰다.

　안타깝게도 우리의 교육은 전혀 다른 곳에서 방황하고 있다. 대학

입시를 위한 수능 대비 교육이 주류를 이뤘다. 이 현상에 대한 비판과 반성도 많았다. 본격적 변화는 2009년 진보교육감들이 대거 당선된 이후 경기도 김상곤 교육감 주도로 시작된 혁신학교 운동이다. 기존의 지필고사 중심 수업을 토론과 체험 중심으로 바꾸긴 했다. 하지만 지식이나 역량 면에서는 평가가 허술한 것이 치명적 약점이다. 즉, 학생들을 편하게 놔주면서 시험은 가르친 범위 내에서 출제하다 보니[31] 지식이든 역량이든 크게 늘지 못하는 함정에 빠졌다.

비슷한 시기 이명박 정부는 영어몰입교육을 도입했고, 원어민 교사들을 대거 채용해서 학교 현장에 배치했다. 2011년부터는 어린이집과 유치원에게 동일한 국가수준 교육과정인 놀이 중심 누리과정을 의무화했다.

박근혜 정부는 행복교육을 내걸었다. 수업 부담을 대폭 줄인 자유학기제를 시작했고, 꿈과 끼를 찾는 프로그램을 시작했다. 문재인 정부와 윤석열 정부에서도 교육개혁은 계속되었다.

이 같은 변화들은 대부분 아이들을 행복하게 해주는 것, 시험 덜 보는 것, 경쟁 안 하는 것에 맞춰져 있다. 치열하게 도전하고 실패를 경험하고 다시 일어나는 과정, 강인함과 회복탄력성에 대한 교육은 없다. 글로벌 사회에서의 적응력을 높여주는 교육도 없다. 역량교육이 있긴 하지만 권리 주장이나 가르치는 민주시민 교육 일색이다.

이명박 정부에서의 영어몰입교육이 글로벌 역량 강화의 초보적 시도였으나 교사들의 거부로 유야무야되어버렸다. 2012년 8,520명이던 영어 원어민 교사는 2016년 4,962명으로 42%가 줄었다.[32] 그 이후에는 통계조차 발표되지 않는다.

이런 교육 속에서 과연 스스로 기업을 만들어 사라진 일자리를 대체할 수 인재가 나올 수 있을까? 미국, 중국, 러시아 같은 강대국 사람들을 만나 설득하고 결단할 수 있는 인재가 나올 수 있을까? 그렇게 희망적으로 보이지 않는다.

이렇게 권리 주장이나 하며 위험한 일은 피하도록 자란 아이들이 과연 위험한 상황, 죽음의 기로에 놓인 상황에 제대로 대처할 수 있을까?

이어지는 공교육 탈출

학교가 이처럼 시대의 흐름에 대응을 못하다 보니 뜻있는 부모, 능력 있는 부모는 아이들을 구태의연한 공교육에서 탈출시키기 시작했다.

다음 그래프가 보여주듯이 사립 유치원의 숫자는 급격히 줄어들고 있다. 2019년 3,810개에서 4년 후인 2023년 3,023개로 21%가 감소했다. 800개가 넘는 유치원이 폐원했다. 반면 영어유치원, 공식 명칭은 유아대상 영어학원은 같은 기간 615개에서 842개로 무려 37%가 증가했다. 사립 유치원의 경우 학부모 부담은 한달 평균 20만 원 정도인 반면 영어유치원은 121만 원이어서[33] 무려 100만 원을 더 써야 한다. 이 정도 지출을 해가면서도 영어유치원에 보내는 부모가 급증하고 있다. 얼마나 절실하면 그랬을까. 젊은 부모들의 기존 교육 시스템에 대한 불만이 얼마나 큰지 미루어 짐작할 수 있게 해주는 현상이다.

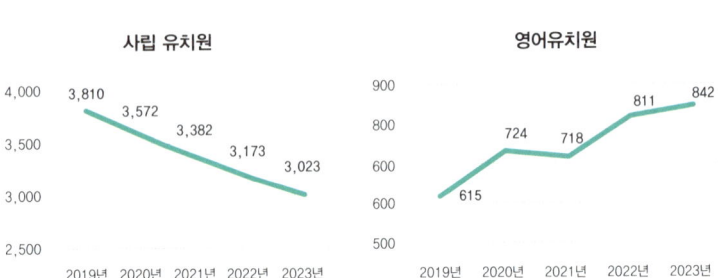

그래프 · 줄어드는 사립 유치원, 늘어나는 영어유치원

이 정도 되면 사립 유치원들은 살아남기 위해서라도 영어유치원 방식을 택하는 것이 자연스럽다. 하지만 그렇게 하지 못한 채 폐원의 길로 들어서는 이유는 정부와 시민단체가 그렇게 못 하도록 손발을 묶어두기 때문이다. 영어유치원은 법적으로 학교가 아니라 학원이기 때문에 자유가 허용되어 있고, 학부모들은 법적인 공식 학교보다 차라리 학원을 선택하기 시작했다.

영어유치원의 특징은 원어민 교사가 가르친다는 점, 그리고 교사당 원아 수가 적다는 점이다. 특히 원어민 교사의 존재는 중요하다. 그들을 통해서 영어를 배우기도 하지만 그보다 외국인과 외국 문화에 익숙해질 수 있다. 한국인 영어교사로부터는 배울 수 없는 중요한 비인지적 역량이다.

국제학교에 대한 수요도 급증하고 있다. 제주 영어교육도시 내 국제학교 재학생 수는 2019년 3,902명에서 지난해에는 4,874명으로 24.9%나 상승했다. 대부분 한국 학생들이다. 같은 기간 전국 초등학생수가 554만 명에서 531만 명으로 4.2% 감소한 것과 대조적이다. 제주의 국제학교가 이렇게 성공을 거두자 인천광역시, 강원도, 전북특별자치도, 평택, 오송, 부산광역시, 고양특례시, 태안군 등 다른 여러 지역에서도 국제학교 신설을 추진하기 시작했다.

전 세계 153개국에서 시행 중인 국제공인평가 교육과정, IB 교육도 큰 호응을 얻고 있다.[34] 제주 표선리는 대표적 인구 소멸위기 지역이었다. 당연히 초등학생 수도 급격히 줄고 있었다. 2018년 275명이던 학생이 2020년 240으로 13%가 줄었다. 그러다가 그해 IB 교육프로그램을 도입했는데, 그 후 반전이 일어난다. 2022년에는 336명, 2024년에는 418명이 되었다. 4년 동안 무려 74%가 늘었다. 이 학교를 보내기 위해 외부에서 학생과 부모가 이주해온 덕분이다.

그래프 · 표선초등 학생 수

IB 월드 스쿨은 제주뿐만 아니라 대구, 전북, 경기 등 여러 교육청들이 보급에 나서고 있는데 이는 학생과 부모의 호응이 없으면 불가능한 일이다. 학교에 이 프로그램이 들어오더라도 그 과정을 밟을지, 아니면 기존의 교과서 방식을 그대로 할지의 선택은 학생과 학부모의 몫이기 때문이다.

영어유치원, 국제학교, IB 월드 스쿨의 급속한 확산은 한국의 부모들이 자녀를 글로벌 인재로 기르는 학교에 얼마나 목말라 했는지, 그리고 기존 공교육에 대한 불신이 얼마나 큰지를 잘 보여주는 증거들이다.

물론 이런 식의 교육들에는 나름대로의 문제가 있다. 모국어를 제대로 못 배울 수 있다는 지적이 있다. 하지만 기존의 교육보다 못하다면 무엇 때문에 부모가 아이들에게 이런 교육을 받게 하겠는가? 아이들을 망치려고? 최소한 그 부모의 입장에서는 아이를 위한 최선의 선택을 했을 것이다. 그것이 못마땅하다면 기존의 공교육을 그들이 원하는 방식대로 바꿔주면 된다. 유치원과 초등학교가 그렇게 바뀌어갈 수 있도록 길을 열어주면 된다.

유치원, 어린이집에 길을 터주자

부모와 아이들의 공교육 탈출 현상이 마음에 안 들어도 그냥 갇혀 있는 것보다는 낫지만, 그래도 여전히 문제는 있다. 첫째, 교육 내용을 검증받지 못했다는 사실이다. 막연히 거기에 보내면 영어 실력이 늘겠지, 글로벌 감각을 익히겠지 하는 기대로 보내는데, 검증된 바가 없다. 그럴 정도로 정보가 공개되어 있지도 않다. 따라서 그런 기관에 다니는 아이와 부모 중 일부는 돈만 더 쓰고 오히려 부작용만 떠안을 수 있다.

둘째, 이들 기관들은 기본적으로 학원이다 보니 교실이 좁고, 운동장이 없거나 있어도 작을 수밖에 없다. 그러면 아이들의 바깥 놀이도 하기 힘들 가능성이 크다.

셋째, 소득이 충분한 집 아이들만 그 기회를 누릴 수 있다는 점이다. 아마도 한국 사회가 영어유치원을 문제시하는 가장 큰 이유로 보인다.

이런 문제를 상당 부분 해결해줄 수 있는 대안은 기존의 유치원들, 어린이집들이 영어유치원과 유사한 프로그램을 할 수 있게 길을 터주는 것이다. 싱가포르에서는 공립 유치원에서도 2중, 3중 언어교육을 하고 있다. 놀이 중심 수업도 영어와 중국어와 말레이시아어로 진행된다. 우리도 얼마든지 할 수 있다. 누리과정의 놀이 중심 수업을 한국어와 영어로 진행할 수 있게 길을 열어주면 된다. 강제로 하라고 의무화하는 것이 아니라 하고 싶은 곳을 할 수 있게 길을 열어주면 된다. 그런 수업이 자기 아이의 모국어 습득에 방해가 된다고 생각하는 부모는 한국어로만 진행하는 기관에 보내면 그만이다. 이렇게 될 때에 비로소 유아 사교육 논란, 4세 고시·7세 고시 논란이 사그러들 것이다. 가난한 집 아이들도 원한다면 영어 놀이에 참가할 수 있는 기회를 얻게 될 것이다.

제4장

유치원에서 다 배우게 하자

중요한 것은 다 유치원에서 배운다

"내가 정말 알아야 할 모든 것은 유치원에서 배웠다." 이는 로버트 풀검의 유명한 책 제목이다.[35] 그는 기본적인 삶의 태도와 규칙을 유치원에서 배운다고 말한다. '정정당당한 행동' '내 것이 아니면 가져가지 말기' '사용한 물건 제자리에 놓기' '자신이 어지럽힌 것 스스로 치우기' 등이 그것이다. 이는 유아교육의 본질을 꿰뚫는 통찰이다.

필자도 70년 가까운 삶을 돌아보니 그의 통찰이 맞음을 인정할 수밖에 없다. 명문대 졸업장이나 지식보다 끈기, 인내심, 자기조절능력, 친화력 같은 비인지적 역량이 인생을 살아가는 데 훨씬 중요하다. 그리고 이러한 역량은 하루아침에 길러지지 않는다. 어린 시절, 특히 유아기에 형성된다. 가정에서 부모와 상호작용하고, 유치원에서 친구 및 교사와 놀이하며 자연스럽게 체득된다. 수능 공부나 교과서 암기와는 성격이 전혀 다르다.

유아기는 뇌 발달이 폭발적으로 이루어지는 결정적 시기다. 특히 사회성 및 정서 발달에 타인과의 관계가 매우 중요하다. 유치원은 아이들에게 첫 사회적 공간이다. 안전하고 지지받는 환경에서 다양한 사회적 상호작용을 경험하게 한다. 이를 통해 타인의 감정을 이해하고 공감하며 더불어 사는 법을 배운다. 놀이를 통해 갈등 해결, 양보와 협동, 다름을 존중하는 법을 익힌다. 유치원에서 형성된 긍정적 자아 개념과 사회적 기술은 이후 삶 전반에 지속적인 영향을 미친다. 많은 연구는 양질의 유아기 교육이 높은 학업 성취도와 낮은 문제 행동, 그리고 성인기 사회경제적 성공 가능성과 연관됨을 보고한다.[36]

AI 혁명과 글로벌화로 급변하는 현대 사회에서 유치원 교육의 중요성은 더욱더 커지고 있다. 과거에는 기본적인 생활 습관을 형성하고 초등학교를 준비하는 것이 주된 역할이었다면, 이제는 미래사회가 요구하는 핵심역량의 기초를 다지는 출발점이다. 창의적 문제해결능력, 비판적 사고, 협업능력, 문화적 수용성 등이 이런 핵심역량에 해당한다. 유치원에서 아이들은 자유롭게 상상하고 탐구한다. 친구들과 새로운 놀이를 만들고 문제를 해결하며 미래역량의 씨앗을 틔운다.

유치원에서 익혀야 할 미래시대 역량들

―

　경제학자의 눈으로 보았을 때 AI에 의해 일자리가 파괴되고, 강대국 간 약육강식의 패권전쟁이 펼쳐지는 시대에 반드시 필요한 역량, 특히 유아기에 체득해야 할 비인지적 역량은 다음과 같다.

　* **자기주도적 태도**: 선생님이나 부모만 쳐다보지 않고 스스로 할 일을 정하고 방법을 찾아가는 태도.

　* **회복탄력성**: 스스로 결정하고 행동하다 보면 뜻대로 안 되는 경우가 다반사이다. 그 실패를 오히려 배움의 기회로 삼아 다시 일어나는 태도.

　* **책임지는 태도**: 자기가 한 일을 완수하고 그 결과에 대해서 책임을 인정하기.

　* **낯가리지 않기 + 친화성**: 타인과 쉽게 친해지고 의사소통을 잘하기.

　* **도전의식 + 위험 감수하기**: 해보지 않은 것을 감행하고, 실패의 위험도 감수할 수 있는 용감한 태도.

　* **2중 언어 및 글로벌 감각**: 외국어를 잘할 필요는 없지만, 외국어에

대한 거부감 및 외국인, 외국 문화에 대한 불편함, 당혹감, 거부감 없애기, 외국인과의 적극적 협조 태도.

  자기주도적 태도와 회복탄력성은 대부분의 한국인이 공감하는 듯하다. 그러나 자기 자식에게 위험감수능력, 도전정신, 글로벌 감각을 키워줘야 하겠다고 생각하는 한국인 부모는 많지 않을 것 같다. 교육계 인사는 더욱 그렇다. 하지만 글로벌 감각은 격랑의 시대를 헤쳐갈 한국인에게 반드시 필요한 역량이다. 나와 다른 외모, 언어, 행동을 가진 사람들과 쉽게 친해지고 협력할 수 있어야 새로운 시장, 새로운 협업의 기회를 만들어낼 수 있다. 그리고 그런 역량은 어릴 때 습득해야 하지만 저절로 길러지지 않는다.

  인간은 진화심리학적으로 낯선 것에 대한 경계 본능을 지니고 태어난다. 종의 생존과 번식을 위한 DNA의 전략이다. 유아기에는 발달심리학적으로 자기중심성이 강하다. 자연스럽게 익숙한 것에 애착을 느끼고 낯선 것을 두려워한다. 이 본능은 집단결속에 긍정적이기도 하지만, 현대 사회의 개방성과 다양성 수용과는 배치될 수 있다. 원시 부족은 외부인을 보면 경계부터 시작했고, 활과 창으로 공격하기 일쑤였다. 한국인은 여전히 이민족을 경계하고 불편해 한다.

  그런 타고난 성향을 바꾸려면 교육과 훈련이 필요하다. 가장 좋은 방법은 외국인과의 자연스러운 교류와 외국 문화 노출이다. 이를 통해 본능적 경계심을 완화하고 타문화 수용성을 길러줄 수 있다. 영어 단어 암기 같은 조기교육을 말하는 것이 아니다. 낯선 사람, 언어, 문화에 대한 심리적 장벽을 낮추고 익숙해지도록 하는 것이다.

행복 교육과 인간의 본능

우리나라 유아교육의 기본은 누리과정이다. 3~5세 유아는 어린이집이든 유치원이든 누리과정을 운영해야 한다. 국공립 유치원은 이것이 거의 전부다. 사립 유치원은 누리과정 이후 특별활동으로 다른 프로그램을 운영하기도 한다.

누리과정은 기본적으로 놀이 중심이다. 아이가 주도적으로 놀이를 찾고 즐기는 것을 지향한다. 이를 통해 자기주도성, 정서적 안정감, 즐거움을 느끼도록 한다. 2019 개정 누리과정은 '아이 행복'을 명시적으로 내걸었다. 교사는 가능한 한 개입을 최소화하고, 유아가 스스로 문제를 해결하고 놀이를 이끌어갈 기회를 충분히 주어야 한다. 놀이의 흐름을 방해하거나 성인의 의도를 놀이에 강요하지 않도록 주의해야 한다. 많은 경우, 교사의 역할은 개입하지 않고 지켜보는 것이다. 최근에는 유아교육에도 시민역량 교육으로 민주시민 교육이 추가되었는데, 시민 권리의식이 가장 앞서는 것으로 보인다.

아이가 즐겁고 행복한 것은 중요하다. 그러나 이것만으로 미래역량을 모두 습득하기는 어렵다. 어른의 적극적 안내나 목적 지향적 자극이 없다면 아이들은 타고난 본능대로 놀 가능성이 크다. 원시시대 아이들은 그렇게 놀며 사회의 성인이 되었다. 그 결과는 다음과 같은 전통 사회 인간의 모습으로 나타날 수 있다.[37]

* **낯가림, 외부인 기피, 내 집단 선호, 부족주의:** 타 배경이나 문화에 대한 경계심과 배타성.

* **익숙함/안전함에 안주, 새로운 것/위험 기피:** 변화를 두려워하고 현상 유지를 선호.

* **자기 책임보다 남 탓, 자기 권리만 주장:** 문제 발생 시 원인을 외부로 돌리고 의무보다 권리를 내세움.

표 · 타고난 본능과 글로벌 역량 간의 주요 갈등

타고난 본능/경향성	요구되는 글로벌 역량	갈등의 구체적 예시
내 집단 선호/ 부족주의	세계시민의식/ 코스모폴리타니즘	"민족주의 대 국제 협력: 자국 문화 우월주의, 타문화 배척, 특정 집단 편견" "자문화중심주의: 국제 문제(환경, 난민 등) 무관심, 자국 이기주의", "집단 간 편견 심화"
낯선 것에 대한 두려움/경계심	문화 간 이해, 다양성 수용	"제노포비아: 외국인/소수자 혐오" "고정관념: 새로운 문화 거부, 타문화 왜곡", "의사소통 장벽 및 다문화주의 저항으로 사회 통합 저해"
자기 이익 우선 (본능적 생존 경향)	집단적 웰빙, 글로벌 협력, 공동체 의식	"자원 경쟁 심화: 공공질서 무시, 개인 편의 추구" "기후 변화 대응 어려움: 환경 보호 노력 소극적 태도", "자원 고갈, 글로벌 불평등, 국가 이기주의로 국제 협약 불이행"

행복 교육 vs. 현명한 교육

—

심리학자와 정신과 의사들은 자녀 양육법을 부모의 요구, 기대 및 지지 정도를 기준으로 크게 4가지로 구분한다. 자녀에 대한 요구 수준이 높으면서 정신적으로 지지도 잘해주는 방식을 현명한 양육(authoritative parenting), 요구만 많고 지지는 안 해주면 독재적 양육, 강하게 지지해주지만 요구 수준은 낮으면 허용적 양육, 지지도 요구도 하지 않으면 방임적 양육이라고 한다.[38]

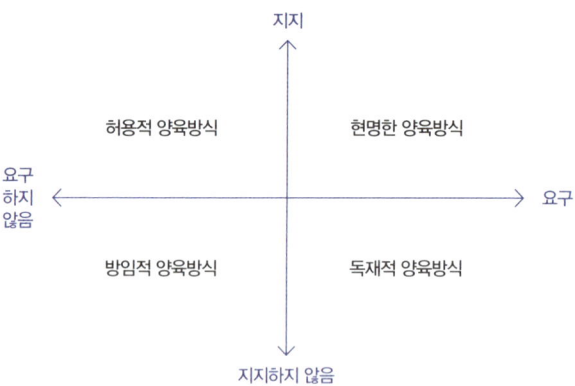

이 중에서 가장 성과가 좋은 것은 현명한 양육, 즉, 높은 수준의 요구를 하지만, 강력히 지지도 해주는 방식이다. 미국 청소년 1만 명 대상으로 부모의 양육 특성을 조사한 후 해당 청소년의 상태와 상관관계를 분석했는데, 성별, 민족, 사회계층, 부모의 결혼 상태와 관계

없이 다정하고 자녀를 존중하는 동시에 자녀에게 요구도 많이 하는 부모의 자녀들이 여러 면에서 더 우수했다. 학교 성적이 좋은 것은 물론, 심리적으로도 더 독립적이었다. 불안과 우울 증상이 적고, 비행에 가담할 가능성도 낮았다. 그래서 심리학자 래리 스타인버그는 2001년 청소년학회 회장 취임 연설에서 '현명한 양육법이 좋다는 사실은 더 이상 연구가 필요 없을 정도로 증거가 많다'고 했다.[39]

그런 관점에서 본다면 누리과정의 아이 행복 교육은 방임적 양육에 가깝다. 아이들이 살아야 할 미래가 기존 인간형을 그대로 답습해도 되는 상황이라면 그렇게 해도 큰 문제가 없을 것이다. 유치원에서 어떻게 배우든 가정에서 부모를 보고 배울 테니 말이다. 원시사회, 전통사회에서는 그렇게 해서 사회가 변화 없이 유지되어간다.

하지만 지금의 우리는 그럴 수 없다. 새로운 인간형이 절실히 필요한 시점이다. 각자가 변하지 않으면, 일자리도 안 만들어지고, 나라의 운명조차 흔들릴 수 있다. 아이들에게 새로운 역량을 길러주고자 한다면 유치원에서의 놀이 중심 교육도 현명한 양육, 즉, 분명한 목적을 가진 놀이로 바뀔 필요가 있다. 지정학적으로 한국과 처지가 비슷한 핀란드와 싱가포르는 이미 그렇게 하고 있다.

한국 누리과정, 핀란드 횡단역량, 싱가포르 미래역량

다른 나라들은 아이들을 어떻게 기르고 있을까. 우리나라 누리과정(2019 개정)을 선진국의 모임인 OECD와 비교한 후 우리와 지정학적 처지가 비슷한 핀란드, 싱가포르 교육과정과 비교해보자.

한국의 누리과정(2019 개정)
- 건강한 사람: 자신의 소중함을 알고 건강하고 안전한 생활 습관을 기른다.
- 자주적인 사람: 자신의 일을 스스로 해결하는 기초 능력을 기른다.
- 창의적인 사람: 호기심과 탐구심을 가지고 상상력과 창의력을 기른다.
- 감성이 풍부한 사람: 일상에서 아름다움을 느끼고 감수성을 기른다.
- 더불어 사는 사람: 사람과 자연을 존중하고 배려하며 소통하는 태도를 기른다.

OECD Education 2030[40]
교육은 미래세대가 급속한 기후 변화와 글로벌 경제-사회 변화에 잘 적응하기 위한 중요한 수단. 교육으로 다음 세 가지 역량이 길러지길 기대한다.
- 새로운 가치 창조 능력: 창조적 사고, 도전 의식, 타인과의 협업을 통해 새로운 가치 창조. 이를 위해 호기심과 낯선 상황에 대한 적응력, 타인에 대한 개방적 태도 필요.
- 긴장과 갈등, 딜레마 해소 능력: 복잡한 문제 해결을 위한 시스템적 사고. 갈등 해소를 위한 소통 능력, 타협을 이끌어내는 역량 등.
- 책임감: 자신 선택의 결과에 대한 책임 의식. 문제를 피하지 않고 해결하려는 의지. 도덕적 사고.

핀란드 교육과정의 횡단역량(transversal competences)[41]
배우기 위해 생각하고 배우기,

문화적 능력·상호작용 및 자기 표현,

자신을 돌보고 일상 관리,

다중 문해력, ICT 역량,

일하는 삶의 능력과 기업가정신,

참여·관여와 지속가능한 미래 구축.

싱가포르 NEL framework 2022[42]
싱가포르는 유아들이 교육을 통해서 행복하고 생산성 높은 성인, 공동체에 기여하는 책임 있는 시민, 후세대를 잘 길러내는 부모로 자라나길 기대한다. 이를 위해 유아들은 타인 존중 및 배려, 책임 의식, 정직함의 4가지 가치를 체득하도록 지도한다. 이를 통해 유아들이 다음과 같은 역량을 체득하길 기대한다.
- 자아 의식 개발: 나는 누구인지, 원하는 것은 무엇이고 능력은 어떤가.
- 자기 조절 및 관리: 자기 생활 관리, 자기 조절 능력,

사회에 대한 관심과 다양성 존중,

가족, 친구 및 어른들과의 관계 만들기,

자기 행동에 대해서 책임 지기.

비교 결과, 누리과정은 유아의 '자기주도성' 강조가 두드러진다. 반면 '책임감' '도전 의식' '협업 능력' '글로벌 감각' 등 미래사회 중요 역량은 상대적으로 부족하거나 명시적 강조가 미흡해 보인다. 또 우리나라의 누리과정은 실천과정에서 유아 행복과 자율성을 강조한다. 반면 중요한 몇 가지 역량은 소홀한 듯 보인다.

* **책임감, 도전 정신, 모험심 부족**: 누리과정은 유아의 자율적 선택과 흥미를 존중한다. 그러나 어려움 극복 노력, 실패를 두려워 않는 도전 용기, 자기 행동과 선택에 대한 책임감을 길러주는 측면은 약하다. 예를 들어, 누리과정 해설서나 지침에서 '책임감'이 명시적으로 강조되거나, 이를 위한 구체적 놀이 및 활동 가이드라인이 부족할 수 있다.

* **새로운 가치 창조 및 협동적 문제 해결 능력 부족**: 미래사회는 창의적 아이디어와 협력을 통한 문제해결능력을 요구한다. 현재 놀이 중심 교육이 이런 고차원적 사고와 협업능력을 체계적으로 길러주는지 검토가 필요하다.

* **경제적 관점 및 현실 적응력 교육 미흡**: 유아에게 직접적 경제 교육은 어렵다. 그러나 자원의 소중함, 합리적 선택, 노동의 가치 등 기초 개념을 놀이로 접하게 하는 것은 중요하다. 변화하는 사회에 유연하게 적응하고 삶을 주도적으로 개척하는 현실 감각 교육도 강화해야 한다.

* **추구하는 인간상의 모호함**: 누리과정의 5가지 인간상은 훌륭하다. 그러나 이것이 어떤 사회적 역할과 책임을 다하는 시민으로 성장함을 의미하는지 방향성이 다소 모호하다. 예를 들어, 민주시민 교육이 단순 권리 주장을 넘어 의무와 책임을 다하는 균형 잡힌 시민 양성에 초점을 맞추는지 성찰이 필요하다. 진정한 민주시민은 권리와 함께 책임감을 가지고 공동체에 기여하는 사람이다.

2019 개정 누리과정, 놀이 중심 교육의 효과

  육아정책연구소가 2019 개정 누리과정 시행 이후 아이들의 달라진 점이 무엇인지를 부모들에게 물었다. 가장 두드러진 점은 아이들이 더 행복하고 즐거워졌다(64.3%), 또 유치원에 더 가고 싶어한다(48%)의 두 가지다. 자기주도적으로 스스로 하려 한다, 창의적 생각을 한다는 답변도 40%에 달했다. 그러나 도전의식이나 끈기, 열린 마음 등의 역량이 어떤 영향을 받았는지에 대해서는 관찰 결과가 없다.

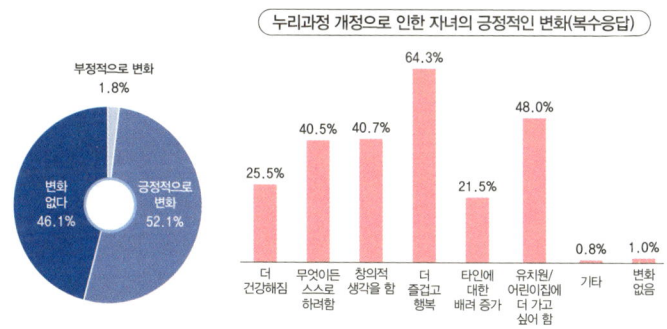

그래프 · 누리과정 개정으로 인한 자녀의 변화

출처: 김은영 외(2020), 〈2019 개정 누리과정〉 모니터링 및 지원방안 연구(1), 육아정책연구소, pp. 183~184.

  부산대학교 팀의 관찰 결과도 비슷하다.[43] 눈에 띄게 향상된 역량은 적극성으로 45.6%의 사례에서 관찰되었다. 유아들은 자기주도적 놀이 활동에 자발적으로 참여하고 문제를 해결하려는 의지를 보이며 높은 수준의 몰입을 나타냈다. 두 번째로 많이 관찰된 결과는 객관성이었다(13.73%). 유아들은 관찰한 현상을 있는 그대로 기술하고 증거에 기반하여 결론을 내리려는 태도를 보였다. 하지만 거친 미래 세상을 살아내기 위해 반드시 필요한 용기, 도전의식, 회복탄력성, 끈기 같은 역량이 높아졌다는 기록은 없다.

싱가포르 유치원의 목적 지향 놀이 교육

―

   유아들이 놀이를 통해서 배우게 하는 것은 당연하고 바람직하다. 하지만 아무렇게나 놀이를 한다고 해서 필요한 역량이 얻어지지는 않는다. 싱가포르와 핀란드 유치원에서의 놀이 교육이 한국의 누리과정과 어떻게 다른지 알아보자.

   싱가포르의 놀이교육은 우리처럼 자유 놀이 일색이 아니라 분명한 지향점을 가진 목적 지향 놀이가 많다는 점이 다르다. 싱가포르에서 가장 인기 있는 유치원 브랜드인 My First Skool의 사례를 예로 들어보자. NTUC(국가노동조합연합체)에서 운영하는 로컬 유치원 브랜드인데, 2025년 현재 기준으로 싱가포르 전역에 160개의 유치원 또는 어린이집을 운영 중이다. 26,000명의 유아들이 이곳을 거쳐 갔다(https://www.myfirstskool.com/).

   다음 사진이 해당 유치원 체인 중 한 곳에서 실시되고 있는 놀이수업의 장면들이다. 제일 왼쪽부터 비행기 타는 놀이, 세차장에서 돈

주고받는 놀이, 미용실에서 손님과 미용사 역할 놀이이며 제일 오른쪽은 실제 상점에 가서 물건 사는 일을 놀이 삼아 하고 있다. 아이들은 이런 놀이를 통해서 세상이 돌아가는 이치와 더불어 역량을 체득한다. 아이들을 놀고 싶은 대로 놔두기보다는 현실의 세상을 미리 살아보게 하겠다는 분명한 목적이 있다.

My First Skool이 지향하는 가치는 회복탄력성이 강하고 사회적으로 자신감 넘치는 사람, 세계와 연결된 사람, 디지털 역량이 풍부한 사람의 3가지이다. 놀이는 아이들이 이 가치를 몸으로 체득하는 과정이다.

그림 · **My First Skool**의 목적 지향 놀이(왼쪽부터 비행기, 세차장, 미용실, 물건 사기)

*스마트폰으로 QR 코드를 스캔하면 바로 접속 가능.

한국의 놀이 중심 교육이 아이 행복, 즐거움을 목적으로 하는 반면 이 나라의 놀이는 필요 역량 체득을 위한 놀이, 즉, 목적지향적 놀이이다. 한국 놀이 교육에서 교사는 관찰자 역할을 하는 반면, 싱가포르 놀이 교육에서는 적극적인 방향을 제시하는 역할이다. 두 방식의 주요한 차이를 정리하면 다음과 같다.

* **목적:** 목적성 있는 놀이는 교사가 의도적으로 계획한 구체적인 학습 목적을 갖지만, 자유 놀이는 일반적으로 성인이 미리 정한 교육적 목적이 없다.[44]

* **교사 역할:** 목적성 있는 놀이에서 교사는 의도적인 계획자, 촉진자, 공동 놀이자, 검토자이다. 자유 놀이에서는 성인의 개입이 최소화되며, 종종 관찰이나 안전 확보에 국한된다.

* **구조:** 목적성 있는 놀이는 자발적인 것부터 구조화된 것까지 연속선상에 존재할 수 있다. 자유 놀이는 본질적으로 비구조적이다.

* **안내:** 목적성 있는 놀이는 학습을 확장하기 위한 교사의 안내와 비계 설정(scaffolding)을 포함한다. 자유 놀이는 아동 주도를 강조한다.

독일, 스웨덴, 덴마크 유치원의 위험놀이

유치원의 출발은 독일인 프뢰벨의 어린이 정원(kindergarten)이다. 아이들이 밖에 나가서 노는 곳이다. 그런데 그 밖은 위험으로 가득하다. 나무는 높고 가지는 거칠다. 오르다가 떨어지면 다칠 수 있을 텐데도 그런 위험놀이(Risky Play)가 장려된다. 스웨덴, 노르웨이, 덴마크의 유치원이 다 그렇다.

비가 와서 옷과 신발이 젖어도, 겨울이 되어 추워도 아이들의 바깥놀이는 계속된다. 비옷과 장화를 신은 채 물 웅덩이에서 뒹굴며 놀아서 옷이 다 젖곤 한다. 숲에서 놀다가 높은 나무에 올라가는 아이들도 많다. 선생님은 그렇게 놀도록 놔둔다. 아니, 오히려 그렇게 하라고 권한다. 그러다가 조금 다치거나 감기에 걸리기도 하지만 어쩔 수 없는 일이라고 받아들인다. 심지어 덴마크 유치원의 어떤 영상을 보면 숲에서 놀던 아이들이 날카로운 군용 칼로 나무를 깎고 있었는데, 할머니 선생님은 그 광경을 그대로 보고 있다. 일종의 수업인 듯했다.

아이들에게 상당한 자유와 주도권이 허용되지만, 실내에만 안전하게 머물 자유는 없다. 우리 관점에서 보면 아동학대 비슷하기도 하다. 노르웨이 유치원 교사들은 아이들이 놀다가 멍이 들고 긁혀도 자연스러운 성장과정으로 받아들인다.

"부상을 입더라도 대부분 시간 지나면 다 나아요. 노르웨이 유치원에서 심각한 사고가 나는 경우는 아주 드물어요."[45]

우리나라 같으면 큰일이 벌어질 말을 이 나라 유치원 교사들은 태연하게 한다. 위험한 놀이를 통해서 이 나라 아이들은 독립심과 책임감, 고통을 견디는 힘, 도전의식을 체득한다. 실내에서 행복과 즐거움만 누리게 하려는 우리의 놀이교육과 크게 다르다.

그림 · 덴마크 유치원의 일상적 놀이활동

*스마트폰으로 QR 코드를 스캔하면 바로 접속 가능.

행복과 안전만으로는 필요한 역량을 충분히 체득하지 못한다는 사실은 실험과 연구를 통해서 거듭 증명되었다. 심리학자 아이젠버거는 초등 2, 3학년 아이를 대상으로 한 실험에서 숫자 세기, 그림 외워서 모양 맞히기를 하면 1센트를 나눠줬다. 그리고 일부 아이들에게는 정답률이 올라가면 더욱 어려운 문제를 줬다. 다른 아동들에게는 난도가 같은 유사한 문제를 계속 줬다. 나중에 아동 모두에게 앞의 과제와는 전혀 다른 지루한 문제를 시켰다. 단순히 단어를 옮겨 적는 일이었다. 쉬운 과제 대신 어려운 과제로 훈련받은 아이들이 지루한 단어 옮겨 적는 과제를 더 열심히 했다. 아이젠버거가 학습된 근면성(Learned Industriousness)이라고 부른 이 현상은 끈기, 근면 같은 내적 역량들이 연습과 훈련을 통해서 생겨날 수 있음을 보여준다.

모든 동물은 가능한 열량 소모를 줄이도록 진화해왔다. 때문에 특별한 자극이 없으면 편안함에 안주하고 결국 나태해지기 마련이다. 끈기와 근면 같은 역량은 힘든 과정을 겪고, 성취했을 때 보상이 주어지는 교육, 훈련을 통해서 얻어진다. 아이 행복을 최고의 가치로 두는 놀이 중심 누리과정이 우리 아이들에게 힘난한 새 시대에 필요한 역량을 길러주고 있는지 돌아볼 필요가 있다.

놀이 중심 네덜란드의 유치원 유급 제도

네덜란드의 유치원은 초등학교 과정과 8년 과정으로 통합돼 있다. 유치원은 만 4살(groep 1)부터 시작하는데, 글자나 숫자는 배우지 않는다. 유아교육의 목적은 놀이를 통해 양보, 협동, 나눔을 배우는 것이다.[46]

그런데 놀랍게도 그 4~5세의 아이들을 대상으로 유급제도를 운영한다. 친구들과 어울리지 못하고 학교생활에 적응하지 못하는 아이는 유급 대상이 된다. 대부분 반별로 두 명의 교사가 공동 담임을 맡게 돼 유급을 결정할 때도 두 교사가 충분히 논의한 뒤 신중하게 결정한다. 부모와는 또 1년에 4차례 걸쳐 교사와 만나는 '10분 면담'을 정례화해 유급 여부를 통보받기 전에 학부모가 이미 학생의 성적과 태도 등에 대해 공감대를 형성하고 있어 교사의 판단을 존중할 준비가 돼 있기 때문이기도 하다.

그런데 그 비율이 엄청나다. 유초등 전체의 유급비율이 무려 22.4%이다.[47] 4명 중 1명이 유급을 하는 셈이니 기가 막힐 노릇이다. 이 나라에서 직접 아이를 유치원 초등학교에 보낸 정현숙 씨도 이웃 주민 중에 아이가 유급당한 것을 봤다고 한다.

이런 현실은 이 나라의 교육철학을 극명하게 드러내준다. 학교는 아이들에게 최대한의 자유를 허용한다. 교사는 조력자에 불과할 뿐 어떤 활동을 하든 아이 자신의 선택에 맡긴다.[48] 그러나 그 결과에 대해서는 책임져야 한다. 양보, 협동, 나눔 등 사회생활을 위한 역량을 습득하지 못하면 아무리 다섯 살짜리 유아라도 유급으로 책임을 져야 한다. 이런 과정을 통해서 아이들은 자연스럽게 책임지는 성인, 사회생활에 잘 적응하는 성인으로 자라난다.

Deep Research라는 AI 연구 도구를 시켜 조사해보니 네덜란드 말고도 벨기에의 플랑드르 지역, 프랑스, 독일, 스위스, 체코 등에 유사한 제도가 있다는 보고를 해왔다. 여기에 대해서 찬반 논쟁이 있는 것이 사실이지만 그냥 자유롭게 놀기만 한다고 필요한 역량이 체득되는 것이 아님을 말해주는 현상이다.

표 · 유치원 유급 제도를 가진 나라들

국가	유치원 의무교육	유급 판단 주요 기준	주요 의사 결정자	빈도/특이사항
네덜란드	5세부터 의무	전반적 발달, 학습 태도, 사회성 등	학교 (교사, 교장 등)	상대적으로 흔함. 교육감찰국 기준치(12%) 존재. 학교 자율성 높음.
플랑드르 (벨기에)	아니오 (등록률 높음)	학교 준비도, 1학년 전환 대비	학부모 (학교/CLB 조언)	증가 추세 시사. 사회적 수용도 높음.
프랑스	3세부터 의무	발달, 준비도	학부모/학교 (단계별 상이)	전체 유급률 역사적으로 높음.
독일	아니오 (6세부터 의무)	발달 준비도 (Vorklasse), 학업 실패	학교 당국/ 교사 회의	전체 유급률 OECD 평균 이상. Vorklasse 등 별도 구조 존재.
스위스	예 (대부분 2년)	주별 상이 (학업, 발달, 자발적 요청 등)	주별 상이 (학교/ 학부모 등)	주별 편차 큼(평균 약 7%). 남학생, 저학력/외국인 부모 자녀 비율 높음.
체코	예	학교 준비도 평가	학부모 (연기 결정)/학교	입학 연기 비율 높음(22%).
헝가리	예(마지막 해)	학교 준비도 평가, 학업 (이후 학년)	유치원/상담기관/ 학부모/학교	전체 유급률 낮음. 준비도 진술서 요구.

한국 교육에도 민주시민역량 교육이라는 것이 새로 생겼다. 하지만 대부분 내용이 책임감보다는 권리 주장에 치우쳐 있는 듯한 느낌이다. 유아 시민역량 교육을 위한 현장 지원 자료를 보면 추상적 논의를 지나 '유아는 시민일까'라는 질문에 구체적 예시가 등장하는데, 독일 초등학생들의 시위 사진이다.[49] 그렇게 권리 주장을 하기 때문에 독일이 민주주의로 성공한다는 말인데, 그 타당성에 의문이 든다. 권리 주장 이전에 각자가 자신의 책임을 다하기 때문에 나라가 탄탄할 수 있다. 실제로 권리 주장만 하고 납세 등 의무를 피하는 나라들은 커다란 어려움을 겪고 있다. 대표적인 사례가 베네수엘라, 1990년대 이후의 이탈리아, 스페인 같은 나라들이다.

그림 · 누리과정용 현장 지원자료(교사용) 중 시민교육 관련 부분

첫 번째 질문 : 유아들은 시민일까?

사진 출처 : JTBC 차이나는 클라스

어느 텔레비전 프로그램에서 김누리 교수님 강연을 들으며 독일의 '초등학생 시위' 사진을 보았다. 초등학생들이 도로 위에서 'KE IN MENSCH IST ILLEGAL' 피켓을 들고, '누구도 불법이 아니다.'라며 난민 차별 금지에 대해 시위를 하고 있었다.

놀라웠다. '초등학생들이 시위를 한다고? 그것도 자신의 개인적 이익이 아닌 난민에 대한 차별을 금지한다는 시위를 한다고? 어떤 교육이 배경이 되었을까?

출처: 놀이하며 자라는 유아 시민역량, 미래역량 강화를 위한 현장 지원자료(유아 교사용), 교육부, 2022. 21쪽.
*스마트폰으로 QR 코드를 스캔하면 바로 접속 가능.

이중언어교육하는 스위스와 싱가포르, 국가 자부심도 최고

싱가포르, 핀란드 등 영어 잘하는 나라들의 사례를 통해서 분명히 알 수 있는 교육의 원리는 외국어는 어릴 적부터 익숙해져야 한다는 것이다. 어린아이들이 시험 공부하듯이 영어 단어와 문장을 외우는 것은 바람직하지 않지만, 뜻을 모르더라도 자연스럽게 외국인과 외국어, 외국 문화에 노출되어 익숙해지도록 할 필요가 있다.

너무 어릴 때 외국어를 가르치면 모국어를 잘 못할 수 있다는 반론이 있기도 하다. 만약 그렇다면 어린 시절 해외여행 데리고 다니는 것도 해롭다 할 것인가? 어릴 적에 부모 따라 외국으로 이민 간 사람들 중에 이중언어를 하는 사람이 얼마나 많은가? 무엇보다 유아기

부터 이중언어교육을 당연히 여기는 싱가포르와 스위스의 사례를 참고할 필요가 있다.

표 · 싱가포르 공립 유치원 MOE Kindergartena2Dazhong의 일과 중 이중언어교육

Time	Monday	Tueday	Wednesday	Thursday	Friday	
7.50 – 8.00 a.m.	Arrival and Health Check					
8.00 – 8.10 a.m.	Welcome and Circle Time (10 min)					
8.10 – 8.40 a.m.	Outdoor Play (30 min)					
8.40 – 9.20 a.m.	Starlight Literacy (English Language) Programme (40 min)					영어 기반 수업.40
9.20 – 9.40 a.m.	Snack Time (20 min)					
9.40 – 10.40 a.m.	Starlight Literacy (Mother Tongue) Programme (60 min)					모국어 기반 수업.60
10.40 – 11.00 a.m.	Indoor Play (20 min)					
11.00 – 11.50 a.m.	HI-Light Programme (50 min)					
11.50 a.m. – 12.20 p.m.	Extended Mother Tongue Activities (30 min)					모국어 기반 수업.30
12.20 – 12.30 p.m.	Transition & Dismissal					

Time	Monday	Tueday	Wednesday	Thursday	Friday	
12.50 – 1.00 p.m.	Arrival and Health Check					
1.00 – 1.10 p.m.	Welcome and Circle Time (10 min)					
1.10 – 2.10 p.m.	Starlight Literacy (Mother Tongue) Programme (60 min)					모국어 기반 수업.60
2.10 – 3.00 p.m.	HI-Light Programme (50 min)					
3.00 – 3.20 p.m.	Snack Time (20 min)					
3.20 – 3.40 p.m.	Indoor Play (20 min)					
3.40 – 4.20 p.m.	Starlight Literacy (English) Programme					영어 기반 수업.60
4.20 – 4.50 p.m.	Extended Mother Tongue Activities					모국어 기반 수업.30
4.50 – 5.20 p.m.	Outdoor Play (30min)					
5.20 – 5.30 p.m.	Transition & Dismissal (10 min)					

Note: Sequence of activities may differ from class to class

*스마트폰으로 QR 코드를 스캔하면 바로 접속 가능.

이렇게 하루에도 몇 번씩 영어와 모국어 수업을 오가지만, 이 나라 아이들의 정체성이 흔들린다는 증거는 찾기 어렵다. 2020년 8월 독립 55주년을 맞아 여론조사 기관인 Ipsos가 싱가포르인 1,000명을 대상으로 조사를 했는데 응답자의 85%가 싱가포르 시민임에 자부심을 느낀다고 답했다.[50] 스위스의 경우도 비슷하다. Ipsos의 2024년 조사에 따르면, 스위스 국민의 65%가 자국에 대해 강한 자부심을 느끼며, 이는 유럽 평균을 상회하는 수치이다. 참고로 우리나라의 경우 한국리서치 조사(2023년 9월)에 따르면 응답자의 58%만이 "나

는 대한민국 국민인 것이 자랑스럽다"고 답했다.[51]

유치원 교육, 이렇게 바꾸자

―

급변하는 미래사회는 아이들에게 새로운 역량을 요구한다. 현 누리과정은 유아 행복과 자율성을 중시하는 긍정적 측면이 있다. 그러나 미래인재 양성에는 일부 보완이 필요해 보인다. 이에 유치원 교육의 근본적 변화 방향을 다음과 같이 제안한다.

첫째, 누리과정이 추구하는 핵심 가치와 인간상을 미래지향적으로 확장해야 한다. 기존 누리과정은 5가지 인간상을 제시한다(건강, 자주, 창의, 감성, 더불어 사는 사람). 이는 모두 중요하지만, 다음 인간상을 명시적으로 추가하고 교육 내용 전반에 반영해야 한다.

* 도전을 즐기고 실패를 두려워 않는 사람: AI 시대의 불확실성 속에서 필요하다. 새로운 분야에 과감히 뛰어들고, 실패에서 배우며 다시 일어서는 회복탄력성을 지녀야 한다. 유아기부터 안전한 환경에서 적절한 도전을 경험해야 한다. 작은 성공과 실패를 통해 성취감과 문제해결능력을 기르도록 지원해야 한다.

* 외국인, 외국어, 외국 문화에 쉽게 친해지는 글로벌 감각을 지닌 사람: 글로벌 시대에는 다양한 문화적 배경의 사람들과 소통하고 협력하는

능력이 중요하다. 유아기부터 외국어나 외국 문화에 대한 심리적 장벽을 낮춰야 한다. '다름'을 존중하고 포용하는 태도를 자연스럽게 체득하도록 도와야 한다.

이 새로운 인간상은 기존 누리과정 5개 영역과 연계된다. 예를 들어 '도전하는 사람'은 신체운동·건강 영역의 새로운 신체활동 시도, 자연탐구 영역의 미지 세계 탐구를 통해 길러진다. '글로벌 감각'은 의사소통 영역의 다양한 언어·문화 관심, 사회관계 영역의 타인 이해·존중을 통해 육성된다. 중요한 것은 교육과정 전반에 이런 가치가 스며들도록 구체적 목적과 내용을 설정하는 것이다.

둘째, 놀이 중심 교육의 기조는 유지하되, 그 방향과 질을 전환해야 한다. 유아의 자발적 놀이는 매우 중요하다. 여기에 더해 명확한 교육적 목적을 가진 '목적 지향 놀이'를 균형 있게 도입해야 한다. 이는 싱가포르 사례처럼 교사가 유아 발달과 교육 목적을 고려해 환경을 구성하고 놀이를 안내하는 방식이다. 이를 통해 유아는 놀이로 핵심역량을 더 효과적으로 습득한다. 따라서 다음과 같은 목적 지향 놀이를 추가할 것을 제안한다.

* **글로벌 감각을 길러주는 놀이:** 다양한 국가 문화(의상, 음식, 음악, 전통 놀이 등) 체험, 외국어 동요나 표현 활용 놀이, 세계 여러 나라 친구들 이야기 나누기 등으로 다른 문화에 대한 관심과 흥미를 높인다.

* **모험심과 도전 의식을 자극하는 놀이:** 안전하면서도 도전적인 실내외

신체활동 환경(오르기, 건너기 등) 구성, 새로운 재료 탐색 및 창의적 결과물 만들기, 정답 없는 문제 공동 해결 프로젝트 등으로 모험심과 문제해결능력을 기른다. 독일 등의 '위험놀이'처럼, 안전 범위 내에서 아이들이 스스로 위험을 감지하고 조절하는 능력을 키우도록 도전적 놀이를 장려하는 것도 고려할 만하다.

*책임감과 협동 능력을 키우는 놀이: 역할 분담 공동 목적 달성 프로젝트(그림책 만들기, 연극 공연 등), 규칙을 정하고 지키는 게임 활동 등으로 책임감, 협동심, 배려심을 배운다.

이런 목적 지향 놀이에서 교사는 단순 관찰자를 넘어서야 한다. 유아의 흥미와 발달을 고려해 적절한 자극과 질문을 던져야 한다. 필요시 놀이 방향을 안내하고 배움 확장을 돕는 적극적 상호작용자이자 조력자가 되어야 한다. 이를 위해 교사 교육 및 지원 강화가 필요하다.

셋째, 글로벌 역량 강화를 위한 구체적 방안을 적극 도입해야 한다. 앞서 제안한 놀이와 더불어, 원어민 교사를 활용한 자연스러운 외국어 노출 환경 조성이 중요하다. 이는 영어 단어나 문법 암기가 아니다. 놀이와 일상생활 속 원어민과의 상호작용으로 외국어 친밀감을 높이고 의사소통 자신감을 키우는 방식이다. 무자격 외국인 교사 우려 해소를 위해 정부 차원의 자격 요건 규정 및 관리·감독 시스템 마련이 필요하다. 최소한 현재 공립 유치원의 원어민 교사 활용 금기 분위기에서 벗어나야 한다. 각 유치원의 자율적으로 판단하고 활용할 길을 열어주어야 한다. 또한 다양한 문화권 자료를 적극 활용하고, 다문화 가정 유아와의 긍정적 상호작용을 지원하는 등 일상 속 다문화 감수성 함양 환경을 조성해야 한다.

넷째, 책임감과 리더십을 경험할 기회를 제공해야 한다. 예를 들어, 아이들이 돌아가며 반장이나 팀장 역할을 경험하는 제도를 고려할 수 있다. 이를 통해 책임감, 협동, 규칙 준수, 타인 이해, 배려 등을 배울 것이다. 네덜란드 유치원의 유급 제도 사례처럼, 어린 유아라도 공동체 약속과 규칙, 자기 행동에 대한 책임을 자연스럽게 배우는 교육 환경이 필요하다.

유치원 교육 변화는 단순히 내용을 추가하는 수준을 넘어선다. 미래사회 모습을 예측하고, 그 주역으로 성장하는 데 필요한 핵심역량이 무엇인지 고민하는 데서 출발해야 한다. 제안된 변화가 성공하면, 우리 아이들은 불확실한 미래를 두려워하기보다 새로운 가능성을 발견하고 도전할 것이다. 다양한 사람들과 더불어 살아가는 지혜와 용기를 지닌 인재로 성장할 수 있을 것이다. 이를 위해서는 교육과정 개정, 교사 역량 강화, 학부모 인식 개선, 그리고 사회 전체의 적극적 관심과 정책적 지원이 함께 이루어져야 할 것이다.

제5장

부모부터 변하자

아이들의 미래역량 습득에 부모의 역할은 학교보다 더 중요하다. 안타깝게도 한국 부모들의 양육법이 새로운 시대에 적합한지에 대해서는 의문의 여지가 크다. 일단 외국과의 비교를 통해 한국 부모, 특히 한국 엄마의 모습을 객관적으로 파악해보자.

한국 부모의 과도한 자식 사랑

—

EBS 교육방송이 흥미로운 실험을 했다. '한국 부모 vs. 미국 부모, 아이 문제 풀기' 실험이다. 초등학생 자녀와 부모가 한 팀이 되어 어려운 단어 퍼즐 문제를 푸는 상황을 관찰하는 방식으로 진행됐다. 문제의 난이도는 아이 혼자 풀기엔 다소 어려웠고, 부모가 옆에서 지켜보는 가운데 아이가 어떻게 문제를 해결하는지, 그리고 부모가 어떤 방식으로 개입하는지에 초점을 맞췄다.

한국 부모들은 아이가 어려워하는 모습을 보이면 바로 개입했다. 답을 직접 알려주거나, 아이의 손을 잡고 문제를 해결하도록 이끌었다. 아이가 실수하거나 틀릴까 봐 불안해하며, 결과적으로 정답을 맞히는 것에 더 큰 가치를 두는 모습을 보였다.

반면 미국 부모들은 아이가 문제를 풀 때까지 기다려주었다. 아이가 막히더라도 조급해하지 않고, 필요할 때 최소한의 힌트만 제공했다. 아이가 정답을 맞히지 못하더라도 "잘했어" "네가 시도한 게 중요해"라며 과정을 칭찬하는 태도를 보였다.

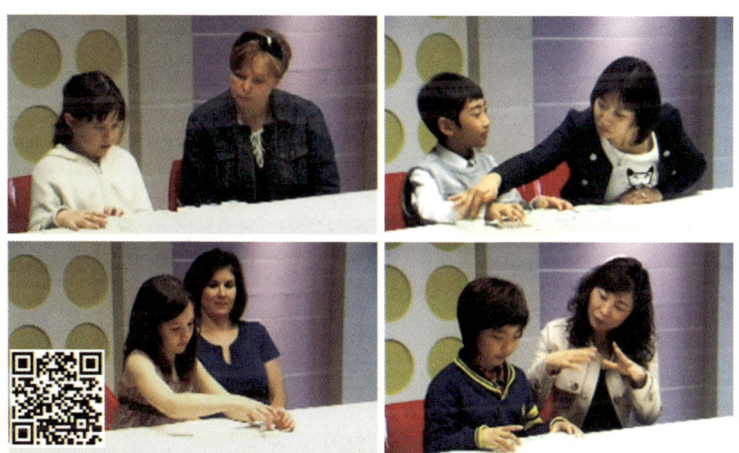

그림 · 바라보는 미국 엄마, 다 해주는 한국 엄마(EBS <마더 쇼크>. 12:48)

*스마트폰으로 QR 코드를 스캔하면 바로 접속 가능.

7세 아이의 아침 등교 풍경으로 한국과 영국 가정을 비교한 내용도 한국 엄마의 성향을 잘 드러내준다. 한국의 서진이네 집, 초등학교 2학년 아이다. 오전 7시 30분이 되자 엄마가 서진이를 깨운다. 서진이는 일어나기 힘들어하고, 엄마는 계속 깨운다. 마음이 급해진 엄마가 아직 일어나지도 않은 아이에게 양말을 신겨주고, 옷도 골라준다. 서진이가 늦게 일어나자 엄마가 밥을 떠먹여준다. 양치질도 엄마가 도와준다. 말로는 "네가 할 수 있는 건 네가 해라"라고 하지만 실제로는 대부분 엄마가 해준다. 아침이 분주하고, 엄마도 아이도 스트레스를 받는다.

영국의 타비타네 집, 서진이처럼 초등학교 2학년이다. 타비타는 알람 없이 스스로 일어난다. 양말을 스스로 신고, 옷도 직접 고른다. 엄마는 아이 방에 들어오지 않고, 타비타가 요청할 때만 도와준다. 아침 식사도 타비타가 직접 챙겨 먹는다. 양치질도 혼자 한다. 엄마는 "아이 스스로 하게 두는 것이 익숙하다"고 말한다. 아침 준비 시간이 여유롭고, 아이도 엄마도 스트레스를 받지 않는다.

그림 · 한국 아이와 영국 아이, 너무 다른 등교 풍경(EBS <마더 쇼크>. 08:58)

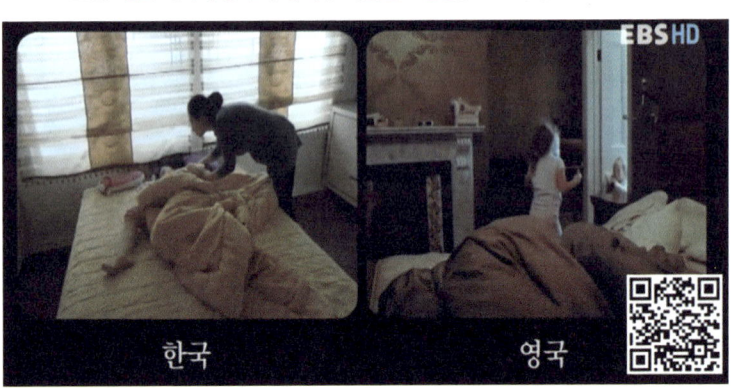

*스마트폰으로 QR 코드를 스캔하면 바로 접속 가능.

이는 한국 부모와 서양의 차이를 극명하게 드러낸다. 한국 부모는 자녀를 자신의 분신처럼 여기며 최대한 도와주려고 한다. 아이는 공부만 하면 되고 나머지 모든 일은 부모 몫이 된다. 아이는 수동적이기 마련이다. 서양은 다르다.

지난 수십 년간은 한국 방식이 잘 통했다. 좋은 대학만 나오면 좋은 직장에 들어갈 수 있었다. 시험을 잘 보면 의사, 판사, 변호사, 회계사가 될 수 있었다. 그리고 어느 직장에 가든 상명하복의 위계질서가 엄격해서 윗사람 하는 말을 잘 들으면 좋은 결과가 왔다. 중요한 결정들, 세상에 대한 판단은 최고 지도자 몇 명의 몫이었고 나머지는 일사불란하게 따르면 되었다. 그 지도자들 역시 일본 제품을 잘 모방하고, 미국과 중국과의 관계만 잘 관리하면 되었다. 그 덕분에 세계사에 손꼽히는 경제발전을 이룰 수 있었다. 그런데 우리를 번영케 했던 그 틀이 다 깨지고 있다. 세계 정세와 경제의 지각변동에 이미 2장에서 설명한 바 있다. 그리고 대학 졸업장마저 그 필요성이 추락하고 있다. 좋은 대학만 나오면 꽃길이 열리는 시대가 끝나가고 있다. 이에 우리 아이들의 미래를 위해서 한국식 양육방식을 버리고 서양 부모들의 양육방식, 어쩌면 가혹하다 할 만큼 독립적인 양육방식을 배워야 한다.

대학만 잘 가면 되는 시대의 종말

—

한국의 부모들은 아이들 교육에 엄청난 투자를 한다. 그 투자는 대부분 외부 기관에 보내는 비용이다. 낮에는 유치원과 학교에 보내고, 방과 후에는 학원에 보냈다. 유치원 때에는 영어학원, 태권도학원, 미술학원에 보내고 학년이 올라갈수록 수능 대비 학원을 보내느라 많은 돈이 들었다. 대학만 잘 들어가면 성공한 인생이 펼쳐질 거라는 기대 때문이다.

지금까지는 통하는 방식이었다. 좋은 대학을 졸업하면 좋은 직장에 들어갈 확률이 높았다. 좋은 직장은 대학 동문들이 많으니 승진하기도 좋았다. 하지만 이제 상황이 빠르게 달라지고 있다. 대학 졸업장이 취업으로 연결되지 않는다. 기업들은 대학 졸업장이 아니라 직무경험, 다시 말해서 현장에서의 경험을 더 원한다. 비즈니스 현장에서 직접 경험하며 배운 것이 대학교육보다 더 유익하다는 사실이 경력직 선호로 나타나고 있다.

고용노동부와 한국고용정보원이 매출액 기준 상위 500대 기업 인사 담당자를 대상으로 '2023년 하반기 기업 채용 동향 조사'에 따르면 응답한 기업 315개소 중 79%가 정기 공채와 수시 채용을 병행했으며 기업들 대다수는 향후 수시특채 방식의 경력직 채용이 늘 것으로 예상했다.[52] 신규 채용 시 고려 요소에 대해 35.6%가 '직무 관련 일경험'을, 27.3%는 '일반 직무역량'을 꼽았다. 기업들이 일단 '대졸자 공채→교육→직무 배치' 방식을 버리고 이미 직무 경험을 쌓은 경력자 채용 위주로 방향을 바꾸고 있는 것이다. 이는 대학교육이 세상이 변화를 따라가지 못함을 말해준다. 즉, 대학에서 세상을 사는 데 별로 필요치 않는 지식들만 가르친다는 말이다.

표/그래프 · 각국 청소년의 고민 거리(복수응답)

	한국		일본		독일		스웨덴		미국	
	빈도(명)	비율(%)	빈도(명)	비율(%)	빈도(명)	비율(%)	빈도(명)	비율(%)	빈도(명)	비율(%)
공부와 성적	2,965	41.9	221	27.5	162	20.8	183	20.0	1060	28.3
친구관계	460	6.5	85	10.6	58	7.5	46	5.0	561	15.0
진로문제	1,950	27.5	231	28.8	111	14.3	162	17.7	387	10.3
가족관계	102	1.4	22	2.7	57	7.3	44	4.8	206	5.5
외모	265	3.7	33	4.1	31	4.0	58	6.3	308	8.2
성격	357	5.0	44	5.5	37	4.8	44	4.8	58	1.5
이성교제	279	3.9	32	4.0	46	5.9	70	7.6	267	7.1
경제사정	244	3.4	26	3.2	39	5.0	41	4.5	270	7.2
고민없음	385	5.4	21	2.0	208	26.8	243	26.5	508	13.6
기타	78	1.1	88	11.0	28	3.6	25	2.7	119	3.2
전체	7,084	100.0	803	100.0	777	100.0	916	100.0	3744	100.0

*각 문항 '그렇다'라고 응답한 것 기준

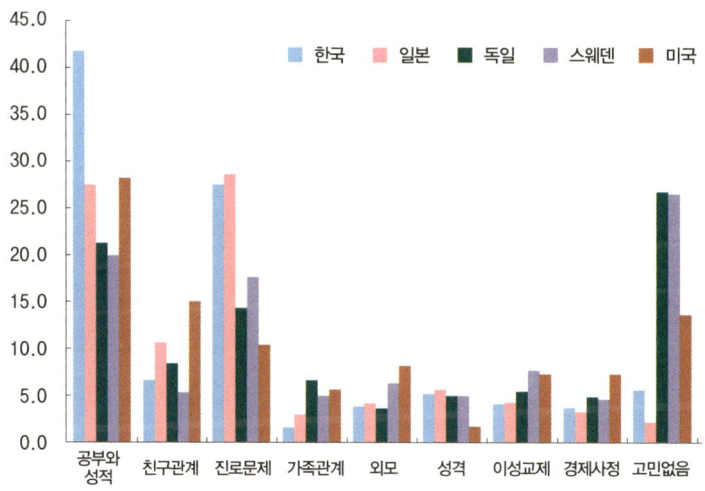

출처: 청소년 사회화과정의 국제비교 연구 I
- 한국·일본·미국·독일·스웨덴의 가족내 자녀사회화과정 비교를 중심으로, 한국청소년개발원, 2006.

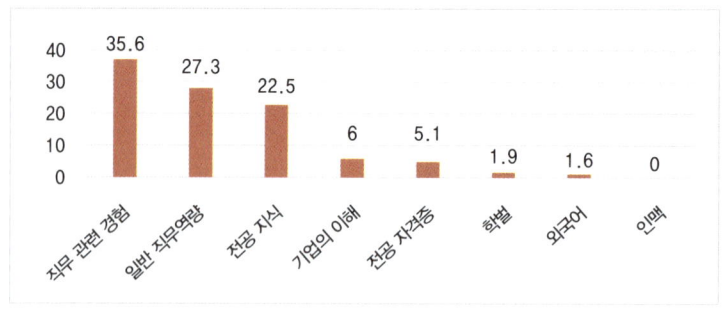

그래프 · 기업의 신규 채용 결정 요소(500대 기업 인사담당자 대상, 응답율 63%)

　대학교육이 세상을 못 따라가는 이유는 크게 2가지다. 첫째, 세상이 너무 급하게 변하기 때문이다. 미중 갈등만으로도 감당이 쉽지 않은데 트럼프 2.0 시대의 들끓는 듯한 세상을 대학교육이 다 따라잡기는 어렵다.

　둘째, AI가 너무 빠르게 진화한다. 자고 나면 달라진다고 할 정도다. ChatGPT, Gemini Deep Research, Felo 같은 AI 에이전트들이 눈부시게 진화하고 있다. 이제 웬만한 직원들이 해오던 일들을 이들이 다 처리할 수 있을 정도다. 그런 세상에서 대학 졸업자의 쓸모는 사라진다. 기업들은 생존경쟁에서 살아남아야 하니, 최대한 새로운 세상에 맞는 사람을 필요로 한다. 하지만 대학 교수들은 그 속도에 맞출 수 없고, 대학교육은 AI의 발전 속도를 쫓아갈 수 없다.

　우리나라 기업만 달라지는 것이 아니다. 구글, 애플 같은 실리콘밸리 기업들은 기술 인증서를 대학 학위와 동일하게 취급하겠다고 공표했다. 앞으로 점점 더 많은 기업이 채용에 있어서 대학보다 능력을 더 중시할 것이다.

그래서 그런지 미국의 경우 대학진학률이 계속 하락해서 2019년 66.2%에서 2023년 62%까지 하락했다. 반면 같은 해 미국 직업훈련학교 지원율은 16% 이상 증가했다. 갤럽 여론조사에서는 미 고교생 66%가 대학 졸업장이 없어도 괜찮다고 답했다.

한국의 부모들도 이제 자녀 교육의 방향을 바꿔야 한다. SKY 대학 입학에 승부를 걸기보다는 다가오는 힘난한 세상을 살아낼 역량을 쌓아주는 쪽으로 방향을 바꿔야 한다. 그것은 돈만으로 되지 않는다. 비싼 돈을 들여 사교육 시키는 것은 대학이 중요할 때나 통하는 방법이다. 자녀들이 살아갈 세상에는 지식이나 좋은 대학 졸업장보다 글로벌 감각, 도전정신, 인내력, 회복탄력성 같은 비인지적 역량이 훨씬 더 중요해질 것이다. 그런 역량은 당분간 우리나라의 학교 교육에서 기대하기 힘들다. 집에서 부모부터 시작해야 한다.

우리나라의 부모들은 교육은 학교와 학원에 맡기고, 집에서는 그저 아이를 편하게 해주는 방식으로 대해왔다. 부모는 돈 잘 벌어서 좋은 사교육 시키고, 아이들이 필요로 하는 것은 다 해주면 된다고 생각해왔다. 이제 그 방법을 바꿔야 한다. 학원이 아니라 집에서, 그리고 돈이 아니라 몸으로 아이들을 가르쳐야 한다.

앞서도 이미 설명했듯이 자녀 양육법은 자녀에 대한 기대 수준과 지지 수준에 따라 현명한 양육, 독재적 양육, 허용적 양육, 방임적 양육의 4가지로 나뉜다. 그중 수많은 관찰과 연구를 통해서 가장 좋다고 입증된 방식은 현명한 양육, 즉, 자녀에게 많은 것들 요구하면서 동시에 그의 능력을 믿어주는 방식이다.

한국 부모도 자녀에 대한 기대가 높으며 강력히 지지해주기도 한다. 한국 학생들의 높은 PISA 시험 점수는 그 징표이다. 하지만 그 높은 기대는 너무 대학 입학에 치중해 있다. AI가 대졸자가 해오던 웬만한 업무를 다 대체하기 시작한 지금, 그 높은 기대의 방향은 바뀌어야 한다. 비인지적 역량을 쌓을 수 있게 해주는 노력을 기울여야 한다. 그것은 비싼 학원에 보낸다고 해결되지 않는다. 집에서 부모부터 시작해야 한다.

'내 새끼 제일주의' 증후군

이제 엄마들이 아이들을 놓아주어야 한다. 우리나라 엄마들은 아이를 너무 자기의 아바타로 기른다. 엄마 뜻대로 먹이고, 엄마 뜻대로 입히고, 엄마 뜻대로 학원 보내고, 엄마 뜻대로 친구도 만들어준다. 갓난아기 때야 그러는 것이 당연하지만 유치원 갈 나이가 됐는데도 그러는 것은 문제다. 아이들이 자기 힘으로 옷을 입고 자기 손으로 밥을 먹게 해야 한다. 자기 방 청소도 스스로 하고, 집안일도 가족들의 식탁에 수저 놓기 정도는 시켜야 한다. 지금처럼 엄마의 아바타로 길러진 아이들은 20년 후 대부분 실업자가 될 것이다.

우리 아이들이 어른이 되어 살아갈 세상은 지금과는 정말 다를 것이다. 지금까지 우리는 장래의 직업이 정해져 있는 세상을 살았다. 교사, 공무원, 대기업의 회사원… 이런 직업들 중에서 각자 하고 싶은 것을 선택해왔다.

그러나 그 전제는 곧 무너질 것이다. 지금 우리가 알고 있는 직업은 대부분 사라질 것이다. 더욱 두려운 것은 미래의 직업이 저절로 나타나지도 않는다는 사실이다. 미래학자들이 20년, 30년 후의 직업에 대해서 예측하지만 사실 공상과학소설 수준이다. 어떤 일이 벌어질지 아무도 모른다. 확실한 것은 많은 수의 직업들이 사라질 것이라는 사실뿐.

우리 아이들을 기다릴 직업은 없다. 미래의 직업은 우리 아이들이 스스로 만들어내야 한다. 다른 사람들이 뭘 필요로 하는지 살펴서 그 일을 잘 해줄 때 그것이 직업이 된다. 그것이 무엇일지 지금은 아무도 모른다. 스스로 자신의 직업을 만들어야 하다.

그러자면 호기심과 의욕과 인내심이 필요하다. 호기심과 의욕이 필요하다는 것은 긴 설명이 필요 없을 것이다. 그런데 왜 인내심이 필요할까? 우리 아이들이 수많은 실패를 겪을 것이기 때문이다. 그 실패를 딛고 일어나야 한다. 무슨 일이든 처음 해보는 것들이니 잘 될 리가 없지 않은가. 실패를 하나의 과정으로 받아들일 수 있어야 한다.

이렇게 봤을 때 지금 바른 유아교육을 위해 가장 필요한 것은 엄마들이 아이에게서 가급적 손을 떼는 것이다. 옷 입는 것, 밥 먹는 것, 친구 사귀는 것 모두 아이가 알아서 하게 하자. 하다 보면 당연히 잘 안 되고 시간만 오래 걸릴 것이다. 하지만 될 때까지, 할 수 있을 때까지 엄마가 두고 봐야 한다. 그것이 바로 시행착오 아닌가. 그러면서 실패를 딛고 일어나는 인내심을 배우게 된다.

엄마의 역할이 있다면 아이가 한 일에 대해서 어떻냐고 질문해주고, 아이의 답을 들어주는 것이다. 또 아이가 힘들게 노력했음을 인정해주는 것이다. 그렇게 하는 것이 아이들 좋은 학원 보내는 것보다 몇 배 더 필요한 일이다. 그렇게 자란 아이들은 20년 후의 그 세상, 누구도 답을 알지 못하는 그 세상에서 스스로 문제를 찾고 답을 찾으며 새로운 세상을 만들어갈 수 있을 것이다.

우리의 교육은, 특히 유아교육은 이제 가르치려 해서는 안된다. 우리의 아이들이 20년 후의 세상에 잘 적응하기 위해 무엇이 필요한지 몸으로 터득하게 해야 한다.

미래교육, 아이와의 대화로 시작하자

아이들과 마음을 터놓고 이야기하기, 아이들의 감정을 물어보고 그 답을 들어주기, 또 엄마의 마음은 이렇다며 아이에게 들려주기. 그렇게 해서 아이가 타인의 감정과 생각을 읽고 공감할 수 있게 해주기. 이것이 미래교육의 출발이다. 지금은 그저 좋은 사람, 좋은 친구가 갖추어야 할 덕목인 이 능력이 20년 후에는 좋은 직업을 갖기 위한 덕목이 될 것이다. 세상이 달라지기 때문이다.

20년 후의 세상은 청소, 빨래, 음식 만들기, 설거지 등 대부분의 가정사를 로봇이 맡을 것이다. 직장에서도 마찬가지다. 힘을 쓰는 일은 물론, 사무처리, 회계처리 같은 것도 상당 부분 로봇과 AI의 몫이 되어 인간의 직업 목록에서 사라질 것이다.

그러나 두려워만 할 필요는 없다. 엄청나게 많은 새로운 직업들이 생겨날 것이다. 다만 그 직업의 성격은 지금과는 상당히 다를 것이다. 지금은 우리가 직업이라고 생각지 않았던 일들이 직업으로 등장할 것이다. 가령 타인의 마음을 읽고 공감해주는 일이 새로운 직업 가운데 하나일 것이다. 자기 처지를 하소연하고 싶어하는 사람의 표정을 읽고 말을 걸어주고 이해하고 공감해주는 일이다.

그런 현상은 이미 시작되었다. 정신과 의사라는 직업을 생각해보자. 정신과 의사가 하는 일은 우울증, 스트레스 같은 병을 치료하는 것이다. 지금은 매우 중요해졌지만 20년 전만 하더라도 이런 증상들은 병도 아니었다. 그냥 각자가 견뎌내야 하는 정신적인 문제였을 뿐이다. 치료가 아니라 식구나 친구와 대화하고 위로받는 정도였다. 그런데 삶이 풍요로워지다 보니까 우울함, 스트레스 같은 것들이 병으로 느껴지기 시작했다. 다른 문제들이 상당 부분 해결되다 보니까 그런 마음의 현상들이 큰 문제로 떠오르게 되었다.

앞으로 그런 현상은 더욱 심해질 것이다. 4차 산업혁명이 지금 우리가 고민하고 있는 물질적인 고민들의 상당 부분을 해결할 것이기 때문이다. 로봇과 AI는 엄청나게 많은 것들을 생산하지만 인간 노동자와는 다르게 소비는 하지 않는다. 월급을 달라고도 않는다. 그들이 생산하는 것은 모두 인간의 몫이다. 당연히 인간은 일하지 않아도 엄청난 부를 누리게 될 것이다.

그것은 새로운 문제를 불러온다. 기존의 욕구들이 채워지는 대신 마음의 공허함은 더욱 크게 느껴진다. 그것을 누군가에게 하소연하고 위로받고 싶어하며, 그것을 해결하기 위해 돈을 쓰게 될 것이다.

돈 있는 노인이 많아지는 것도 이런 현상에 크게 기여할 것이다. 위로와 소통, 공감에 대한 수요는 기계로 채우기 힘들다. 그런 역할은 인간이 해야 제맛이다. 따라서 자신의 감정을 잘 다스리고 타인의 감정까지 받아줄 수 있는 사람은 미래사회에서 매우 중요한 역할을 맡게 될 것이다.

이제 우리의 교육을 돌아보자. 아이의 마음을 물어봐 준 적이 있는가. 엄마의 마음이 어떤지 아이에게 들려준 적이 있는가. 그보다는 학원에 가라, 숙제 빨리 해라 하며 지시하고 있을 것이다. 뭔가를 묻는다 해도 진짜 아이의 감정을 묻는 것이 아니라 동생과 싸우지 말랬는데 왜 싸웠느냐며 추궁을 하고 있을 것이다.

이제는 방법을 바꿔보자. 아이의 감정이 어떤지 물어보자. 동생에 대한 너의 솔직한 생각은 어떠니? 너희가 싸울 때 엄마의 감정은 이렇단다. 이렇게 질문하고 말해보자. 그런 경험들이 쌓여가면서 아이는 자신의 감정을 파악하고 다스리는 법을 터득할 것이다. 엄마의 감정을 이해하고 공감하는 법도 배우게 될 것이다. 그렇게 자란 아이는 20년 후 달라진 미래사회의 주역으로 떠오를 것이다.

물론 엄마는 힘들 것이다. 답답함을 참아내야 한다. 또 지금까지 배워본 적이 없는 것을 아이에게 하려니 서투르고 어색할 것이다. 하지만 그 과정을 잘 견뎌낸다면 차츰 아이가 바뀌는 모습을 보게 될 것이다. 뜻하지 않게 부모 자신도 미래형으로 바뀌는 효과를 얻을 수 있다.

20년 후 미래에는 대학입시가 존재하지 않을 것이다. 사라질 것이 분명한 입시를 준비하기 위해 돈 들여가며 학원 보내지 말고, 아이와의 진솔한 대화로 미래교육을 시작해보자.

낯가리지 않기를 가르치자

    10여 년 전 실리콘밸리의 주요 IT 기업들을 견학한 적이 있다. 페이스북에도 갔었는데, 거기서 가장 인상적이었던 것은 사무 환경이었다. 드넓은 사무 공간에 엄청나게 긴 테이블들만 놓여 있었다. 칸막이 같은 것은 없었다. 직원들이 필요할 때 아무 자리나 앉아서 일을 한다고 했다. 칸막이로 구획된 한국 사무실들에 익숙해져 있던 터라 그처럼 개방된 사무실은 당황스럽기까지 했다. 그런데 생각해보니 구글이나 트위터 등 다른 곳들도 정도의 차이가 있을 뿐 사무실이 대부분 개방형이었다.

    사무실을 그렇게 만든 이유는 콜라보레이션, 즉, 협력을 촉진하기 위함이라고 했다. 각자가 할 일과 그 방법을 자기 혼자만의 힘으로는 찾기 어려운 업종이기 때문에 상호 협력을 통해서 새로운 아이디어를 찾게 하려 한다는 것이다.

    그런 상황에서는 독불장군처럼 똑똑한 사람보다 다른 사람들과 협력을 잘하는 사람이 필요해진다. 누가 무슨 생각을 하고 있는지 알아야 하고, 또 자연스럽게 대화가 가능해야 한다.

    우리나라의 사무실들은 아직도 칸막이가 높다. 일의 성격이 아직 과거형에 머물러 있기 때문이다. 각자 해야 할 일이 미리 배정되어 있는 경우가 많다. 그런 상황에서는 그 일에 집중할 수 있도록 칸막이를 쳐줘야 생산성이 높아진다. 지시와 이행, 명령과 복종, 이것이 지금까지 사람과 사람 사이의 관계였다.

그러나 미래의 세상에서는 누구도 우리 아이들에게 무슨 일을 하라고 지시하지 않을 것이다. 뭘 해야 할지 미리 정할 수 있는 일들은 로봇과 AI의 몫이 될 것이다. 따라서 사람이 해야 할 일은 누구도 미리 정해줄 수 없다. 인간은 목표부터 방법까지 모두 스스로 찾아야 한다. 그럴수록 혼자 끙끙거리기보다 여럿이 지혜를 모을 필요가 있다. 그러자면 낯을 가리지 말아야 하고 또 의사소통에 능해야 한다.

지금 유치원에 다니는 아이들은 20년 후에야 사회에 나가게 된다. 당연히 미래에 필요한 인재상이 교육에 반영되어야 한다. 독서실에 틀어박혀서 답을 외우고 연습 문제를 푸는 방식은 버려야 한다. 그보다는 사람 사귀는 법, 대화하고 의견을 모으는 방법 같은 것이 더 필요하다.

한국의 아이들에게 가장 먼저 시켜야 할 교육은 낯가리는 습성을 고쳐주는 것이다. 낯을 가리면 협력할 수 있는 사람의 범위가 좁아지기 마련이다. 사람은 누구나 본능적으로 낯을 가리지만 훈련을 통해서 상당 부분 바꿀 수 있다. 그동안 한국인은 그런 훈련을 너무 안 했다. 필자가 경험한 바로는 한국인이 일본인 다음으로 낯을 많이 가린다. 그래서 유학을 가서도 외국 친구들을 잘 못 사귀어 좋은 기회를 놓치는 경우가 많다. 필자 자신도 낯가리는 성향 때문에 미국 유학시절에 파티 한번 제대로 즐겨보지 못했다. 외국어 교육보다 낯 안 가리는 법을 가르치는 것이 외국 친구 만드는 데 더 효과적이다.

아파트에서 이웃 사람 만났을 때 인사하는 것부터 시작해보자. 엘리베이터에서 주민을 만나도 서로 외면하는 것이 한국인의 일상이다. 그럴 정도로 한국인은 낯을 많이 가린다. 그럴 때 엄마부터 이웃에게 인사하고 말을 걸어보자. 그러다 보면 아이도 낯선 사람에 다가가는 방법을 자연스럽게 배울 것이다.

집에 엄마나 아빠의 손님이 온 시간을 활용해보는 것도 좋을 것 같다. 손님과 같이 차를 마시거나 식사하는 자리에 아이들도 불러보자. 손님에게 정식으로 인사하고 대화하는 자리에 참가하게 해보자. 처음에는 모두가 불편할 것이다. 손님도 불편하고 아이들도 어찌할 바를 모를 것이다. 하지만 경험이 쌓여갈수록 부모도 아이들도 낯선 사람과 잘 지내는 노하우가 생길 것이다. 그러면서 당신의 아이들이 미래사회에 필요한 사람으로 성장해갈 것이다.

기회만 되면 아이들을 데리고 해외로 나가자. 그리고 길안내도 맡기고, 식당에서 주문도 스스로 하게 하자. 영어 못해도 괜찮다. 손짓 발짓해서 식사 주문을 하게 기회를 주자. 그러면서 아이들은 나라 밖에 나가서 사는 방법을 터득하게 될 것이다.

우리 아이들이 살아갈 미래는 지금까지 우리 어른들이 살아온 세상과는 판이하게 다를 것이다. 지금 지식들 중 많은 것이 필요 없어질 것이다. 지식보다는 사람을 사귀고 협력하는 방법을 익히게 해주는 것이 더 효과적인 미래교육이다.

말 잘 듣는 아이에서 질문 잘하는 아이로

"마누라, 자식만 빼고는 모두 바꿔라!"

이 한 마디에 수만 명 삼성 사람들은 일하는 방식을 바꿔야 했다. 변하기 어려운 직원들도 최소한 변하는 척이라도 해야 했다. 그 결과는 오늘날 우리가 자랑스러워하는 초일류기업 삼성전자다.

상명하복, 즉, 리더는 명령하고 구성원들은 거기에 따르는 이 문화는 한국인을 성공으로 이끌었다. 삼성뿐 아니라 현대자동차, SK, 롯데 같은 기업들이 모두 그런 방식으로 경영되었다. 그 덕분에 빨리빨리 하면서도 좋은 제품들을 만들어낼 수 있었다.

심지어 예술까지도 그런 방식으로 만들어서 성공했다. 케이팝이 바로 군대식 예술의 성공작이다. 케이팝의 에센스는 칼군무다. 10명이나 되는 멤버들이 철저하게 설계된 각본에 따라 몸을 움직여서 율동의 드라마를 만들어낸다. 한국의 퍼포머들만이 만들어낼 수 있는 퍼포먼스다. 철저하고 가혹한 훈련 덕분에 가능하다. 아이돌은 열두세 살에 뽑혀서 7~8년씩 혹독한 훈련을 받는다. 그리고 성공하려면 기획사에서 하라는 대로 해야 한다. 한국인들은 예술도 상명하복식으로 한 덕분에 성공했다.

그러다 보니 상명하복은 우리 삶의 방식으로 굳어졌다. 사람을 만나면 나이부터 묻는다. 후배는 선배의 말에 따를 마음의 자세가 갖춰진다. 학교, 공무원 사회, 교회가 모두 그랬다.

상명하복의 군대 문화가 성공의 원동력이었지만 엄청난 부작용도

잉태했다. 질문의 싹을 없애버린 것이 치명적이다. 정주영의 "이봐, 해봤어?"는 지레 겁먹지 말라는 뜻도 있지만 질문을 못 하게 하는 효과도 분명 있다. 윗사람이 말하면 복종만 있을 뿐 질문은 허용되지 않는다.

질문을 안 하고 못하는 태도는 학교와 가정에서부터 시작된다. 학교에서는 '선생님 말씀을 잘 듣는' 아이이기를 요구받는다. 가정에서도 '엄마 아빠 말씀 잘 듣는' 아이기 돼야 한다. 질문을 자주 하면 자칫 버릇없는 아이, 윗사람에게 덤비는 아이로 찍히기 십상이다. 그래서 한국에서는 교육을 많이 받을수록 질문하는 능력이 퇴화된다. 아니, 마음속에서 질문 자체가 생겨나지 않는다.

2010년 G20 회의장에서 질문 능력이 퇴화된 한국인들의 민낯이 드러났다. 폐막 연설을 마친 오바마 대통령이 한국 기자들에게 질문권을 주겠다고 제안했다.[53] 개최국에게 호의를 베푼 것이다. 하지만 아무도 질문하지 않았다. 중국 기자가 질문하려는 것을 막아가면서까지 다시 한국 기자들에게 질문을 권고했지만 끝내 한국 기자들의 질문은 나오지 않았다. 영어 때문이 아니라 질문 자체가 없었다고 보는 것이 옳다. 오바마의 말에 대해 의문이 생기지 않았을 것이다.

계속 이렇게 자란다면 우리 아이들은 20년 후 모두 실업자 신세를 면하지 못할 것이다. 로봇과 AI가 못하면서 세상에 필요한 무엇인가를 스스로 찾아야 하는 것이 미래다. 남의 말 잘 듣는 것에만 익숙해진 사람이 무엇을 할 수 있겠는가.

유대인 부모들은 아이가 학교 갔다 오면 "선생님에게 질문 많이 했니?" 하고 묻는다고 한다. 이제 한국의 엄마들이 그래야 한다. 선생님도 그래야 한다. 자기 말을 잘 들으라고 요구할 것이 아니라 아이의 생각이 무엇인지 물어봐야 한다.

그러자면 선생님과 부모가 아이와의 관계를 근본적으로 바꿔야 한다. 상명하복 관계를 버리고 아이와의 대등한 관계를 받아들여야 한다. 아이가 엄마 말이 틀리고 자기 말이 옳다고 주장할 때 지금처럼 힘으로 찍어 누르지 말자. 아이가 옳으면 옳다고 인정해줘야 한다. 엄마가 틀렸다고 자인해야 한다. 선생님도 마찬가지다. 아이가 선생님이 생각 못 한 문제를 제기했을 때, 그리고 아이의 말이 맞을 때 그렇다는 사실을 인정해야 한다. 선생님이 틀렸음을 인정해야 한다. 선생님의 자존심과 권위는 무너지지만 그것을 받아들여야 새로운 교육이 가능하다. 미래교육은 부모와 선생님이 아이와 대등해질 수 있음을 받아들일 때, 아니, 아이가 더 나을 수도 있음을 받아들일 때에 비로소 시작될 수 있다.

아이를 험하게 기르자

20년 후 성인이 되어 세상에 나간 우리 아이들은 사막 같은 상황에 직면할 것이다. 미리 정해진 길이 없다는 점에서 미래를 사막에 비유했다. 사막에서처럼 아무 곳이나 걸어갈 수 있지만 그 끝에 마실 물이 있을지는 알 수 없다. 일단 걸어가 봐야 한다. 미래사회에서 직업은 스스로 만들어내야 한다.

자영업을 하는 사람들은 지금도 사정이 비슷하다. 사업을 시작한 열 명 중 아홉은 실패한다. 식당 같은 뻔한 일들을 하면서도 그럴진대 직업이 따로 정해져 있지 않은 세상에 발을 디딜 우리 아이들은 더욱더 그럴 것이다. 어떻게 할지 알 수 있는 업무들은 로봇과 AI의 몫이 되어 있을 것이기 때문이다.

이런 상황에서 필요한 자질은 용기와 끈기다. 해보지 않은 것에 도전해봐야 한다. 그래야 직업이 될지 아닐지 알 수 있다. 그래서 새로운 것에 도전할 용기가 필요하다. 즐길 수 있다면 더욱 좋다.

용기 못지않게 끈기도 중요하다. 회복탄력성(resilience)이라는 영어 단어가 보다 그 의미를 분명히 해준다. 도전하다 보면 실패를 겪기 마련이다. 처음 해보는 일인데 잘될 리가 없지 않은가. 시행착오를 거치면서 결과를 만들어내야 한다. 그러자면 뜻대로 안 됐을 때 좌절해서는 안 된다. 실패에 짜증 내고 포기하기보다 그저 당연한 과정으로 여겨야 성공의 기쁨을 맛볼 수 있다. 물론 즐길 수 있다면 최선이고.

지금처럼 아이를 기르면 용기도, 끈기도 갖춰질 수 없다. 우리 엄마 아빠들은 아이를 너무 곱게만 기르려고 한다. '금이야 옥이야'라는 말이 과장이 아니다. 불면 날아갈까 쥐면 터질까 조심조심이다. 그렇게 자란 아이들에게 무슨 용기, 무슨 끈기를 기대하겠는가.

유치원이나 어린이집에 보내면 더욱 그렇게 되는 모양이다. 아이가 몸에 멍이라도 들어오는 날이면 '누가 감히 우리 아이에게 이랬냐'며 야단이 난다. 자연히 유치원, 어린이집도 과보호 모드로 맞춰진다.

이래 가지고는 아이가 부모에게서 자립을 못한다. 매사를 부모에게 의지하게 됐다. 집 밖 놀이터에 나가는 것조차 엄마에게 허락을 받는 지경이 됐다. 심지어 대학에 엄마가 따라다니고 군대에 간 아들 반찬까지 만들어 부치는 지경이 됐다.

이런 아이들은 용기 대신 편안과 안전만을 추구하게 된다. 뭔가 일이 뜻대로 안 될 때 이유를 찾아보고 새로 시도하는 대신 짜증과 분노가 솟구친다. 요즈음 우리나라에서 벌어지고 있는 많은 일들이 그렇게 길러진 한국인의 마음습관을 반영한다. 한국에서는 그것이 정상이 됐지만 우물 밖으로 나가면 분명 비정상이다. 특히 아이가 미래에 맞닥뜨릴 세상을 생각하면 더욱 그렇다.

부모에게 아이는 당연히 귀하다. 하지만 귀하다고 싸고돌면 아이는 타락한다. 귀할수록 냉정해야 한다. 고생을 시키는 것이 아니라 인생 사는 연습을 시키는 것이다. 그래야 귀한 그 아이가 세상을 성공적으로 살아내지 않겠는가.

오늘부터 아이들에게 일을 주자. 옷 입기, 밥 먹기, 씻기, 방 청소하기, 밥상에 수저 놓기 같은 일들을 아이에게 맡기길 바란다. 당연히 잘 안 될 것이다. 아이들이 잘 할 줄 몰라서 우물거리는 것을 보고 있느니 차라리 엄마나 아빠가 직접 하는 것이 더 빠르고 속도 편할 것이다. 하지만 교육을 위해서 참고 기다리자.

아이가 놀이기구에 올라갔다 떨어지는 것도 감수하자. 당연히 마음이 조마조마할 것이다. 하지만 너무 호들갑 떨지 말자. 북유럽의 유치원에서는 비가 와도 아이들을 숲으로 데리고 간다. 아이들은 웅덩이에서 첨벙거리느라 옷이 다 물에 젖는다. 어떤 아이들은 높은 나무에 올라가기도 한다. 선생님은 그저 보고 있을 뿐. 오히려 격려

하는 눈빛이다.[54]

　세상은 원래 위험하다. 위험한 놀이를 하면서 용기와 자신감이 생긴다. 사고를 스스로 극복하면서 끈기, 회복탄력성이 생긴다. 사고를 피하는 방법도 터득한다. 세상은 원래 위험하지만 용기와 끈기가 있다면 기쁨과 성공도 제공해준다는 것을 스스로 경험하게 하자.

집안일로 성공 습관을 길러주자

　'너는 공부만 열심히 하면 돼. 집안일은 신경 안 써도 된다.'
　여러분은 이런 말을 들으며 자랐을 것 같다. 본인이 그렇게 자랐던 만큼 아이들에게도 그렇게 대하고 있을 것이다. 아이가 어리다면 공부를 하라고 하지 않겠지만 최소한 집안일을 시키지는 않을 것 같다. 그 대신 피아노 학원을 보내거나 또는 마음껏 밖에 나가서 뛰어놀라고 할 것 같다. 아이를 집안의 상전처럼 모시고 있는 셈이다.
　지금은 없어진 한국청소년개발원에서 한국·일본·미국·독일·스웨덴의 아이들을 대상으로 가정에서 어떻게 자라나는지를 조사한 적이 있었다.[55] 질문 중에 '부모님이 집안의 모든 일을 나에게 알리고 상의하는가'라는 항목이 있었는데, 한국은 30%에 불과했다. 20%의 일본보다는 높았지만 80%의 미국, 60%의 독일, 50%의 스웨덴보다 훨씬 낮았다.

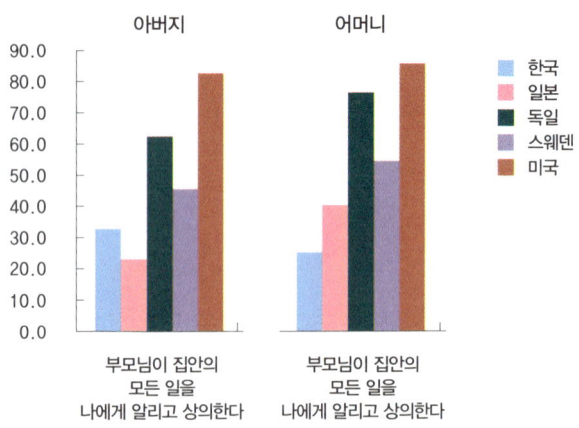

그래프 · **각국 가정에서 아이들의 역할**

출처: 청소년 사회화과정의 국제비교 연구 I
– 한국·일본·미국·독일·스웨덴의 가족내 자녀사회화과정 비교를 중심으로, 한국청소년개발원, 2006.

당신도 아이를 상전처럼 모시고 있다면 당장 고치라고 권하고 싶다. 아이에게 일을 시키자. 아이 자신의 일은 물론이고 집안일도 시키길 바란다. 아이에게 밥을 먹여주지 말고 서툴더라도 스스로 먹게 하자. 세수도 혼자 하게 하고, 자기 옷은 자기가 입게 하자. 이것은 교육이다. 더디고 어설프고 손이 더 많이 가더라도 아이의 일은 아이에게 맡기자. 그러면서 아이는 책임감과 자신감을 가지게 될 것이다. 장난감만 가지고 놀 때보다 동작도 더욱 정교해질 것이다.

자기 일에 조금 익숙해지면 집안일도 맡기길 바란다. 밥상 차릴 때 수저 놓기, 빨래 널고 개기, 화분에 물 주기, 동네 수퍼에 물건 사러 갔다 오기 등은 아이가 충분히 할 수 있는 일들이다. 아이에게 왜 그 일을 해야 하는지 설명부터 하자. 너도 엄마 아빠와 똑같이 우리 가족의 멤버이기 때문에 가족으로서 해야 할 일을 하는 것임을 알려주자. 아이가 일을 마치면 아이의 경험이 어땠는지, 어떤 감정이 들었는지 등에 대해서 질문하고 대화하자. 잘했을 때 진심으로 칭찬해주길 바란다. 일한 대가를 용돈으로 주기보다 칭찬해주는 편이 더 낫다고 전문가들은 말한다. 그러면 아이는 성취감을 맛볼 것이다. 책임감과 참을성과 기획력도 길러질 것이다. 아이가 20년 후 스스로 길을 만들어야 하는 세상에 나갔을 때 반드시 필요한 덕목들이다.

사실 엄마 아빠가 살아온 지금까지의 세상에서는 집안일 같은 것은 안 하고 공부만 해도 됐다. 어떻게든 대학만 나오면 먹고사는 데 지장이 없었기 때문이다. 대학 졸업장만 있으면 괜찮은 직장에 들어갈 수 있었고 그러고 나면 일하는 습관이 안 들었더라도 회사가 알아서 일을 시켜줬다.

20년 후의 세상은 지금과는 무척 다를 것이다. 스스로 길을 만드는 능력이 매우 중요해질 것이다. 대학의 모습부터 지금과 달라질 가능성이 매우 높다. 혁신적인 미네르바대학(Minerva School)이 벌써부터 그렇게 하고 있듯이 대부분의 대학들은 스스로 일을 만들어 하는 사람, 질문을 기다리기보다 스스로 질문을 만드는 사람을 골라서 뽑을 것이다. 그때까지 대학이 남아 있다면 말이다.

교과서와 학원에 매달리는 교육은 수명이 다해가고 있다. 열심히 공부해서 지금의 교과서를 통째로 외워버린다고 해도 20년 후 그 지식들은 쓸모없어질 것이 거의 분명하다. 그뿐 아니다. 학교와 학원에서 주입식으로 지식을 주입받는 동안 아이에게는 고약한 습관이 형성된다. 주는 대로 받아먹는 습관, 수동적인 마음습관이다. 시켜서 하는 일들은 로봇의 몫이 될 미래에는 치명적이다.

당신의 아이는 스스로 직업을 만들어야 한다. 누구도 일을 시켜주지 않는 상황에서 스스로 일을 만들 수 있어야 한다. 그러기 위해 가장 좋은 교육법은 아이에게 일을, 진짜 일을 맡겨주는 것이다.

많은 연구자들이 어릴 적에 일하는 경험이 성인이 된 후의 성공에 결정적임을 보고해왔다. 대표적인 것은 하버드의대의 정신과 의사였던 베일런트 박사 부부의 연구였다. 30년간 450명의 삶을 어릴 적부터 관찰한 결과 어릴 때 집안일 등을 통해 근로의 습관을 습득한 사람들은 커서도 성공 확률이 높고, 건강 상태도 좋음을 밝혀냈다. 한국인들에게도 유효한 연구결과라고 생각한다.

교과서의 지식들을 외워봤자 20년 후에 별로 도움이 안 된다. 지식 자체가 낡은 데다가 수동적 습관만 자라난다. 가장 좋은 미래교육은 자신의 책임하에 인생을 미리 살아보게 하는 것이다. 당신의 아이가 귀하다면 지금부터 집안일 시키는 것부터 시작하길 바란다.

부모에게 닥친 결단

―

20년 후의 미래를 위해 아이들이 준비해야 할 것은 마음습관이다. 스스로 길 찾기를 즐기는 능력, 실패해도 좌절하지 않는 능력, 타인에게 내 의견을 잘 전달하고 여러 사람의 의견을 모아 새로운 것으로 만들어내는 능력, 낯선 사람들과도 잘 협동할 수 있는 능력 등은

AI와 로봇이 기존의 직업을 대체할 세상에서 반드시 필요하다. 그리고 이런 능력은 어릴 적부터 마음습관으로 터득해야 할 것들이다.

안타깝게도 기존 교육은 정반대다. 좋은 대학에 합격시키는 것이 우리나라 기존 교육의 최대 목표다. 교과서를 잘 외워야 하고 단답식 또는 사지선다형 문제를 잘 맞혀야 한다. 그 교과서에는 이미 보편화된 지식들을 실어놓았다. 그렇기 때문에 교과서의 웬만한 내용들은 인터넷 검색을 해보면 다 구해볼 수 있다. 그런 지식들을 암기하느라 젊은 날의 시간들을 보내는 것은 시간낭비다. 더구나 수동적, 복종적 습관이 자라서 미래 적응에 오히려 해롭다. 그런데도 대학입시가 그런 지식을 요구하고 있으니 안 할 수도 없는 상황이다.

그래서 부모는 결단을 해야 한다. 20년 후를 위해 마음습관 교육을 택할 것인가 아니면 남들이 다 하듯이 입시교육을 택할 것인가. 특히 아이가 어릴수록 그렇다.

아이가 고3이라면 당연히 입시공부를 계속할 수밖에 없다. 고1 또는 중3이라고 해도 입시공부를 버리라고 권하고 싶지 않다. 그러나 초등학생의 부모라면 입시 준비 대신 마음습관 교육을 택하라고 권하고 싶다. 유치원생의 부모라면 강력하게 권하고 싶다. 대학입시 준비는 버리라고. 그 대신 아이에게 자기 일을 하게 하고 집안일도 분담시키자. 여러 곳을 데리고 다니면서 다양한 사람들을 경험하게 하자. 이런 교육을 하자면 암기 위주의 대학입시 공부는 할 수가 없다. 그래서 부모의 결단이 필요하다는 것이다.

그러다가 내 아이가 대학도 못 들어가면 어쩌지? 이런 의문이 자연스럽게 떠오른다. 하지만 20년 후의 세상에서는 그런 걱정을 할 필요가 없다. 대학이 달라질 것이기 때문이다.

2014년에 새로 설립된 미네르바대학은 미래를 향한 대학의 변신 노력을 잘 보여준다(www.minerva.kgi.edu). 이 대학은 캠퍼스가 없다. 교실이 없다는 말이다. 수업은 온라인으로 이뤄진다. 세계 어디서든 인터넷 접속만 되면 수업에 참가할 수 있다. 그렇다고 해서 동영상만 보면 학점이 나온다고 생각하면 안 된다. 20~30명 정도가 참가하는 화상 토론 수업이어서 수동적으로 듣기만 할 수 없다. 반드시 자기 의견이 있어야 한다.

미네르바대학의 다른 특징은 기숙사다. 샌프란시스코, 베를린 등 세계 7개 도시에 기숙사가 있어서 학생들은 한 학기씩 각 도시의 기숙사를 바꿔가며 생활한다. 서울에도 기숙사가 있다. 학생들은 각 도시의 기숙사에 묵으면서 저마다의 프로젝트를 수행한다. 강의실 대신 온 세상을 돌아다니며 다양한 세상과 사람을 체험한다.

이 학교의 교육목표는 마음습관(Habit of Mind)이다. 기존 대학처럼 일방적으로 지식을 전달하는 대신, 스스로 필요한 것을 만들어낼 수 있게 하겠다는 것이다. 구글, 페이스북 등 실리콘밸리의 기업들이 이 학교 졸업생들에게 큰 기대를 하고 있다.

대학들은 앞으로 이런 방향으로 변해갈 것이다. 구태의연한 강연식 교육에 매달리는 대학들은 학생들을 잃게 될 것이다. 졸업은 시켜도 취직은 못 시킬 것이기 때문이다. 사회가 그런 수동적 학생들을 원하지 않을 것이다.

학생 선발 기준도 다르다. 미네르바대학은 학력고사나 학점 같은 것으로 학생을 뽑지 않는다. 좋은 마음습관을 가진 것이 최적의 조건이다. 물론 주관적 판단이지만. 어차피 미래의 일들은 객관적이기보다 주관적일 것이다.

입시용 지식은 벼락치기 암기로도 습득할 수 있다. 어릴 때 적당히 해도 고등학교 3년 동안 죽도록 하면 만회할 수 있다. 그러나 마음습관은 그렇게 되지 않는다. 습관은 어릴수록 더 중요하다. 세 살 버릇 여든까지 간다고 하지 않던가. 그러니까 아이가 어릴 때 결단하자.

물론 위험은 있다. 확률은 그리 높지 않지만 현재와 같은 대학입시가 20년 후에도 그대로 남아 있다면 당신의 아이가 대학을 못 갈지도 모른다. 하지만 그런 대학이라면 보내지 말고 차라리 사회에 바로 내보내는 것이 더 낫다. 그러니까 이제 당신의 아이를 위해 과감히 결단하자. 대학 입시를 버리겠다고.

학교 개혁에 부모가 나서자

―

가정만큼이나 학교, 유치원도 중요하다. 유치원과 학교가 어떻게 하는가에 따라 아이의 미래는 큰 영향을 받는다. 잘못하면 쓸모없는 지식을 암기하고 시험문제 답 맞히는 꼼수나 배우느라 아이 인생이 낭비될 수 있다. 가정뿐 아니라 학교도 좋은 마음습관을 들여주는 곳으로 바뀌어야 한다.

문제는 학교를 변화시키기가 쉽지 않다는 데 있다. 첫 번째 이유는 학교의 담당자들이 변화할 필요를 심각하게 느끼지 않기 때문이다.

이와 관련한 흥미로운 조사결과를 소개하고 싶다. 혁신적 교육으로 돌풍을 일으키고 있는 미네르바대학의 켄 로스 이사가 기존 대학의 총장들을 대상으로 자기 대학의 교육 내용이 학생의 졸업 후 업무에 도움이 된다고 생각하는지를 물었다. 대학 총장들의 96%가 도움이 된다고 응답했다. 반면 학생들을 채용하는 기업의 CEO들은 기존 대학교육이 업무에 도움이 되는가라는 질문에 11%만이 그렇다고 답했다. 교육의 공급자인 대학 총장들은 대부분 자신들이 필요한 일을 하고 있다고 착각하고 있는 셈이다.

대학도 그런데 그 밑의 학교들은 어떻겠는가. 학교 교육을 맡고 있는 교사나 교육 공무원들은 대부분 지금 자신들이 꼭 필요한 내용을 교육하고 있다는 생각들을 가지고 있을 것이다. 세상의 변화를 직접 느끼지 못하기 때문이다. 그런 상태에서 어떤 큰 변화를 기대하겠는가.

두 번째 이유는 설령 변화할 필요성을 느끼더라도 변하고 싶어하지 않는다는 것이다. 마음습관을 들이기 위한 교육은 기존의 강의식, 주입식 교육과 다를 수밖에 없다. 교사들의 입장에서는 새로운 교육방법을 배우는 것부터가 고통스러울 것이다. 게다가 새로운 방법을 시도하다 보면 예기치 못한 사고와 잡음이 발생할 수도 있다. 웬만한 교사, 웬만한 공무원이라면 그런 변화를 달가워할 이유가 없다. 뭔가 새로운 교육을 원하는 부모들이 혁신학교나 대안학교를 선택하지만 그 역시 만족스럽지 못한 측면이 많다.

이런 상황에서 필요한 것이 학교 선택제라고 생각한다. 초등학교 예산을 1인당으로 쪼개서 아이들에게 바우처로 지급한다. 아이(또는 부모)는 자신이 가고 싶은 학교를 골라서 바우처를 납부한다. 국공립과 사립 모두 선택의 대상이 된다. 따라서 국공립 유치원, 국공립 초등학교도 학생의 선택을 받지 못하면 예산을 마련하지 못하게 된다. 선택이 의미를 가지려면 국공립, 사립 구분 없이 모든 유치원과 학교들이 교육 내용을 구성하는 데 있어 최대한 자율성을 보장받아야 한다.

스웨덴과 노르웨이, 홍콩 등 많은 나라들이 이미 택하고 있는 방식인데 우리나라는 유치원, 그중에서도 사립 유치원에 대해서만 이 제도가 적용되어왔다. 초등학교에 대해서는 선택의 여지가 없다. 그것 못지않게 큰 문제는 교육 내용의 획일성이다. 모든 초등학교들이 같은 교육 내용을 제공하고 있다. 본래 매우 다양한 교육 내용을 제공하고 있던 사립 유치원들마저 누리과정이라는 이름으로 획일적 내용을 강요받고 있다. 사립 유치원을 국공립 유치원과 똑같이 만들려는 정책을 멈춰야 한다. 교육의 다양성은 클수록 좋다.

조금 더 급격한 변화를 원한다면 대형 초등학교들의 경우 하나의 학교를 분할해서 두 개의 독립된 학교로 만들고 교육 내용도 독립적으로 만들게 하는 것이다. 물론 선택은 학생 및 학부모의 몫이다. 이렇게 하면 학생의 선택이 교사와 교장에게 매우 큰 압력으로 작용하게 될 것이다. 이런 제도적 틀 밑에서 학생과 부모들이 마음습관 교육을 원하게 되면 학교들도 어쩔 수 없이 그런 방향으로 변화해갈 것이다.

시장은 세상의 변화에 신속하게 적응한다. 변하지 않으면 망하기 때문이다. 수요자들이 가혹한 채찍을 들고 있는 셈이다. 반면 나랏돈으로 안전을 보장받는 학교들은 변화의 필요를 덜 느낀다. 세상은 변하는데 학교는 과거의 행태에 계속 안주하려고 한다. 학교선택제는 부모들이 그런 학교들을 향해 들 수 있는 아주 작은 채찍이다.

제6장

IB 월드 스쿨 논란으로 드러난 교사, 학생-부모 동상이몽

교육에 대해서 다양한 의견들이 많다. 유보통합이나 AI 교과서 채택 정책을 펴는 과정에서 분명히 드러났듯 정반대의 주장들이 대립되곤 한다. 어느 쪽이 옳은지를 어떻게 판단하나? 그냥 목소리 큰 쪽, 정권과 가까운 쪽의 주장에 따라야 하는가? 미래를 살아갈 학생들의 관점으로 보는 것이 가장 좋지만, 그들은 목소리를 내기 어렵다. 그런데 최근 IB 월드 스쿨을 놓고 벌어지는 논쟁을 보면 누가 가장 학생을 위하는지가 분명히 드러난다.

IB 수업의 현장 속으로

경북대사대부고의 한 교실에서 적분에 관한 수업이 한창이다. 한 사람이 칠판 앞에서 그림을 보여주며 설명한다.

"적분을 이해하는 데 도움이 되는 좋은 예시도 내가 찾아왔어. 봐 봐. 이게 감자야. 내가 이 감자의 부피를 구하고 싶어. 그런데 감자가 울퉁불퉁해서 그냥 구할 수 없으니까 얇은 슬라이스로 잘라. …이것들을 다 합치면 부피가 나와. 이게 적분이야(영상 02:02)."

설명자는 교사가 아니라 2학년 신지우 학생이다. 그날 할 수업의 내용에 대해서 학생들이 각자 자료조사와 연구를 해서 수업 시간에 발표하는 방식으로 수업이 진행된다.

*스마트폰으로 QR 코드를 스캔하면 바로 접속 가능.

경북대사대부고는 2021년부터 IB 월드 스쿨 프로그램을 시작했다. 학생도, 교사도 모두 원하는 사람만 참여한다. 다른 학생들은 그냥 예전처럼 교사는 강의하고 학생은 듣는 방식의 수업을 받는다. 그러면서 학생들의 실력이 높아짐은 물론 사회생활 태도도 달라지는 효과가 나타나고 있다. 신지우 학생과 같은 팀원인 박진용 학생은 이렇게 말한다.

"1학년 때는 상대평가였잖아요. 그래서 대부분 애들이 수행평가 할 때 친구들을 안 도와줘요. 그런데 IB 수업에서는 애들이 다 같이 모여서 서로 피드백을 해주다 보니 대부분 성적을 진짜 잘 받았어요. 저는 그게 너무 좋더라고요. 이제 상대방 눈치도 안 보고 선생님 눈치도 안 보고 선생님도 다 협력하는 분위기예요. 저는 그게 너무 좋아요(영상 05:07)."

김태희 학생은 토론을 언쟁이 아니라 진짜 토론답게 하는 방법도 터득하게 되었다고 말한다.

"처음에는 수업 중에 선생님이 주제에 대해서 논쟁을 해보라 하면 서로 언성 높아지면서 사실 많이 싸웠거든요. 하지만 이제는 누구 한 명의 의견을 말하면 다들 음… 그것도 맞지 하면서 자연스럽게 이해를 하고, 자기 의견을 고치기도 해요. 난 그런 게 너무 자연스러워요. 서로 말하는 것도 편하고, 분위기도 좋고… 서로 배워가는 것 같아요(영상 05:30)".

IB 월드 스쿨이란

IB 프로그램은 스위스 제네바에 본부를 둔 비영리 교육재단인 IBO(International Baccalaureate Organization)가 개발하고 운영하는 국제 공인 교육과정이다. 특정 국가의 교육과정이 아닌, 전 세계적으로 통용될 수 있는 교육 프레임워크를 제공하는 것을 목표로 한다. 단순히 지식을 전달하는 것을 넘어 전인적인 교육을 추구하며, 비판적 사고력, 창의력, 문제해결능력, 의사소통능력 등 미래사회에 필요한 핵심역량 함양을 강조한다.

한국에서는 기존의 학교 교육이 교과서 중심, 수능 대비 교육 위주인 데 반하여 IB에서는 학생들이 학습의 주제를 정하고 연구하며 그 결과를 토론하는 방식으로 이뤄진다. 암기 중심 교육에서 벗어나 깊이 있는 학습과 탐구 능력을 기르는 대안으로 인식되고 있다.

IB는 학생의 연령대에 따라 유초등 과정(PYP), 중학 과정(MYP), 고등 과정(DP), 그리고 직업 관련 과정(CP)의 4가지 프로그램을 제공한다. 이들 프로그램은 특정 교과 지식 암기보다는 개념 이해, 탐구 기반 학습, 맥락 속 학습(지역 및 세계적 맥락)을 강조하는 공통된 교육 철학을 공유한다. 특히 고등학교 과정인 DP는 6개 교과 그룹 외에도 지식론(Theory of Knowledge, TOK), 소논문(Extended Essay), 창의·체험·봉사 활동(CAS)이라는 3가지 핵심 요소도 포함한다. 교육과정의 틀은 표준화되어 있지만, 각 학교는 지역적 특성과 학생의 필요에 맞게 내용을 유연하게 적용할 수 있다.

가장 두드러진 차이는 평가 방식에 있다. 기존의 시험은 5지선다형 문제를 기본으로 한다. 반면 IB 교육에서의 학생 평가는 주관식 논술 시험과 각자 선택한 프로젝트의 보고서 및 결과 발표, 수행 평가 등으로 구성된다. 더욱 주목되는 부분은 학생 평가의 객관성 확보를 위한 시스템이다. 본부에서 제시한 원칙에 의거해서 학생들에게 평가의 기준이 사전에 공개되고, 그에 따라 채점이 이뤄진다. 평가는 학교 자체적으로 시행하는 내부평가와 본부가 주관하는 외부평가 2가지로 구성된다. 외부평가는 당연히 전 세계 IB 학교들에 공통된 기준이 적용된다. 내부평가에서도 평가의 객관성을 확보하기 위해 본부에서 지정한 외부 채점관(examiner)이 표본을 추출하여 재검토하고 점수를 조정하는 과정을 거친다.

표 · **IB 월드 스쿨의 평가 시스템**

군	과목명	내부평가				외부평가			
		유형	배점	비율	비율	유형	배점	비율	비율
1	문학	학습한 문학작품에 대한 구두 비평 및 질의응답	15	15	30	paper 1: 제시 작품 분석	20	20	70
		학습한 문학 작품에 대한 프레젠테이션	15	15		paper 2: 문학 장르 비교 논술	25	25	
						과제평가: 번역문학 비평문	25	25	
2	역사	역사적 사건에 대한 조사 보고서 (2,200단어)	25	25	25	paper 1: 필수 주제(5개) 중 1개 주제 관련 4개의 문제에 응답	24	30	75
						paper 2: 역사 주제(12개) 중 1개 선택 2문제 에세이	30	45	
3	수학	개별 수학 탐구 과제	20	20	20	paper 1: A. 짧은 풀이과정 문제 B. 긴 풀이과정 문제	90	40	80
						paper 2: A. 짧은 풀이과정 문제 B. 긴 풀이과정 문제	90	40	

대구 교육청 관할 IB 학교의 경우, 이것을 할지 안 할지는 학생과 교사 각자의 개별적 선택에 달려 있다. 때문에 IB 월드 스쿨이라 해도 IB 과정을 밟는 학생과 기존 교과서 위주의 과정을 하는 학생이 공존한다. 교사 역시 자신의 선택에 따라 IB 교사를 할 수도 있고, 종전대로 전통적인 교사 활동을 지속할 수 있다.

IB 교육과 기존 교육의 미래역량 비교

지금 학교에 다니는 우리 아이들은 10년 후 완전히 달라진 세상을 살아가야 한다. 미국의 안보 공약은 더 이상 견고하지 않으며,[56] 강대국 중국은 우리에게 더 큰 영향력을 행사하려 들 가능성이 크다.[57] AI와 로봇 기술의 발전은 현재 일자리의 약 50%를 위협하며, 특히 청년층이 주로 시작하는 초급 일자리부터 사라질 수 있다.[58] 결국 아이들은 나라 밖으로는 국가의 안위를, 나라 안에서는 자신의 생계를 스스로 책임져야 하는 이중고에 직면할 것이다.

이러한 격변의 시대에 생존하기 위해선 스스로 길을 개척하려는 용기, 복잡한 상황에서 올바른 길을 찾는 판단력, 그리고 어려움에도 굴하지 않는 끈기가 필수적이다. 하지만 현재의 주입식, 경쟁 중심의 한국 교육 시스템은 이러한 핵심역량을 키우는 데 한계가 있다.[59] 실패를 두려워하게 만들고, 정해진 답만 찾도록 유도하는 교육 방식으로는 미래사회가 요구하는 인재를 길러내기 어렵다.

IB 교육은 단순한 지식 암기를 넘어, 학생 스스로 질문하고 탐구하며 답을 찾아가는 과정을 중시한다.[60] 이는 학생들이 비판적 사고력, 창의적 문제해결능력, 그리고 자기주도성을 기르는 데 효과적이라는 평가를 받는다.[61]

IB 교육은 구체적인 프로그램을 통해 용기, 판단력, 끈기를 체계적으로 함양한다. '지식 이론(TOK)' 수업은 학생들이 자신이 아는 것에 대해 끊임없이 질문하고 다양한 관점에서 지식을 탐구하도록 하여 지적 용기와 비판적 판단력을 키운다. 4,000단어 분량의 '소논문(EE)' 작성 과정은 학생들이 한 주제를 깊이 연구하며 정보분석능력과 학문적 끈기를 배우는 기회가 된다.[62]

'창의·체험·봉사활동(CAS)'은 학생들이 교실 밖에서 실제적인 도전에 맞서고, 공동체에 기여하며 실패와 성공을 통해 배우는 경험을 제공하여 용기와 실행력을 길러준다. 실제 IB 교육을 경험한 학생들은 자신의 생각이 존중받는 경험을 통해 표현할 용기를 얻고, 자기주도적 학습능력이 향상되었다고 말한다. 글로벌 시민의식도 갖게 되었다고 한다.[63]

IB 본부는 그동안 한국에서 프로그램을 운영한 경험을 기반으로 2025년 종합보고서를 냈는데, 그 내용 중 학생과 교사의 체험담을 들어보기로 한다. 먼저 IB 교육을 시작한 후 사교육 필요가 늘었는지 줄었는지 질문을 받은 학생은 다음과 같이 답했다.

> **중학교 과정 학생 F1:** 저는 학원에 다니지 않고, 제 주변 친구들을 보면 학원에 많이 다녀요. 우선 수업이 학원 수업과 많이 다르고, 선생님마다 중요하게 생각하는 부분이 달라요. 같은 개념을 배우더라도 그 부분에 대해 배우고 싶다면 학원에 가는 것보다 그냥 스스로 공부하는 것이 더 나아요. 학원에 가는 것은 약간 효과가 떨어지고, 스스로 공부하면 선생님의 설명을 기억할 수 있어요. 저는 정말 자기주도 학습을 많이 하는데, 거의 100%입니다(보고서 14쪽).

아이들의 태도가 달라지는 현상에 대해 교사들은 이렇게 말한다.

중학교 과정 코디네이터 E 교사: 이제 영어 수업 시간에 '발표하자'라고 말하면 아이들이 '선생님, 그림 출처는 어떻게 인용해야 하나요?'라고 묻습니다. 제가 제안하지 않아도 항상 먼저 꺼내요.

중학교 과정 코디네이터 B 교사: IB는 수업을 통해 역량을 확실히 향상시켜 줍니다. 말하기와 쓰기 능력이 향상되는 것이 분명하고, 저는 매우 나약한 아이들이 더 적극적으로 변하는 것도 보았습니다.

이 보고서는 결론적으로 주요한 역량 학습에 있어서 IB와 일반 고등학교 과정을 비교했는데 결과는 거의 모든 부문에서 IB 교육을 받은 학생이 뛰어났다. 다음 그림에서 빨간색 선은 일반 고등학교 학생들의 역량 상태이고, 파란색이 IB 학생들의 상태이다. 수업 참가 정도, 창의력, 열린 마음, 표현력 등 12개 역량 모두에서 IB가 월등한 것으로 나왔다.

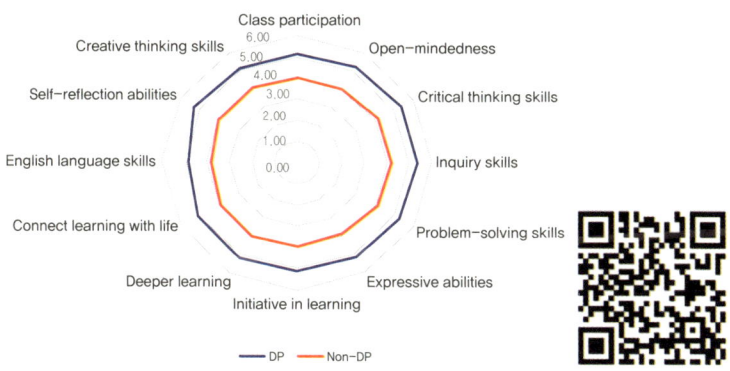

그래프 · IB 학생과 일반 고등학생의 주요 역량 수준 비교

출처: Implementation of International Baccalaureate programmes in South Korea (2025)., p. 172
*스마트폰으로 QR코드 스캔하면 바로 접속 가능.

10년 후 우리 아이들은 예측 불가능한 파고를 넘어야 한다. 스스로 생각하고, 새로운 길을 만들며, 어떤 어려움에도 다시 일어설 수 있는 힘이 필요하다. 우리의 아이들에게 그런 힘을 키워주는 데 있어 IB 교육은 아주 좋은 수단이다.

IB 교육의 또 다른 장점은 학력도 길러준다는 점이다. 보통 이런 학생주도형 교육, 토론식 교육의 문제는 전통 교육이 강조해온 것, 즉, 학력 수준의 저하다. 암기도 덜 하고, 지필고사에 의한 평가도 덜 하기 때문일 것이다. 따라서 토론능력, 자유로운 사고를 얻고자 한다면 전통적인 학력은 마땅히 희생해야 하는 것쯤으로 이해될 소지도 있다. 우리나라 진보교육감들이 역점 사업으로 추진해온 혁신학교에서 한동안 그런 논쟁이 벌어졌다.

하지만 자기주도 학습을 한다고 해서 학력이 저하될 필요가 없음은 IB 학교가 잘 보여주고 있다. OECD가 주관하는 국제학력평가 즉, PISA 시험 결과를 보면 안다. 회원국 학생들을 대상으로 한 기초학력 평가 시험인데 보통 싱가포르, 중국, 한국 등 한자문화권의 학생들이 서양 학생들보다 점수가 훨씬 높다. 그런데 호주교육연구위원회(ACER)가 IB 교육을 받는 학생과 일반 학생들의 PISA 성적을 비교했고, 그 결과는 다음의 표로 요약된다.[64] 즉, 수학의 경우 IB 9학년 587, 10학년은 604로 OECD 평균 490보다 월등히 높다. 읽기와 과학에서도 동일한 현상이 나타났다.

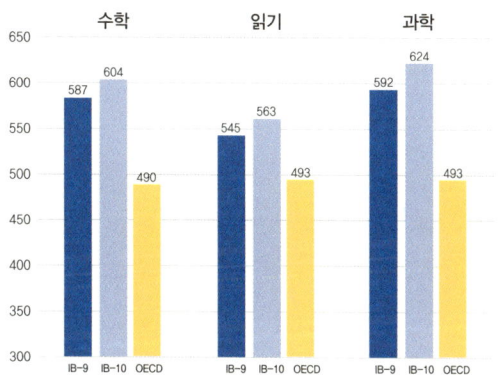

그래프 · **IB와 일반고 학생의 PISA 점수 비교**

출처: Ling Tan, Performance comparison between IB and non-IB school students on the International Schools' Assessment, Australian Council for Educational Research (ACER), 2021. https://research.acer.edu.au/monitoring_learning/52/

이렇게 보면 학생이나 학부모의 입장에서는 IB를 거부할 이유가 없다. 자기주도방식의 토론 수업이어서 적극성, 친화력 등 비인지적 역량이 좋아지는 데다가 인지적인 학력까지 높아지는데 싫어할 이유가 없다. 교사도 이 프로그램 참여 교사는 100% 찬성인 반면, 외부의 일반 교사들은 다수가 반대 의사를 표했다.

학생과 부모는 찬성, 교사는 반대

우리나라에서 IB 프로그램에 가장 적극적인 지역은 대구광역시다. 2024년 말 대구 IB 월드 스쿨의 학생, 학부모, 교사 총 6,766명을 대상으로 'IB 프로그램 운영 평가' 설문조사를 했는데, 만족도는 놀라울 정도로 높게 나왔다. 학생의 초등은 94.7%, 중등은 82%, 고등은 94%가 만족한다고 답했다. 학부모와 교사의 만족도는 더 높아서 고등학교 IB 교사의 만족도는 100%였다.[65]

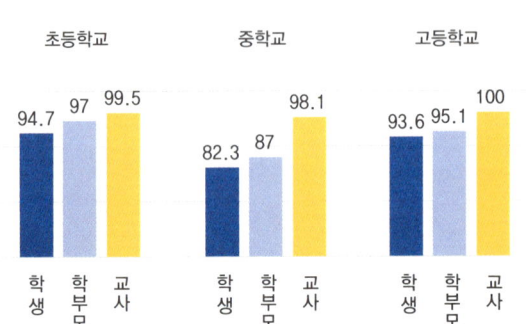

그래프 · 대구 지역 IB 교육에 대한 학생 부모 교사의 만족도 조사 결과

이처럼 IB 교육에 대한 수요자들의 반응이 좋다 보니 다른 지역 부모들도 관심이 높아지고 있다. 충북교육청은 2024년 8월 30일 '2024 국제 바칼로레아(IB) 토크 콘서트'에서 참석 학부모 176명을 대상으로 설문조사를 벌였는데,[66] 앞으로 IB프로그램을 도입하는 학교에 자녀를 보낼 의사가 있느냐는 질문에 '매우 그렇다' 44%, '그렇다' 31%로 긍정적인 의견이 75%였고, '그렇지 않다' '매우 그렇지 않다' 등 부정적 의견은 3%에 불과했다. 이 같은 부모들의 관심을 반영하듯 경기, 서울, 전북 등 여러 지역의 교육청들도 이 프로그램 도입을 준비 중이다.[67]

표 · **지역별 IB 교육 관련 추진 상황**

지역	PYP			MYP			DP			계
	관심	후보	인증	관심	후보	인증	관심	후보	인증	145
경기	48	11	0	48	7	0	29	1	1	10
경북	3	0	0	5	0	0	2	0	0	10
대구	3	4	9	5	3	11	1	1	5	42
부산	2	5	0	0	3	0	0	0	0	10
서울	45	3	0	28	3	0	0	0	0	79
인천	0	0	0	3	0	0	13	0	0	16
전남	2	1	0	1	1	0	1	2	0	8
전북	9	1	0	11	1	0	6	0	0	28
제주	1	5	5	3	0	2	0	0	1	17
충남	2	0	0	2	0	0	5	0	0	9
충북	0	0	0	0	0	0	0	0	0	0
합계	115	30	14	106	18	13	57	4	7	364

출처: 광진구 IB 교육 활성화 방안 연구, 광진구의회 미래혁신교육연구회, 2024.12.

그러나 한국 교육 정책 형성에 강력한 영향력을 행사해온 전교조는 공교육에서의 IB 도입에 대해서 적극 반대를 하고 나섰다. 공교육을 바꾸는 일은 현장 교사들의 의견을 반영해야 한다면서 대구 지역 교사 1,400여 명을 상대로 한 자체 설문조사 결과를 발표했다. IB 교육이 필요한가라는 질문에 '전혀 그렇지 않다' 56.3%, '그렇지 않다' 20.8%, 합쳐서 부정적 의견이 77.1%에 달했다.[68] 막상 IB 교육에 참여 중인 교사들은 100%에 가까운 만족을 표시했는데, 다른 교사들이 반대하고 있는 셈이다. 아마도 자기 학교로 이 프로그램이 들어오는 것을 원치 않기 때문일 것이다.

전교조가 이 프로그램 도입에 반대하는 이유는 다음의 몇 가지로 모아진다.

- 특권층이 생겨난다. 자사고 같은 것을 다시 만드는 셈이다.
- 비용이 많이 든다. 첫해에 3천만 원의 시작비용 발생.
- 왜곡된 관점의 역사관이 주입될 수 있다.
- 교사의 업무 부담이 늘어난다.

마지막 이유, 즉, 교사의 업무 부담이 늘어난다는 문제제기는 타당하다. IB 교육을 실시 중인 제주도의 표선고등학교 임영구 교장은 인터뷰에서 학교 교사들의 초과근무 시간이 비슷한 인근 학교 대비 2.5배나 된다고 밝혔다.[69] 이는 IB가 요구하는 교재 연구, 수업자료 개발, 이중언어 자료 준비, 학생 개별 프로젝트 지도, 그리고 서술형 평가 채점 등에 추가 시간이 소요되기 때문이다. 특히 한국어 IB의 경우, 영어로 된 IB 평가 기준과 자료를 한국어로 번역·적용해야 하는 작업이 있어 초기 도입 단계의 교사들에게는 언어적인 부담까지 겹치기도 한다.

평가 측면에서, 교사들은 자신이 매긴 학생 평가 결과가 외부의 객관적 검토를 받는 상황에 처음 놓이게 된다. 앞서 설명한 대로 IB에서는 교사별 내부평가 결과를 IB 본부가 모니터링하여 필요 시 조정하므로, 교사는 자신의 평가가 곧 피드백되고 교정의 대상이 될 수 있는 상황에 놓이게 된다.[70] 일부 교사들은 이를 두고 '내 점수를 누가 다시 채점한다'는 부담감이나 자신도 함께 평가받는 느낌을 받을 수 있다고 토로한다. 예를 들어 IB 학교에 근무하는 한 교사는 처음

엔 내부평가 과제를 채점하면서 '혹시 내가 준 점수가 과도하거나 부족하다고 지적받으면 어떡하지'라는 긴장감을 느꼈다고 한다.[71] 물론 이러한 외부 검증 절차는 평가의 신뢰도를 높이기 위한 것이지만, 한국 정서상 교사가 전문가로서 존중받고 자율적으로 평가해오던 환경과는 달라 심리적 압박으로 작용하는 것이 사실이다.

 비용 부담도 문제로 거론된다. 돈이 제법 드는 것이 사실이다. 도입 초기에 단위학교당 5,700만 원이 소요되며, 매년 고정 지출비용(도입 후 4년차부터)은 3,400만 원이 들어간다. 하지만 혁신학교에 들어가는 연간 5,050만 원보다는 오히려 적다.[72] 다만 학교 전체가 아니라 IB를 선택하는 아이들에만 적용되는 것인 만큼 학생당 비용으로는 크겠지만, 선택 학생이 많아질수록 그 문제는 해결될 수 있다.

 특권학교가 될 수 있다는 반대 의견도 타당성이 없다. IB 학교를 할지 안 할지는 각 학교의 자율에 맡겨져 있다. 그 학교 내에서도 IB를 택할지의 여부는 개별 학생과 교사들의 개별적 선택에 맡겨져 있으니 특권이라고 할 수 없다. 게다가 낙후지역의 학교에는 더욱 장려되고 있으니 특권학교 우려는 사실과 다르다.

 반대 이유 중 사실과 부합하는 것은 교사의 업무, 평가에 따른 심리적 부담감이 증가한다는 것이다. 하지만 학생들의 미래역량 준비를 위해 필요한 일이라면 교사들이 스스로 변화를 이뤄내야 하는 것 아닌가. 교사의 변화가 힘들어서 좋은 교육을 거부한다면 본말이 뒤바뀐 일이다.

교사가 반대하는 IB 학교와 찬성하는 혁신학교의 차이점

―

　전교조 등 교사들도 기존의 입시 위주, 암기 위주 교육에는 반대한다. 토론과 체험 중심의 교육을 지지한다. 그런 취지로 도입된 대안이 혁신학교이다. 그런 취지로 시작된 만큼 IB와 공통점도 많다. 하지만 치명적 차이점이 있다.

　공통점은 암기 위주 교육, 지필고사 대비용 수업을 지양한다는 사실이다. 혁신학교도 IB 학교도 모두 토론식 수업, 학생 주도의 수업을 추구한다. 현장 체험도 중시한다.

　하지만 2가지의 결정적 차이가 있다. 첫째는 평가 시스템이다. IB 교육의 경우 평가가 엄격하다. 일단 담당 교사의 평가 권한이 작다. 외부평가 70%는 시험문제 출제도 채점도 외부 평가자가 한다. 30% 내부평가는 담당 교사 몫이지만, 그것도 일정 비율을 샘플링해서 본부 채점관이 재채점한 후 본부 기준과 차이가 크면 채점 결과를 수정하는 과정을 거친다. 학생도 점수를 납득할 수 없으면 재채점을 요구할 수 있다. 평가의 전 과정이 교사에 대한 평가가 되기도 하지만 교사는 또 다른 평가를 받는다. 이렇기 때문에 IB 과정에서 받은 성적은 하버드, 옥스퍼드 등 세계 대부분의 명문 대학에서 그대로 받아들인다.

　반면 혁신학교는 평가가 느슨하다. 시험문제를 담당 교사가 내기 때문에 수업시간에 다뤄진 것만 대상이 되기 십상이다. 일단 시험 자체가 많지 않다. 채점도 교사가 알아서 한다. 교사 개인에 대한 평가는 없다고 봐야 한다. 학습이라는 관점에서 봤을 때 혁신학교는 IB 학교에 비해 학생도, 교사도 긴장이 느슨하고 학습의 강도가 낮은 차이점이 있다. 그 학교에서의 성적은 나라를 벗어나면 타당성을 인정받기 어렵다.

학교를 나가서 배우려는 사회의 모습도 다르다. IB 교육은 출발자체가 그렇듯이 글로벌 시민사회와의 연결을 강조한다. 영어를 쓰지 않더라도 글로벌은 기본으로 깔린다. 반면 혁신학교에서 학생들에게 마을공동체, 마을협동조합 등 마을 운동가들의 세계와 접하게 해주려 할 때가 많다. IB 학교와 달리 혁신학교는 글로벌이 아니라 민족주의 색채가 강하게 배어 있다.

표 · IB 학교와 혁신학교의 평가 방식 차이

구분		IB 월드 스쿨	혁신학교
학생 평가	평가 기준	명확, 공개된 국제 표준 준거(Rubrics)	학교/교사별 다양, 표준화 부족, 과정 중심
	평가 방식	내부평가(IA) + 외부평가(EA), (에세이, 시험, 프로젝트 등)	과정 중심 질적 평가 (포트폴리오, 관찰, 서술형 피드백 등)
	외부 조정/ 채점	IA 외부 조정(Moderation), EA 외부 채점	부재
	평가 결과	1-7점 척도의 표준화된 점수	주로 서술형 피드백, 점수화 약함, 비교 가능성 낮음
교사/ 학교 평가	평가 기준	IB 기준 및 실행 규정 (Standards and Practices)	학교별 자율 설정, 표준화된 기준 부재
	평가 방식	학교 자체 평가, IB 실사 방문, 프로그램 평가	자기 성찰, 동료 평가, 전문적 학습 공동체(PLC) 활동 중심
	평가 중점	프로그램 표준 이행, 협력적 실천, 성찰	전문성 신장, 학교 문화 기여, 협력
	외부 검증	IB 본부의 정기적 실사 및 평가	부재 (교육청 차원의 일반적 평가는 있을 수 있으나, 교사 평가는 아님)

교사 대 부모, 누구 선택이 학생 미래에 더 나은가

인간은 이기적이다. 교사, 부모, 학생이 다 그렇다. '잠자는 교실'은 그 이기심들이 만들어낸 대표적 결과물이다. 학생은 방과 후 학원에서 공부하기 위해 수업시간에 잠자며 체력을 비축한다. 만약 학교 교사가 학원 강사처럼 귀에 쏙쏙 들어오게, 재미있게 한다면 학생들도 잘 리가 없다.

하지만 그렇게 하려면 교사의 엄청난 노력이 필요하다. 지식을 많이 아는 것과 그것을 재미있게 전달하는 것은 전혀 별개의 문제다. 학원 강사는 재미있는 전달에 매진하지만 학교 교사는 그럴 필요를 느끼지 못한다. 학원 강사는 잘하면 유명해지고 소득이 늘지만, 학교 교사는 학생들의 반응과 무관하게 급여가 보장된다. 그래서 교사는 늘 해오던 대로 편한 길, 자신이 아는 것만 기계적으로 말하기를 택한다. 학생은 재미없어서 딴짓하거나 잠을 잔다. 부모도 마찬가지다. 어차피 학교는 졸업장 받으려고 다닌다면, 내 아이 잘 받들어주길 바라게 된다.

그런 면에서 IB 프로그램을 맡은 교사들은 학생들을 위해서 헌신을 각오한 사람들이다. 그 어려운 일을 한다 해서 특별한 금전적 보상이 오지 않는다. 수업 준비 부담, 본부로부터 평가받는 데에 대한 부담만 져야 한다. 필자가 2023년 11월 경북대사대부고의 IB 프로그램을 견학 갔을 때, 한 교사에게 질문한 적이 있다.

"IB를 자발적으로 선택하셨는데요. 안 하셔도 되는 일, 이렇게 힘든 일을 왜 자원하셨어요?"

선생님의 답변이 감동적이었다.

"처음에는 멋모르고 자원을 했는데 후회를 많이 했어요. 하지만 시간이 지나면서 아이들이 놀랍도록 변하는 모습을 보면서 보람을 느끼게 되었답니다. 이제는 뿌듯해요."

하지만 다수 교사들은 그런 고통을 스스로 견디고 싶어하지 않는다. 그러면 아이들도 학교에서 미래를 위한 역량을 쌓을 기회를 가질 수 없다.

한편 부모가 자기 자녀를 위해 헌신적이라는 데에는 의문의 여지가 없다. 하지만 지금과 같은 헌신, 좋은 대학 입학을 위한 헌신이 바람직한지는 분명치 않다. 수능 대비 공부의 한계 때문이다. 5지선다형 문제를 잘 맞히는 기술은 졸업 후 세상을 살아내는 데에 거의 도움이 되지 못한다. 한국인이 학생 때의 PISA 시험에서는 점수가 뛰어나지만, 막상 성인이 되고 나면 문제해결역량이 추락하는 현상은 그런 식의 대입 준비 공부가 가진 한계를 고스란히 드러낸다.

다행히 IB교육은 다른 가능성을 보여준다. 사실 이 프로그램을 이수한다고 대학입시에 도움이 될지의 여부는 아직도 알 수 없다. 오히려 수능 점수를 떨어뜨려 입시에 불리할 수도 있다. 그런데도 많은 학부모와 학생들이 IB를 택하기 시작한 것은 설득 능력, 자기주도성 같은 미래역량의 필요성을 깨닫기 시작했기 때문임이 분명하다.

그런데도 대구 전교조의 조사를 통해서 알 수 있듯이 다수의 교사들이 IB에 반대한다. 아마도 그것을 하기 위해 너무나 많은 노력이 투입되고, 또 끊임없이 평가를 받아야 하는 상황이 괴롭기 때문일 것이다. 하지만 IB는 여러 가지 면에서 학생들의 미래 준비에 좋은 프로그램이다.

아이들의 미래역량을 길러내는 일을 교사들에게만 맡겨둘 수 없다. 미래역량 교육이 필요하다고 생각하는 부모들이 자녀들에게 그런 교육을 받을 수 있도록 힘을 써야 한다.

물론 학부모도 잘못된 선택을 할 때가 많다. 특히 정치적 결정일 때 그렇다. 수능이 수십 년째 5지선다형으로 남아 있는 현상은 대표적이다. 현 방식의 한계는 누구나 다 인정한다. 수능 최초 설계자인 박도순 교수조차 현재의 수능이 "암기 위주의 시험"으로 변질되어 본래의 취지를 상실했다고 토로한다.[73] 그 해결책인 주관식 논술형 문제로의 전환은 수십 년째 논의만 무성한 채로 남아 있다. 가장 큰 원인은 학부모들의 반대다.[74] 채점의 어려움, 사교육비 증가 등의 반대가 있지만 결국 학부모의 반대라고 보면 된다. 논술형 시험을 지지하는 학부모도 있지만 수능 같은 경우 전 국민의 동의가 필요한 상황이니 5지선다형에서 벗어날 수 없다.

국공립 확대 요구도 그렇다. 대다수 부모들이 국공립 유치원의 확대가 필요하다고 답했다. 하지만 공립 유치원의 대부분을 차지하는 병설 유치원은 대부분 미달 사태를 빚고 있다. 심지어 정원의 30%도 채우지 못하는 곳이 60%나 된다(7장 참조). 이는 학부모들이 공립 유치원의 현실을 제대로 알지 못한 상태에서 정책의 변화를 요구했기 때문에 초래된 결과다.

이처럼 학부모도 자식을 위한 일에 잘못된 판단을 내릴 수 있지만, 정치를 떠난 영역에서 아동, 학생을 위해 무엇이 좋은지는 부모가 가장 잘 판단할 수 있다. 특히 부모가 자기 자녀의 미래역량을 길러 줘야겠다고 마음먹은 상황에서는 더욱 그렇다.

학부모의 의견을 반영하기 위해 현재도 운영위원회라는 제도가 있기는 하다. 하지만 대부분 학교장의 방침을 추인하는 정도의 역할일 뿐, 의도했던 대로의 교육 주체 역할을 하지 못하고 있다.[75] 학부모의 뜻이 교육에 반영되게 하려면 선택권이 작동해야 한다. 즉, 공립이든 사립이든 학부모의 선택에 따라 수입이 달라지는 구조를 만들어내야 한다. 잔인해 보이지만 인간은 원래 이기적이기 때문에 어쩔 수 없다.

아이들마다의 개성과 그 부모의 비전이 학교, 유치원 프로그램에 반영되도록 하는 방법은 학교 선택제, 유치원 선택제이다. 즉, 유치원 또는 학교마다 자율적으로 교육과정과 교육방법을 개발하도록 허용하고, 어느 것이 좋은지는 학생과 학부모가 각자 선택하게 하는 방법이다. 미래역량 교육을 원하는 부모라면 당연히 그런 유치원, 학교를 찾을 것이고, 그렇지 못한 곳은 학생을 잃게 될 것이다. 그런 수요를 내다보고 그에 맞춘 학교들이 등장할 것이다. 지금 IB 학교들이 자발적으로 등장하고 있듯이 말이다. 많은 사람들이 신자유주의라며 비난할 아이디어인 줄 안다. 하지만 교사의 사명감에만 맡기기에는 인간은 너무 이기적이다. 그리고 아이들의 미래가 너무 험하다.

대량 미달 사태로 보는 공립 유치원의 비밀

공립 유치원 대량 미달 사태가 말해주는 것

―

국공립 유치원 확대는 역대 정부 역점 사업이었다. 특히 문재인 정부는 2017년 원아를 기준으로 했을 때 25%이던 국공립 유치원 비율을 임기 내에 40%로 올리겠다며 야심차게 사업을 추진했다.

국민 여론의 강력한 지지를 받는 정책이었다. 한국인들에게 국공립 유치원 확대는 우선순위가 매우 높은 교육 정책 목표이다. 2019년 2월 교육부가 성인 남녀 1,049명 대상으로 조사한 바에 따르면, 국공립 유치원 확대에 찬성이 86.4%로 압도적 비율을 차지했다.[76]

한국교육개발원의 2021년 4,000명 대상 여론조사에서는 유초중등 교육 정책 중 더 중점을 두고 추진해야 할 정책을 물었는데, 국공립 유치원 확대 등 유치원 공공성 강화가 23.5%로 1위를 차지했다. 일반 국민이나 해당 자녀를 둔 부모나 비율은 거의 같았다.[77]

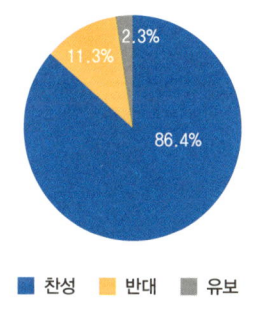

그래프 · 국공립 유치원 확대에 대한 국민 여론

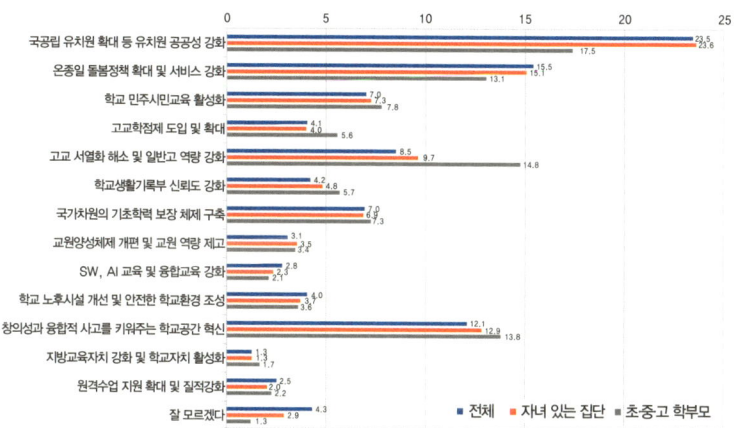

그래프 · 유초중등 교육정책 중 향후 지속적으로 강조되어야 할 정책(1순위, 2021)

　유치원 숫자와 교원 수 면에서는 충분히 목표를 달성했다. 유치원 수 기준으로 53.3%이던 공립 유치원 숫자는 2022년 60%가 됐고, 교원 수는 26.4%에서 39.7%로 올랐다. 그러나 정작 중요한 원아 수의 비중은 그리 늘지 않았다. 전체 공사립을 합친 전체 유치원 원아 중 공립의 비중은 2017년 25%에서 2022년 30%로 늘었을 뿐이다. 그렇게 열심히 교실을 늘리고 교사 수를 늘렸는데, 원래의 목표치인

40%와는 거리가 멀다. 이렇게 공립 유치원과 교원 수는 늘어나는데 원아 수의 증가는 더디다는 것은 공립 유치원에 빈자리가 많음을 뜻한다. 즉, 정원을 채우지 못하는 곳이 많다는 말이다. 그 현장 속으로 들어가 보자.

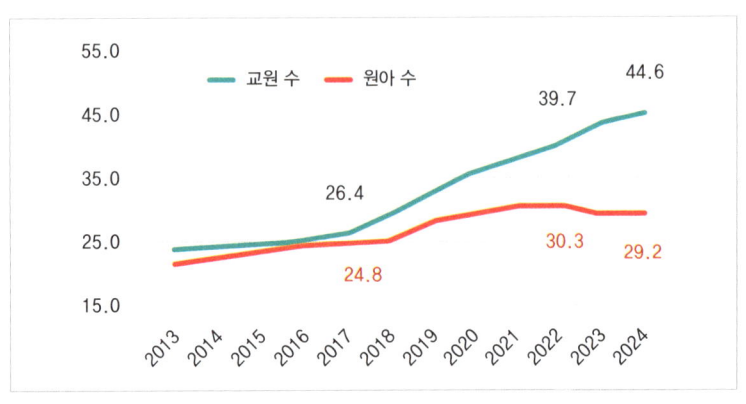

그래프 · 국공립 유치원 교원 수 및 원아 수 비율

공립 유치원에는 별도의 부지와 건물을 가진 단설 유치원과 초등학교와 부지를 공유하는 병설 유치원이 있는데, 2025년 5월 현재 단설은 596개소로 13%, 병설이 3,964로 87%, 병설이 압도적 다수를 점한다. 그런데 그 병설 중 대부분이 원아 모집이 안 돼서 애를 먹고 있다. 정원의 절반도 채우지 못한 곳이 60%에 달한다. 세 곳 중 한 곳은 30%도 채우지 못한 상태다. 90% 이상을 채운 곳은 7%에 불과하다. 반면 공립 중에서도 단설은 인기가 높아서 47%가 정원의 90% 이상을 채우고 있다.

사립 유치원은 사정이 좀 나아서 정원을 대부분 채운 곳이 22%이고, 50%를 못 채운 사립 유치원은 29%이다. 상당한 비용을 부담함에도 불구하고 공립 병설 유치원보다 훨씬 높은 충원율을 보이고 있다.

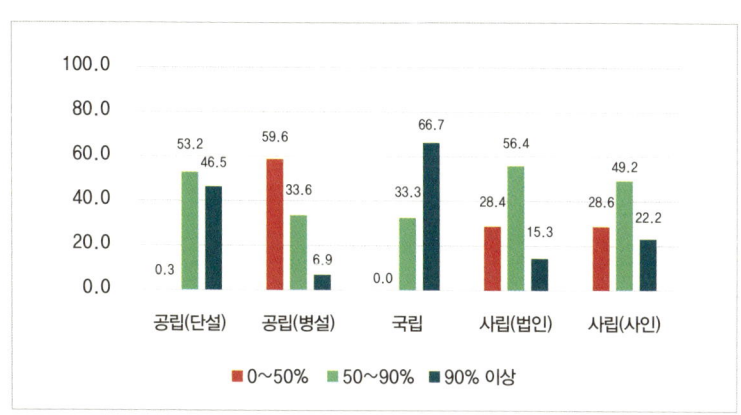

그래프· 유치원 설립 유형별 정원 충원율(%)

공립 유치원 대량 미달 사태의 원인

공립 유치원은 사립에 비해서 학부모 부담금이 현저히 적다. 유치원 알리미에 공시된 자료를 보면 2024년 학부모 부담금의 전국 평균은 국공립 유치원이 1.1만 원, 사립이 20만 원이고, 서울 지역은 국공립 7천 원, 사립은 37만 원으로 국공립은 거의 부담이 없는 반면, 사립은 상당한 비용을 부담해야 한다. 많은 가정들에 있어 매달

지출하기에는 부담되는 금액임이 분명하다. 공립 유치원에 보내는 비용이 이렇게 낮음에도 불구하고 정원 충족률이 사립보다 현저히 낮은 이유는 사립과 비교했을 때 부모의 필요를 잘 채워주지 못하기 때문이다.

가장 두드러진 것은 통학버스의 유무와 방학의 길이다. 사립 유치원은 대부분 통학버스를 운행하지만 공립은 매우 드물다. 특히 대도시는 더욱 그런데, 서울시의 경우 2022년 국공립 유치원 293개 중 통학버스를 운영하는 곳은 단 3곳에 불과했다.[78] 전국적으로 보면 사립 유치원이 94.4%가 통학버스를 운영하는데 국공립은 절반에도 못 미치는 46.7%만이 그렇게 했다.

국공립은 방학이 길다. 여름과 겨울에 대체로 3~4주, 길게는 4~5주를 방학으로 쉰다. 교사의 휴가가 길수록 아이들은 집에서 지루해 하고, 부모 특히 맞벌이 부모는 어딘가에 아이를 맡겨야 하는 난감한 상황에 처한다. 사립 원장과 교사들도 오래 쉬고 싶기는 마찬가지지만 부모와 아이의 필요 때문에 그렇게 할 수 없다. 대개 1~3주를 방학으로 쉬는데, 학부모의 의견이 많이 반영된다.

공립과 사립은 교육의 내용과 결과에서도 차이가 난다. 교육부와 서울시교육청, 육아정책연구소가 2021년 유치원 원장과 교사, 학부모를 대상으로 대규모 설문조사를 실시했다.[79] 공립 유치원 1,073개소, 사립 유치원 768개소, 교사는 2,000명, 부모는 3,000명 대상이었는데 질문 항목 중에는 공립과 사립에 대한 학부모의 판단도 여럿 들어 있었다. 가장 눈에 띄는 항목은 현재의 유치원으로 옮긴 이유였다. 유치원 프로그램이 마음에 들어서라는 항목에 공립 유치원 부모는 32.5%, 사립 유치원 부모는 62.3%가 그렇다고 답했다. 말하자면 공립 유치원은 교육 내용보다는 값이 싸서 보내는 성격이 강하다는 말이다. 현 유치원을 보내는 이유에 대해서 아이의 전인발달을 위해서라는 항목도 있는데 공립 유치원 부모는 42.5%, 사립 유치원 부모는 57.2%로 사립 쪽이 더 높았다. 다수의 부모들은 교육 프로그램, 전인발달 모두에서 사립이 더 낫다고 생각하고 있음을 말해주는 조사결과다.

사실 공립 유치원 교사들은 임용고시를 통과한 사람들이다. 학교 때의 성적이 더 뛰어났다는 말이다. 그런데도 사립과 공립이 교육의 질에서 차이가 나는 이유가 뭘까? 서효원의 이화여대 석사논문 중에 사립 유치원에서 근무하다가 공립으로 옮긴 교사들의 이야기를 다룬 논문을 찾을 수 있었다.[80] 그 이야기들을 듣다 보면 공립과 사립 교사의 판이하게 다른 태도에 그 이유가 있음을 추측하게 된다.

"'사립에서 와서 그래? 왜 이렇게 친절해? 사립에서는… 그런지 모르겠지만 여기서는 그렇게 하면 안 돼' 첫 해에는 이런 말들을 많이 들었어요. …'잘 하려고 하지 말라'라는 말도 충격적이었어요."

"사립에서는 번갈아가면서 동료 장학을 했고, 선배 교사와 동료 교사들을 통해 배우는 점이 많았어요. 우리 반이 현장학습을 가거나 불가피한 사정으로 공개수업에 들어가지 못했더라도 나중에 다 같이 모여서 수업 촬영본을 보고 함께 의견을 나눌 수 있어서… 아이디어도 많이 얻고, 수업 기술도 배울 수 있었어요…. 그런데 공립에서는… 촬영이라도 해서 다 같이 보고 배우고 싶은데 다들 부담스러워 해서 못 하고 있어요. 그래서 사립 이후로 다른 선생님 수업을 본적이 없어요."

"난 공립 유치원이 교육의 질이 더 낮다고(못하다고) 생각해요…. 공립에서는 만약 유아 흥미 위주로 교육하는 교사가 있다면 '교실에서 뭐 하는지 잘 모르겠다'는 말을 들을 것 같아요. 난 유아의 흥미에 따른 교육을 하고 싶은데 여기서는 불가능해요."

사립 유치원에서 교사들의 활동은 상당히 역동적이라고 했다. 서로 배우며 발전하는 것을 원장이 장려한다고 했다. 반면 공립은 교사들이 지금껏 해오던 대로 하려는 성향이 강하다. 누군가 새로운 것을 시도하면 싫어하는 분위기도 강하다. 공무원 사회의 일반적인 분위기가 국공립 유치원에도 그대로 나타나고 있음을 이 교사의 관찰에 잘 드러난다. 이 교사가 느끼는 사립 유치원의 결정적 단점은 돈 문제였다.

"그때 월급 되게 적었거든요? 그리고 매번 계약 때마다… '미안하지만, …내년엔 해줄 수 있어.' 지켜지는 약속인지 아무도 모르는 그런 제안들에서 난 계속 고용불안을 느꼈어요."

이 교사는 돈 문제만 빼면, 교육의 수준, 교사들이 서로 배워가며 발전하려는 분위기 모두 사립 유치원이 더 낫다고 했다.

김양희의 중앙대학교 석사논문에도 동일한 주제의 이야기가 실려 있다.[81] 공사립 유치원 양쪽에 근무한 경력이 있고 조사 당시 공립 유치원에서 기간제 교사로 담임을 맡고 있는 5명 대상의 심층 인터뷰가 소재였다. 첫 번째 D교사의 이야기를 들어보자.

이 교사가 근무하는 병설 유치원 바로 건너편에는 잘 조성된 개천이 있어 유아들과 자유롭게 이용해서 활동하고 싶은데, 행정 절차 때문에 어렵다는 이야기가 나온다.

"사립에 있을 때는 원장님께 말씀드리면 바로바로 결재 라인 해결이 되는데 여기서는 어떤 것을 사고 싶고, 하고 싶은데 관리자가 안전의 문제가 있다 해서 학교 밖을 나가기가 어려울 때 결재가 안 되어서 나갈 수가 없는 거야. 건너편 개천에 나가서 아이들한테 계절이 바뀌고 계절의 감각 같은 것을 보여주고 싶은데 사립 같은 경우는 할 수 있고(여기서는 하기 힘들어요) 또 꽃 박람회가 있다 그러면 공립 같은 경우는 차량 알아봐야지 굉장히 많은 결재 라인이 필요해요. 체험학습 같은 경우를 봤을 때 많이 보여주고 싶은데 간단한 어떤 것도 빨리 하기가 어렵더라고(D교사 심층면담, 2014. 12. 22.)."

서효원의 논문에서 많이 등장한 이야기, 즉, 공립 교사들은 개인플레이가 심하다, 교육 경험을 공유하고 싶어하지 않는다는 이야기가 이 논문에서도 등장했다.

"대부분의 공립 교사들은 자신의 교육활동에 대하여 간섭받기를 매우 싫어하며 다른 교사의 교육활동에 관여하지 않고 자신의 교육활동에 대한 간섭을 꺼리는 성향, 특성이 있는 것 같다. 업무분장에 있어 확실히 하고 분위기는 극도로 사무적이다(D교사 저널, 2015. 1. 27.)."

"한마디로 하면 공립은 개인플레이. 공유를 하지 않는 것 같아요. 수업에 있어서도 피드백이 필요하잖아요. 나는 내 반만 잘하면 돼. 행사는 기본만 하면 되는 거야 하는 식이 돼버리는 것 같아요. 그래서 더 발전하거나 더 좋은 방향이 없는 거예요. 더 재밌게 하는 방향은 없을까 하는 협의를 한다거나. 모든 초점을 아이들에게 맞추어서 하면 좋겠는데 하는 아쉬움이 있어요(D교사 심층면담, 2015. 1. 13.)."

정리해보면 이렇다. 공립 교사는 대학, 대학원에서 공부를 많이 했고 임용고시도 통과했다. 그래서 책으로부터 배운 지식이 풍부하다. 하지만 자존심이 강해서 동료 교사들과 현장 교육에 대한 대화도 잘 나누지 않는다. 한번 고착된 생각은 잘 바뀌지 않는다. 특히 경력이 오랜 교사가 많기 때문에 더욱 그렇다. 그러다 보니 부모의 변화하는 요구, 시대의 흐름에 맞추려는 생각이 약하다. 그래서 교육만을 보고 공립을 택하는 부모들이 많지 않게 된다. 공립 유치원 대량 미달 사태는 그 결과이다.

부모가 자녀를 공립에 보내는 가장 큰 이유는 학비가 싸기 때문이다. 특히 병설 유치원은 그렇다고 봐야 한다. 단설의 경우는 새로 지어진 곳이 많아 시설 좋기 마련이고, 그래서 인기가 높다. 하지만 단설도 오래된 곳은 미달을 면치 못한다.[4]

결론적으로 부모의 입장에서 공립 유치원, 특히 병설 유치원의 매력은 교육비가 저렴하다는 것인데, 경제학자인 내 눈에는 그것조차 진실로 보이지 않는다. 공립 유치원은 사립 유치원에 비해 엄청나게 많은 돈을 쓰고 있다. 다만 그 돈의 대부분이 가려져 있을 뿐이다. 이제 그 진실 속으로 들어가 보자.

---

4) 정원 충원율 70% 이하인 단설 유치원은 64개소.

공립 유치원 낮은 비용의 비밀

공립 유치원은 학비 부담이 거의 없는 반면, 사립의 학부모는 상당한 비용을 부담해야 한다. 게다가 공립 단설 유치원은 새로 지은 데가 많아서 시설도 좋으니 부모들이 좋아할 충분한 이유가 있다. 하지만 경제학자인 필자의 눈에는 숨겨진 거대한 비용이 보인다. 전 국민이 세금으로 부담하는 돈, 지원금 등 말이다.

표 · 유치원 정보 공시 상 유치원 원비 현황(2024)

	국공립	사립
정부지원금	15.0	35.0
학부모 부담금	1.1	20.0
합계	16.1	55.0

2024년 김문수 의원이 교육부에서 제출받아 공개한 자료에 그 상황이 일부 나온다.[82] 이 표는 1인당 국가 지원금이 국공립 15만 원, 사립은 35만 원임을 보여준다. 국가공통 교육과정인 누리과정 지원금과 방과 후 과정비가 지원되는데 국공립의 경우 전자가 10만 원, 후자가 5만 원, 합쳐서 15만 원이다. 사립은 각각 28만 원, 7만 원, 합쳐서 35만 원이다. 그런데 사립은 부모로부터 20만 원을, 국공립은 1만 원을 징수한다. 이 수치들만 보면 사립은 원아 1인당 35+20=55만 원을 쓰는 반면, 국공립은 15+1=16만 원만을 쓰는 것으로 인식할 수 있다.

하지만 이 숫자는 진실과는 거리가 멀다. 사립 유치원의 55만 원에는 정부가 매월 사립 교원 1인당 85만 원씩 지급하는 처우개선비가 빠져 있다. 원아 1인당으로 환산하면 7.4만 원인데, 이것을 55만 원에 합친 62.4만 원이 사립 유치원의 원아 1인당 교육비 총액이다. 그중 20만 원은 부모가 부담하고 나머지 42.4만 원은 국민이 세금으로 부담한다.

국공립 유치원은 숨겨진 금액이 훨씬 더 크다. 누리과정 지원금 외의 통로로 지급되는 예산, 유치원 예산과 무관하게 제공된 유치원 부지와 건물, 그리고 정규직 교원의 인건비가 바로 숨겨진 비용이다. 유치원 알리미 사이트에 공개되어 있는 공립 유치원의 예산 및 결산자료는 정규직 교원 인건비와 시설비가 빠진 경상적 비용들만을 포함한다. 공립 유치원의 진정한 교육비용, 공립 유치원 운영을 위해서 국민이 세금으로 부담하는 비용은 그 경상비용에 부지와 건물을 포함한 설립비용, 정규직 교원의 인건비가 포함되어야 한다.

공립 유치원의 경상적 수입지출은 유치원 알리미 사이트에 예결산공시자료로 공개되어 있다. 단설 유치원 596개 중 무작위로 95개를 추출해서 계산해보면 원아 1인당 82.9만 원이 나온다(2023년 지출 결산액 기준). 이것은 보이는 비용이다. 이제 여기에 보이지 않는 비용, 즉, 유치원 설립 비용과 정규직 교사의 인건비를 합치는 작업을 해보자.

단설 유치원 좋은 시설은 얼마짜리일까

먼저 유치원 건축비부터 살펴보자. 사립 유치원이라면 부지와 건물 확보 비용은 가장 큰 비용 중 하나다. 사립 유치원의 계산 속에는 어떤 식으로든 그 비용이 포함될 수밖에 없다. 반면 공립 유치원의 경우 설립 비용은 관할 교육청이 직접 지출하기 때문에 당해 유치원의 회계에는 빠진다. 국민 전체의 관점에서 본다면 당연히 공립 유치원 교육비에 포함해서 보는 것이 옳지만 현실은 그렇지 못하다.

유치원 신축비가 얼마인지에 대한 자료는 드물다. 운 좋게 2022년 설립된 군산 가람유치원의 자료를 찾았다. 정원 192명, 토지매입비 22.5억 원, 시설비 117.6억 원, 합쳐서 140.1억 원이 투자되었다.[83] 서울이나 부산, 대구 등 대도시의 경우 군산보다 땅값이 비싸겠지만 그곳의 데이터가 없으니 그냥 이 숫자를 평균적 비용으로 간주하겠다.

정부 투자에 따른 자본비용은 돈을 빌려 투자한다고 가정한 후 그 원리금 상환 부담을 계산하는 방식으로 산출할 수 있다. 위 사례의 경우 지방채 140억 원을 금리 2.5%로 발행해서 진행한다고 가정할 경우 원리금 상환 부담은 연간 6.6억 원(30년 만기로 가정)이 된다. 이 금액을 원아 1인당 월별 비용으로 환산하기 위해 총원 192명, 그리고 12개월로 나누어 29만 원을 얻었다. 이것이 이 단설 유치원 설립 및 운영을 위해 국민 전체가 매달 부담하는 원아 1인당 비용이다. 사실 병설 유치원은 등록 인원 10명도 안 되는 곳이 많아서 이보다 큰 경우가 많은 것으로 추정되지만 자료가 없으니 그냥 이것으로 만족하기로 한다.

공립 교원 인건비가 빠져 있다

또 다른 비용은 교원의 인건비다. 사립 유치원의 인건비 항목에는 당연히 정규직 교사들의 인건비가 포함되어 있다. 공립 유치원 회계에도 인건비 항목이 있기는 하지만 정규직 교원들의 것이 아니다. 방과 후 시간을 담당하는 기간제 교사들의 인건비만 유치원 회계에 포함된다. 원장, 원감, 정규직 교원 같은 정식 교원들의 인건비는 교육청의 인건비 계정 예산으로 처리될 뿐, 당해 유치원 회계에는 나타나지 않는다.[84] 따라서 사립과 공립 유치원의 비용을 정확히 비교하려면 교육청 회계에 포함된 공립 유치원 교원의 인건비도 포함시켜야 한다.

무슨 이유 때문인지 모르지만, 정규직 교원의 인건비 자료는 확인하기가 어려웠다. 유치원 알리미 사이트에서 각 유치원으로 찾아 들어가면 회계공시자료에 인건비 항목이 있기는 하지만 공립 유치원 회계의 인건비에는 정규직 교원의 몫이 포함되어 있지 않다. OECD의 Education at a Glance 보고서의 경우 예전에는 교원 급여 자료가 있었는데, 2024 자료에는 사라져버렸다[85]. 우리나라 공립 학교 회계의 치명적 허점인데, 어쨌든 그렇게 되어 있다. 하지만 교원 인건비를 제외한 공립 학교, 유치원의 비용 자료는 아무런 의미가 없다.

공립 유치원 교원의 인건비 데이터를 찾다가 다행히 KDI 교육예산 보고서에서 2021년까지의 데이터를 발견했다.[86] 2017년부터 5년간의 교원 인건비를 제시했는데 2021년의 인건비 총액은 32.7조 원, 교원 총수는 40.6만 명으로, 1인당 인건비는 8,071만 원이 나온다. 반올림해서 8,100만 원으로 한다. 그 후에도 이전 5년처럼 매년 2~4%씩 증가해왔을 것임이 분명하지만 확인할 수 없으니 그냥 8,100만 원을 적용하기로 한다.

표 · 우리나라 공립 학교 교원 인건비 현황

	교원 인건비 총액(조 원)	교원 수(만 명)	교원1인당 인건비(만 원)
2015	27.0	39.0	6,900
2016	27.8	39.2	7,100
2017	28.3	39.0	7,300
2018	29.1	39.6	7,300
2019	30.6	39.9	7,700
2020	32.6	40.2	8,100
2021	32.7	40.6	8,100

출처: 2021~2025 국가재정운용계획: 학령인구 감소에 따른 교육재정 효율화(용역보고서), KDI, 2021.10.31.

유치원 교사도 다른 모든 공립 학교 교사와 동일한 호봉을 적용받는다. 다만 유치원 교원은 경력이 초중고에 비해 짧을 가능성을 배제할 수 없다. 자료를 찾다 마주친 육아정책연구소의 자료에 공립 유치원 교원의 평균 근무경력이 153개월임이 나와 있었다.[87] 공립 병설의 경우 157개월, 즉, 13년이 넘었다. 이 정도라면 유치원이라

해서 다른 공립 학교 교사보다 보수가 특별히 낮을 이유가 없다는 판단이 들었다. 그래서 공립 유치원 교사의 평균 급여를 8,100만 원으로 가정하기로 한다. 월별 급여로 하면 675만 원이다.

남은 작업은 간단하다. 각 유치원의 교사 수를 원아 수로 나눈 값에 675만 원을 곱하면 된다. 결과는 평균 95.1만 원. 이 금액이 단설 유치원 원아 1인당 매월 발생하는 정규 교원의 인건비이다.

사립은 62만 원, 공립은 207만 원

공립 단설 유치원의 진정한 원아 1인당 교육비용은 앞에서 공시자료에 나타난 경상비용과 시설 투자에 따른 자본비용, 그리고 정규직 교원의 인건비, 세 금액을 합치면 된다. 그 결과는 놀랍게도 207만 원이다.

표 · 공립 단설 유치원 원아 1인당 월간 교육비

	금액(만 원)	비율(%)
경상비	82.9	40.0
설립 비용	29.0	14.0
정규직 교원 인건비	95.1	45.9
합계	207.0	100.0

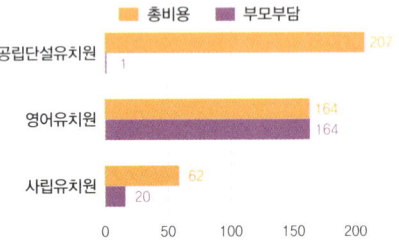

그래프 · 유치원 종류별 월간 교육비(만 원)

공립 유치원의 비용 분석을 단설 유치원만으로 한 이유는 병설 유치원의 회계공시자료에 나타나는 금액들의 현실성을 인정하기 어려워서였다. 예를 들어 전남 가거도초등학교 병설 유치원의 경우 원아 수 3명, 교사 2명인데, 2023년 지출결산액은 4억 8,911만 원이다. 원아 1인당으로는 연 1억 6,304만 원, 월간으로는 1,359만 원이어서 너무 비현실적이다. 아마도 부지를 공유하는 초등학교 회계와 겹치는 금액 때문 아닌가 추측해보지만 확인할 방법은 없었다. 이런 이유로 병설 유치원 회계자료에 대한 직접적인 분석은 포기했다.

하지만 다음과 같은 정황을 고려해볼 때, 병설의 원아 1인당 비용은 단설보다 훨씬 더 클 것으로 보인다. 첫째, 단설 유치원의 비용 자료를 분석해보면 원아 수가 많아질수록 원아 1인당 교육비는 작아짐을 보여준다. 아래 그림은 원아 수 100명을 넘어서면 월 평균 150~200만 원 수준으로 비슷한 수준을 유지하는 반면, 100명 이하 작은 유치원의 경우 원아 수가 적을수록 1인당 교육비가 급격히 치솟음을 확인할 수 있다. 50명 미만의 경우는 350만 원을 넘는 경우도 있다.

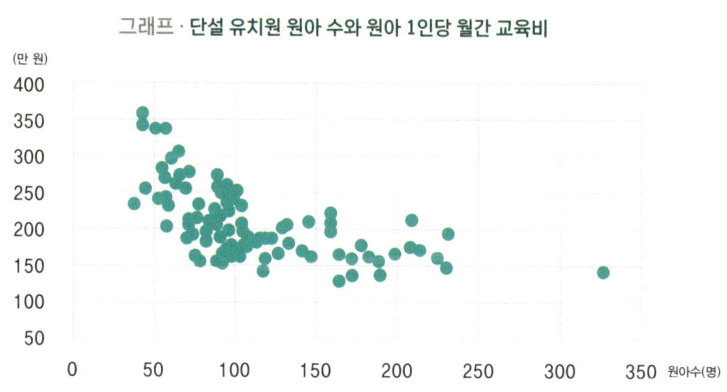

그래프 · 단설 유치원 원아 수와 원아 1인당 월간 교육비

그런데 병설 유치원은 단설에 비해서 원아 수가 비교도 안 될 정도로 적다. 병설 유치원의 경우 10인 미만이 51%로 절반을 차지하며 대부분 50인 미만이다. 50인 이상은 7.9%에 불과하다. 반면 단설 유치원의 경우 50인 미만은 2%로 찾아보기 힘들다. 100인 이상이 거의 60%이다. 사정이 이러니 병설 유치원의 원아 1인당 비용은 높을 수밖에 없다. 단설 유치원의 사례를 보면 50인 미만의 경우 350만 원까지도 나왔는데, 병설은 심지어 10인 미만이 절반을 차지하니 아마도 그것을 훨씬 넘는 비용이 발생하고 있을 가능성이 크다. 결론적으로 공립 유치원은 원아 1명의 교육을 위해 평균 최소 207만 원을 쓰고 있다. 그리고 그것은 대부분 국민의 세금 부담이다.

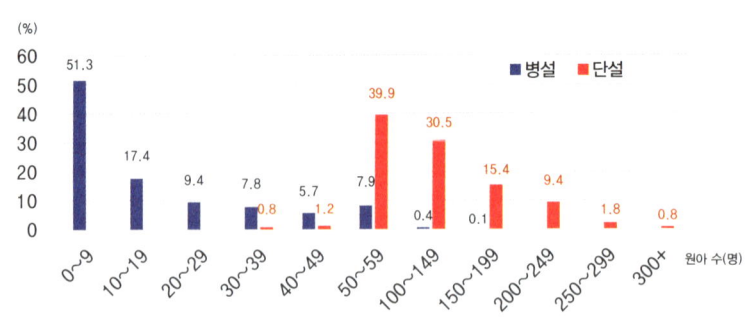

그래프 · 공립 단설 및 공립 병설 유치원의 원아 수 분포

공립 유치원의 이 금액을 많은 사람들이 사교육이라며 안 좋게 생각하는 영어유치원, 비인가 국제학교, 사립 초등학교 등과 비교해보자.

다음의 표는 필자가 AI 도구인 Gemini Deep Research를 시켜서

조사한 영어유치원, 비인가 국제학교(초등과정), 그리고 사립 초등학교의 연간 등록금 상황이다.[88] 영어유치원은 연간 1,970만 원, 월별로 하면 164만 원이다. 국제학교의 경우 연간 3,410만 원, 월간으로는 284만 원, 사립 초등학교는 연간 1,660만 원, 월간 138만 원이다. 국민경제의 관점에서 볼 때 공립 유치원은 평균적으로 영어유치원, 사립 초등학교보다는 훨씬 더 비싸고 국제학교보다는 돈이 덜 든다. 하지만 원아 수 10인 미만 병설 유치원이라면 국제학교보다 훨씬 더 큰 돈을 쓰고 있을 가능성이 높다.

표 · 영어유치원, 비인가국제학교, 사립초등학교 비용 비교

	연간 학비(만 원)	월간 학비(만 원)
영어유치원	1,970	164
비인가국제학교(초등)	3,410	274
사립초등학교	1,660	138

그렇더라도 교육의 질이 매우 높다면, 다시 말해서 공립 유치원에서 배운 아이들이 엄청난 미래역량을 쌓아서 졸업한다면 투자 가치를 인정할 수 있다. 하지만 수많은 공립 유치원이 정원의 절반도 못 채운다는 것은 학부모들이 공립 유치원 교육이 자녀의 미래에 별로 도움이 되지 않는다고 생각함을 반영한다. 우리나라 교육재정과 공교육 시스템에 근본적 개혁이 필요함을 말해주는 현상이다.

제8장

붕괴 중인 공교육, 수요자 중심 대수술 시급하다

    대한민국 공교육 시스템이 총체적 위기에 직면했다는 경고음이 교육계 안팎에서 요란하게 터져 나오고 있다. "학교는 잠자는 곳, 공부는 학원에서 한다"는 학생과 학부모의 냉소적인 평가는 더 이상 일부의 이야기가 아니다. 교실에서는 무기력하게 엎드려 잠을 청하는 학생들이 부지기수이며, 이는 공교육의 존재 이유에 대한 근본적인 질문을 던지게 한다. 경제적 여유가 있는 학부모들은 주저 없이 자녀를 고액의 영어유치원이나 국제학교로 보내고 있으며, 이러한 '교육 망명' 현상은 매년 그 수가 가파르게 증가하는 추세다. 통계청 자료에 따르면 최근 5년간 국제학교 재학생 수는 약 30% 증가했으며, 영어유치원 시장 규모 역시 지속적으로 확대되고 있다. 이는 공교육에 대한 기대치가 얼마나 낮아졌는지를 단적으로 보여준다.

    학교를 떠나 자퇴를 선택하거나 홈스쿨링으로 눈을 돌리는 학생들 또한 유의미하게 늘고 있어, 공교육 시스템에 대한 불신이 임계점을 넘어서고 있음을 시사한다. 교육부 통계에 따르면 학업 중단

학생 수는 매년 증가 추세이며, 이들 중 상당수는 현행 학교 시스템에 대한 부적응과 불만을 이유로 꼽는다. 한때 우수 인재들이 몰리며 치열한 경쟁률을 자랑했던 교육대학교의 인기가 급전직하한 것도 이러한 위기 상황을 방증하는 중요한 지표다. 최근 주요 교대의 수시 전형 내신 합격선이 눈에 띄게 하락한 것은 교사가 더 이상 선망의 직업이 아니며, 학생과 학부모로부터 존중받지 못하는 현실과 무관하지 않다는 분석이 지배적이다. 교권 침해 사례가 빈번하게 발생하고, 교사들의 사기저하가 심각한 수준에 이르렀다는 현장의 목소리도 끊이지 않는다.

위기의 현주소: 잠자는 교실, 무너지는 교권

공교육 현장의 위기는 어제오늘 일이 아니지만, 최근 그 양상은 더욱 심각해지고 있다. 가장 두드러진 현상은 '잠자는 교실'이다. 다수의 학생이 수업 시간에 집중하지 못하고 잠을 자거나 스마트폰을 만지는 등 수업과 무관한 행동을 하는 모습은 이미 일상화되었다. 이는 단순히 학생들의 학습 의욕 부족 문제로 치부할 수 없다. 근본적으로 학교 수업이 학생들의 흥미와 지적 호기심을 자극하지 못하고, 입시 중심의 주입식 교육에서 벗어나지 못하고 있기 때문이라는 지적이 많다. 학생들은 학교 수업을 통해 얻을 수 있는 것이 없다고 판단하고, 부족한 잠을 보충하거나 사교육을 통해 필요한 지식을 습득하는 시간을 보내는 것이다. 실제로 한 교육 시민단체의 설문조사에 따르면, 고등학생의 60% 이상이 학교 수업 시간에 '자주 또는 가끔 잠을 잔다'고 응답했으며, 그 이유로는 '수업 내용이 지루해서' '어차피 학원에서 다 배우는 내용이라서' '쉬는 시간이 부족해서' 등을 꼽았다.

이러한 현상은 교권 추락과도 깊이 연관되어 있다. 교사가 수업에 대한 열정과 전문성을 발휘하기 어려운 환경이 조성되면서, 학생들은 교사를 존중하지 않고 수업을 경시하는 풍조가 만연하게 되었다. 학부모들 역시 공교육에 대한 기대치가 낮아지면서 학교와 교사에 대한 불신을 노골적으로 드러내는 경우가 많아졌다. 일부 학부모의 악성 민원과 교권 침해 행위는 교사들의 정당한 교육 활동을 위축시키고, 교육 현장을 떠나게 만드는 주요 원인이 되고 있다. 전국교직원노동조합(전교조)의 보고서에 따르면, 최근 3년간 교권 침해 상담 건수는 매년 10% 이상 증가했으며, 특히 학부모에 의한 폭언, 협박, 수업 방해 사례가 두드러졌다. 교사들은 교육자로서의 자긍심을 잃고 극심한 스트레스에 시달리고 있으며, 이는 결국 교육의 질 저하로 이어지는 악순환을 낳고 있다. 심지어 일부 교사들은 학생이나 학부모와의 갈등을 피하기 위해 적극적인 생활지도를 포기하거나 문제 학생을 방치하는 등 소극적인 태도를 보이기도 한다.

더욱 심각한 문제는 이러한 위기 상황이 특정 지역이나 학교에 국한된 것이 아니라 전국적으로 확산되고 있다는 점이다. 과거에는 교육열이 높은 대도시나 특정 학군에서 주로 나타났던 문제들이 이제는 농어촌 지역의 소규모 학교에서도 빈번하게 발생하고 있다. 이는 대한민국 공교육 시스템 전체가 구조적인 한계에 봉착했음을 의미하며, 더 이상 땜질식 처방으로는 해결할 수 없는 지경에 이르렀음을 보여준다. 공교육 정상화를 위한 근본적인 성찰과 대대적인 수술이 필요한 시점이다.

근본 원인: 공급자 중심의 낡은 틀

이러한 공교육 위기의 근본 원인은 무엇일까? 교육 전문가들은 이구동성으로 교육 수요자인 학생과 학부모의 변화된 요구와 시대적 흐름을 국가 주도의 획일적이고 경직된 공교육 시스템이 전혀 따라가지 못하는 데서 비롯됐다고 진단한다.

과거 산업화 시대에 대량의 표준화된 인재를 양성하는 데 초점을 맞췄던 공교육의 틀은 4차 산업혁명 시대를 살아갈 미래인재에게 필요한 창의성, 비판적 사고력, 협업능력, 그리고 글로벌역량을 키워주기에는 역부족이다. 특히, 자녀 교육에 대한 관심과 정보 수준이 높아진 젊은 학부모들은 기존의 암기식, 주입식 교육 방식에 강한 불만을 제기하며, 자녀가 국제적인 감각과 실질적인 문제해결능력을 갖춘 인재로 성장하기를 바란다. 그러나 현재의 공교육 시스템은 이러한 기대를 충족시키지 못하고 있다. 국가수준 교육과정은 여전히 지식 전달 위주로 구성되어 있으며, 교과서 내용은 현실과 동떨어져 있거나 지나치게 이론 중심이라는 비판이 끊이지 않는다.

교사 사회의 변화에 대한 소극적인 태도와 집단적인 저항 역시 문제의 심각성을 더하는 요인이다. 국제학교나 영어유치원이 제공하는 학생 중심의 토론식 수업, 프로젝트 기반 학습, 다양한 체험 활동 등 양질의 교육 프로그램을 공교육 현장에 도입하려는 시도는 번번이 좌절되곤 한다. 이는 새로운 교육 방식에 대한 이해 부족, 추가적인 업무 부담에 대한 거부감, 그리고 기존의 안정적인 시스템을 유지하려는 관성 때문이라는 분석이 많다. 대다수 교사가 새로운 교육 방법론을 학습하고 적용하는 데 시간과 노력을 투자하기보다는, 익숙한 방식으로 수업을 진행하는 것을 선호하는 경향이 있다는 비판에서 자유롭기 어렵다.

　교원 평가 제도가 실질적인 변화를 유도하지 못하고 형식적으로 운영되는 것도 교사들의 안일함을 부추기는 요인으로 작용한다. 승진이나 보상 시스템이 수업의 질이나 학생들의 성장보다는 경력이나 행정업무능력에 더 큰 비중을 두는 것도 문제다.

　결국, 학교는 지식을 탐구하고 미래를 설계하는 역동적인 배움의 공간이 아닌, 단순히 상급학교 진학을 위한 수단이나 졸업장을 받기 위해 마지못해 다니는 곳으로 전락하고 말았다. 학생과 학부모의 다양하고 수준 높은 교육 수요를 충족시키지 못하는 학교와 교사는 점차 교육 현장에서 신뢰를 잃고 무시당하는 존재가 되었으며, 이는 교권 추락이라는 안타까운 결과로 고스란히 이어지고 있는 것이다. 교사 스스로가 변화를 거부하고 전문성 신장에 소홀하다면, 교육 수요자로부터 외면받는 것은 어쩌면 당연한 귀결일지도 모른다. 교육 당국 역시 이러한 문제점을 인지하고 있음에도 불구하고, 교원 단체의 반발이나 정치적 부담을 이유로 근본적인 개혁을 주저하고 있다는 비판도 제기된다.

학교 vs. 학원: 극명한 현실 격차

공교육의 위기는 대한민국 교육의 또 다른 축인 사교육 시장의 상황과 비교해보면 그 심각성이 더욱 극명하게 드러난다. 학교 수업 시간에는 절반 가까운 학생들이 잠을 자거나 딴짓을 하며 집중하지 못하는 반면, 고액의 수강료를 지불하는 학원에서는 대부분의 학생이 눈을 빛내며 적극적으로 수업에 참여한다. 이는 단순히 강제성이나 통제력의 차이에서 비롯된 현상이 아니다. 학생과 학부모가 사교육에 더 큰 가치와 효용성을 느끼고 있기 때문이다. 사교육 시장은 철저하게 수요자의 요구에 맞춰 움직인다. 최신 입시 경향을 분석하여 맞춤형 커리큘럼을 제공하고, 스타 강사들은 뛰어난 강의력과 학생 관리 능력으로 높은 인기를 누린다.

2009년 한국교육개발원(KEDI)이 전국 고등학생 1만 335명을 대상으로 실시한 '학교 교사와 학원 강사에 대한 학생 평가' 설문조사 결과는 이러한 현실을 적나라하게 보여준다. 학생들은 학교 교사보다 학원 강사가 수업 전문성(학교 교사 4.37점 vs. 학원 강사 4.96점), 대입 준비 효과(3.72점 vs. 4.92점), 수업 만족도(3.68점 vs. 4.72점), 수업 열의도(4.37점 vs. 5.01점) 등 대부분의 항목에서 더 뛰어나다고 평가했다.

심지어 학생과의 의사소통(3.67점 vs. 4.82점), 학생 의견 존중(3.74점 vs 4.79점), 나아가 인성 함양(3.38점 vs. 3.72점) 측면에서조차 학원 강사가 학교 교사보다 낫다는 충격적인 응답이 나올 정도였다.[89]

10여 년이 지난 지금, 이러한 격차는 더욱 벌어졌을 것이라는 게 교육계의 중론이다. 최근의 비공식적인 조사들에서도 학생들은 여전히 학원 수업의 질과 효과에 대해 학교 수업보다 높은 점수를 주고 있으며, 특히 입시 관련 정보력과 전략적인 지도 능력에서 큰 차이를 느낀다고 응답하고 있다.

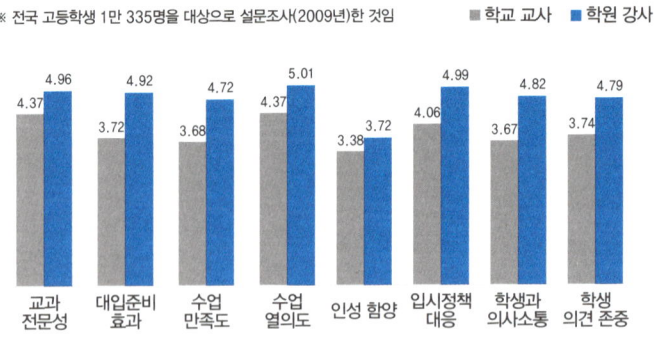

그래프 · 고교생들이 평가한 학교 교사와 학원 강사(항목당 7점 만점)

출처: 한국교육개발원 자료를 〈조선일보〉에서 재인용

한 유명 입시 전문가는 "학교 교사들은 분명 우수한 학력을 바탕으로 방대한 지식을 보유하고 있지만, 이를 학생들의 눈높이에 맞춰 효과적으로 전달하고 학습 동기를 부여하는 수업능력은 부족한 경우가 안타깝게도 많다"고 꼬집었다. 그는 "과거 외고 수업을 참관한 적이 있는데, 심지어 학원에서 뛰어난 강의력으로 명성을 얻어 스카우트된 선생님들조차 학교라는 시스템 안으로 들어오자 수업의 질이 현저히 떨어지는 것을 목격했다. 학원에서 그토록 열정적이고 효과적으로 가르쳤던 분들이 왜 학교에서는 변하는 것일까? 아마도 학교는 수업을 치열하게 준비하고 끊임없이 발전시키려는 내부적인 동기 부여나 치열한 경쟁 분위기가 부족하기 때문일 것"이라고 지적했다.[90] 학교의 경직된 조직 문화와 과도한 행정 업무 부담 역시 교사들이 수업 연구에 집중하기 어렵게 만드는 요인으로 작용한다.

실제로 다수의 대형 학원에서는 강사 간 상호 수업 참관 및 평가를 정기적으로 실시하고, 최신 입시 정보와 학습 자료를 공유하며, 효과적인 교수법을 함께 연구하는 시스템을 경쟁적으로 갖추고 있다. 학생들의 수강 후기는 즉각적으로 강사 평가에 반영되며, 이는 강사들에게 끊임없는 자기계발의 압박으로 작용한다. 반면, 공교육 현장에서는 열심히 수업을 준비하고 새로운 교육적 시도를 하는 교사가 오히려 동료들 사이에서 '유난스럽다'는 시선을 받거나 소외감을 느끼는 경우가 있다는 안타까운 증언도 심심치 않게 나온다. 낮은 평가를 받은 교사에 대한 실질적인 불이익이나 체계적인 역량 강화 지원이 미흡하고, 몇 주간의 형식적인 연수만으로 면죄부를 받는 시스템 또한 문제로 지적된다.

사교육 시장의 전문가들은 학원 강사들이 학생들의 냉정한 선택을 받지 못하면 곧바로 시장에서 도태될 수밖에 없다는 절박함 때문에 끊임없이 학생 입장에서 고민하고, 강의 내용을 개선하며, 학생들과의 소통에 힘쓴다고 말한다. 학생들은 자신의 학습 목표와 수준에 맞는 강사의 수업을 자유롭게 선택할 수 있고, 학원은 철저한 수준별 반 편성과 맞춤형 학습 관리를 통해 교육 효과를 극대화하려 노력한다. 이러한 '선택의 압력'과 '생존경쟁'이 바로 사교육 강사들의 전문성과 경쟁력을 끊임없이 담금질하는 핵심 동력이라는 것이다.[91] 반면, 공립 학교 교사들은 특별한 과오가 없는 한 정년이 보장되는 안정적인 지위를 누리며, 학생이나 학부모의 직접적인 선택 압력에서 비교적 자유롭다. 이러한 구조적 차이가 교사들의 변화와 혁신에 대한 적극성을 저해하는 중요한 요인이라는 분석은 설득력을 얻고 있다.

예산은 충분, 문제는 시스템

역설적이게도 공교육의 위기가 이토록 심화하는 가운데, 교육에 투입되는 예산은 지속적으로 증가하고 있다. 저출생 현상으로 학령인구가 급격히 감소하면서 학생 수는 매년 줄어들고 있지만, 내국세의 일정 비율(20.79%)과 교육세 전액으로 구성되는 지방교육재정교부금 등 교육 관련 예산은 법적으로 자동 증가하는 경직된 구조를 가지고 있기 때문이다. 이에 따라 학생 1인당 교육 예산은 오히려 급증할 것으로 예상된다. 실제로 교육부와 한국교육개발원의 자료에 따르면, 2023년 기준 학생 1인당 공교육비는 초등학교 1,717만 원, 중학교 1,999만 원, 고등학교 2,163만 원에 달하며, 이는 OECD 평균을 훨씬 상회하는 수준이다.[92] 이러한 막대한 재정 투입에도 불구하고 공교육의 질이 개선되지 않고 있다는 것은 심각한 문제다.

그러나 현재와 같이 교육 수요자의 요구를 외면한 공급자 중심의 비효율적인 시스템이 유지된다면, 아무리 막대한 예산이 투입되더라도 학생들의 잠재력을 깨우고 교육의 질을 실질적으로 높이는 데 효과적으로 사용되지 못하고 밑 빠진 독에 물 붓기처럼 낭비될 우려가 매우 크다. 잠자는 교실에 아무리 많은 돈을 쏟아붓고, 최첨단 기자재를 구비한들 학생들의 학습 동기를 유발하지 못하고 교사들의 변화를 이끌어내지 못한다면 무슨 소용이 있겠는가.

실제로 일선 학교에서는 사용되지 않는 고가의 스마트 기기들이 창고에 쌓여 먼지만 뒤집어쓰고 있거나, 보여주기식의 단발성 행사나 사업에 예산이 소모되는 사례가 비일비재하다는 지적이 끊이지 않는다. 교육 예산의 배분과 집행 과정에서의 투명성과 효율성을 높이고, 성과 기반의 예산 시스템을 도입해야 한다는 목소리가 높아지는 이유다. 예산 집행의 우선순위가 학생들의 실질적인 교육 활동 지원보다는 학교 시설 개선이나 교원 복지 향상에 맞춰져 있다는 비판도 제기된다.

진정으로 교육의 질을 높이기 위해서는 예산 투입의 방향을 근본적으로 재검토하고, 학생들의 학습 경험을 풍부하게 하고 교사들의 변화 의욕을 불러일으키는 데 더 많은 자원이 투입되어야 한다.

대전환의 길: 수요자 중심 교육개혁 5대 과제

그렇다면 침몰 직전의 대한민국 공교육을 살릴 근본적인 해법은 무엇인가? 교육 전문가들은 더 이상 좌고우면하며 시간을 허비해서는 안 되며, 공교육 시스템을 철저히 '수요자 중심'으로 전환하는 대수술을 감행해야 한다고 강력히 촉구한다. 이를 위한 구체적인 5대 개혁 과제를 제시한다.

첫째, 젊은 학부모의 눈높이와 미래사회의 요구에 부응하는 국가 교육과정의 전면적인 개편이 시급하다. 21세기 핵심역량인 비판적 사고력, 창의력, 소통능력, 협업능력은 물론, 글로벌 시민 의식, 디지털 리터러시, 도전정신, 문제해결능력, 끈기 및 회복탄력성을 효과적으로 길러주는 방향으로 교육의 패러다임을 근본적으로 전환해야 한다. 이를 위해 기존의 지식 전달 위주 교육과정에서 벗어나, 학생 참여 중심의 프로젝트 기반 학습(PBL), 토론 수업, 탐구 활동, 체험 학습 등을 대폭 확대해야 한다. 또한, 영어유치원이나 국제학교가 가진 몰입형 외국어 교육 프로그램, 다양한 문화 체험 활동, 개별 맞춤형 학습 지원 시스템 등의 장점을 공교육에 과감히 도입하고, 단순 지식 암기와 정답 찾기 중심의 낡은 교육 방식에서 과감히 벗어나야 한다.

교육 내용과 방법에 혁신 없는 교육개혁은 공염불에 그칠 뿐이다. 예를 들어, 코딩 교육을 단순히 프로그래밍 언어를 가르치는 수준에서 벗어나, 컴퓨팅 사고력을 기반으로 실생활의 문제를 해결하는 프로젝트 중심으로 운영하고, 역사 교육은 단순 연대기 암기가 아닌 사료 분석과 토론을 통해 역사적 사건의 의미를 다각적으로 해석하는 능력을 키우는 데 초점을 맞춰야 한다.

둘째, 평가 방식의 근본적인 혁신이 필요하다. 초·중·고 전 과정에 걸쳐 객관식 선다형 위주의 평가에서 과감히 탈피하여, 학생의 고등 사고능력을 측정할 수 있는 논술형·서술형 평가, 과정 중심 평가, 포트폴리오 평가 등을 대폭 확대해야 한다. 국제 바칼로레아(IB) 프로그램처럼 학생의 깊이 있는 탐구능력, 비판적 분석력, 창의적 문제해결능력, 그리고 자기주도적 학습능력을 종합적으로 평가하는 시스템의 단계적 도입을 적극 검토해야 한다.

교사에 대한 평가 역시 기존의 연공서열 중심의 형식적인 평가에서 벗어나, 수업 전문성, 학생과의 소통능력, 생활지도역량, 동료 교사와의 협력 등을 종합적으로 평가하는 다면 평가 시스템을 강화하고, 그 결과를 교사의 전문성 신장 지원, 인센티브 제공, 그리고 부적격 교원 퇴출과 실질적으로 연계해야 한다.

공정하고 신뢰도 높은 평가 시스템은 교육의 질을 담보하는 핵심 기제다. 학생 평가는 결과 중심의 줄 세우기식 평가가 아니라, 학생의 성장 과정을 지원하고 학습 동기를 부여하는 형성 평가 기능을 강화해야 하며, 교사 평가는 처벌이나 통제의 수단이 아니라 전문성 개발을 지원하고 자긍심을 높이는 방향으로 설계되어야 한다.

셋째, 유치원과 학교 현장의 자율권을 대폭 확대하고, 동시에 학생과 학부모의 학교 선택권을 실질적으로 넓혀야 한다. 국가수준 교육과정은 핵심적인 가이드라인과 최소한의 기준만 제시하고, 구체적인 교육 내용의 구성, 교수·학습 방법의 선택, 예산 집행 등 학교 운영 전반에 관한 사항은 각 학교가 지역사회의 특성과 학생들의 필요에 따라 자율적으로 결정할 수 있도록 권한을 대폭 이양해야 한다. 학생들은 자신의 능력, 적성, 흥미, 그리고 필요에 따라 원하는 교육 프로그램을 제공하는 학교를 자유롭게 선택할 수 있어야 한다. 이렇게 되면 학교는 자연스럽게 학생과 학부모의 다양한 요구에 부응하는 특색 있고 경쟁력 있는 교육 프로그램을 개발하고, 교육 서비스의 질을 높이기 위해 끊임없이 노력하게 될 것이다. 학교 간 건강한 경쟁은 공교육 발전의 촉매제가 될 수 있다.

회계 관리 방식 또한 현재의 중앙집권적이고 경직된 에듀파인 시스템을 통한 실시간 감시·통제 방식에서 벗어나, 스웨덴처럼 연 1회 공인회계사에 의한 투명하고 전문적인 외부 감사 방식으로 전환하여 단위 학교의 재정 운영 자율성과 책무성을 동시에 높일 필요가 있다. 학교운영위원회의 실질적인 권한을 강화하여 학부모와 지역사회의 학교 운영 참여를 확대하는 것도 중요하다.

넷째, 학교 재정 지원 방식을 근본적으로 혁신하여 '스쿨바우처(School Voucher)' 제도로의 전환을 적극적으로 검토해야 한다. 현재처럼 정부가 학교에 직접 예산을 일괄적으로 지원하는 공급자 중심 방식에서 벗어나, 학생 개인에게 교육비를 지원하는 바우처(교육 상품권)를 지급하고, 학생이 특정 학교(공립이든 사립이든)에 등록하면 그 바우처 금액만큼 해당 학교에 정부 예산이 지원되는 수요자 중심 방식으로 전환하는 것이다. 이렇게 되면 공립 학교 역시 등록한 학생 수에 비례하여 예산을 지원받게 되므로, 학생과 학부모의 교육적 수요에 더욱 민감하게 반응하고 교육 프로그램의 질과 다양성을 높이기 위해 필사적으로 노력할 수밖에 없다. 이는 학교 간의 건전한 경쟁을 촉진하고, 교육 서비스의 질을 획기적으로 향상시키는 강력한 유인이 될 수 있다.

이미 스웨덴, 덴마크, 네덜란드, 칠레 등 여러 국가에서 다양한 형태의 스쿨바우처 제도를 성공적으로 도입하여 운영하고 있으며, 이를 통해 공교육의 경쟁력 강화와 교육 형평성 제고라는 두 마리 토끼를 잡고 있다는 평가를 받고 있다. 스웨덴의 경우, 1990년대 초반 바우처 제도 도입 이후 공립 학교와 독립 학교(사립 학교의 일종) 간의 경쟁이 활발해지면서 교육의 질이 전반적으로 향상되었으며, 학생과 학부모의 학교 선택권 및 교육 만족도가 크게 높아진 것으로 보고된다.

물론, 바우처 제도 도입 시 발생할 수 있는 학교 서열화 심화, 교육 불평등 확대, 특정 계층 학교로의 쏠림 현상 등 부작용에 대한 우려도 존재한다. 따라서 제도 설계 시 학교 정보 공개 강화, 학교 입학 전형의 공정성 확보 등 보완 장치를 마련하는 것이 필수적이다. 또한, 바우처 제도의 적용 범위(예: 유아교육 단계 우선 도입 후 점진적 확대)와 방식에 대한 충분한 사회적 논의와 시범 운영을 거쳐 신중하게 추진해야 한다.

다섯째, 공립 유치원 및 공립 학교의 회계 투명성을 획기적으로 강화하고, 교육 투입 비용 구조를 현실적이고 정확하게 파악해야 한다. 현재 공립 학교 회계에는 인건비와 운영비 등 경상적 경비만 주로 반영되고 있어, 학교 시설 설립 비용과 정규직 교원의 실제 인건비가 회계에서 빠져 있어, 실제 투입되는 교육 비용을 정확히 알기 어렵다. 이는 사립 학교와의 공정한 비용 비교를 어렵게 만들고, 공교육 예산의 효율적인 배분과 사용에 대한 객관적인 평가를 저해하는 요인이 된다. 따라서 사립 학교와 동일한 회계 기준을 적용하여 설립 관련 비용과 정규직 교원의 총 인건비 등을 회계 항목에 명확히 포함시켜야 한다. 이를 통해 공립과 사립 간의 교육 비용을 제대로 비교·분석할 수 있고, 공립 교육에 실제로 얼마나 많은 재원이 투입되고 있는지 국민들이 정확히 파악할 수 있도록 해야 한다. 이는 교육 예산의 효율적인 사용을 유도하고, 교육 재정 운영의 투명성과 책무성을 높이기 위한 필수적인 선결 조치다.

스웨덴, 덴마크도 하는 스쿨바우처 제도: 성공 사례와 시사점

공교육 혁신의 한 방안으로 주목받는 스쿨바우처 제도는 이미 여러 국가에서 다양한 형태로 시행되며 교육 수요자의 선택권을 확대하고 교육의 질을 높이는 데 기여하고 있다는 평가를 받고 있다. 특히 스웨덴과 덴마크는 유아교육 및 초등교육 단계에서 성공적으로 바우처 제도를 운영하는 대표적인 국가이다.

스쿨바우처 제도는 국가나 지역 정부가 학생에게 교육비를 직접 지원하는 대신, 학생이 원하는 학교(공립 또는 사립)를 선택하면 해당 학교에 학생 수에 비례하여 정부 지원금이 지급되는 시스템이다.

이러한 제도는 학생과 학부모에게 폭넓은 학교 선택권을 부여하고, 학교 간 경쟁을 통해 교육 서비스의 질을 향상시키는 것을 목표로 한다.

유아교육 및 초등 단계에서 바우처 제도를 도입하여 운영 중인 대표적인 국가는 다음과 같다.

*스웨덴: 이 나라의 바우처 제도는 '돈이 학생을 따라간다'는 원칙에 기반한다. 모든 아동은 1세부터 유아교육기관(förskola)에 등록할 권리가 있으며, 부모는 공립 또는 민간(독립) 유아교육기관 중 원하는 곳을 선택할 수 있다. 지방자치단체는 학생 수에 따라 해당 기관에 바우처 금액을 지급하며, 이 금액은 기관 운영비의 대부분을 충당한다. 부모는 소득 수준에 따라 일부 보육료를 부담하지만, 상한선이 정해져 있어 부담이 크지 않다.

초등학교(Grundskola, 6~15세 의무교육) 역시 마찬가지다. 학부모는 자녀를 거주지 관할 공립 학교뿐만 아니라 다른 지역의 공립 학교나 또는 사립 학교(Friskola)에도 보낼 수 있다. 사립 학교는 종교재단, 교육 이념을 가진 단체, 심지어 영리 기업도 설립할 수 있지만, 국가 교육과정을 따라야 바우처 금액을 받을 자격이 된다. 운영 자금은 전적으로 학생 수에 따라 지방자치단체로부터 받는 바우처로 충당된다. 이는 공립 학교와 독립 학교 간의 공정한 경쟁을 유도하고 교육의 질을 높이는 기제로 작용한다.

*덴마크: 오랜 자유학교(Friskole) 전통을 가지고 있으며, 이는 학

부모의 교육권과 학교 선택의 자유를 중시하는 문화에서 비롯되었다. 덴마크의 유아교육기관(Dagtilbud)은 대부분 지방자치단체가 운영하거나, 부모 협동조합 또는 민간 기관이 운영한다. 부모는 원하는 기관을 선택할 수 있으며, 지방자치단체는 기관 유형에 관계없이 운영비의 상당 부분을 보조금 형태로 지원한다. 부모 부담금은 소득과 연동된다.

* **네덜란드:** 헌법으로 교육의 자유를 보장하며, 공립 학교와 다양한 이념적 배경을 가진 사립 학교가 동등한 재정 지원을 받는다. 학생 수에 따라 학교 예산이 결정되는 시스템은 바우처 제도의 핵심 원리와 맞닿아 있다.

* **칠레:** 1980년대부터 바우처 제도를 도입하여 공립 학교와 민간 보조금 학교(사립 학교의 일종)에 학생당 보조금을 지급하고 있다.

* **미국 일부 주 및 도시:** 밀워키, 클리블랜드, 플로리다, 인디애나 등 일부 주와 도시에서 저소득층 학생이나 특정 조건을 만족하는 학생들을 대상으로 바우처 프로그램을 운영하고 있다.

이 외에도 여러 국가에서 다양한 형태와 범위로 학교 선택제 및 바우처와 유사한 재정 지원 모델을 채택하여 교육 시스템의 다양성과 효율성을 높이려는 시도를 하고 있다.

국가수준 교육과정과 현장 적용의 자율성

―

　스웨덴과 덴마크 모두 국가수준의 교육과정(National Curriculum)을 가지고 있으며, 모든 공립 학교와 정부 지원을 받는 사립 학교(독립 학교, 자유 학교 등)는 이 교육과정을 준수해야 한다. 국가교육과정은 학생들이 성취해야 할 핵심 목표, 가치, 그리고 지식 영역 등을 규정한다.

　그러나 중요한 점은 이러한 국가교육과정이 매우 포괄적이고 목표 중심으로 기술되어 있어, 현장 학교와 교사에게 교육 내용, 교수 방법, 평가 방식 등을 구체적으로 설계하고 적용할 수 있는 상당한 자율성을 부여한다는 것이다.

　* **스웨덴**: 국가교육청(Skolverket)이 제시하는 교육과정은 핵심 가치, 과목별 목표 및 핵심 내용 등을 담고 있다. 각 학교는 이러한 국가적 틀 안에서 자체적인 교육 계획을 수립하고, 학교의 특성과 학생들의 필요에 맞는 교육 프로그램을 개발하여 운영할 수 있다. 교사들은 교육 목표 달성을 위해 다양한 교수법을 창의적으로 활용할 수 있는 재량권을 가진다.

　* **덴마크**: 교육부(Undervisningsministeriet)가 국가교육과정의 목표와 틀을 제시한다. 각 학교는 이를 바탕으로 학교의 교육 철학과 특성을 반영한 교육 활동을 자율적으로 계획하고 실행한다. 특히 자유

학교의 경우, 특정 교육 이념이나 종교적 배경을 바탕으로 교육과정을 특색 있게 운영할 수 있는 자율성이 더욱 강조된다.

이처럼 국가수준의 명확한 교육 목표 설정과 함께 현장 학교의 자율성을 최대한 보장하는 시스템은 학교 간의 다양성과 특성화를 촉진하며, 교사들의 전문성과 창의성을 발휘할 수 있는 토대를 마련한다. 이는 스쿨바우처 제도가 단순히 학교 선택의 폭을 넓히는 것을 넘어, 교육 내용과 방법의 질적 향상을 유도하는 중요한 요소로 작용한다.

공립·사립 유치원/학교 예산 제도와 학생 수의 관계

스웨덴과 덴마크의 스쿨바우처 시스템하에서 공립과 사립(독립/자유학교) 교육기관의 예산은 기본적으로 등록한 학생 수에 직접적으로 연동된다.

* **스웨덴:** 지방자치단체는 관할 지역 내 모든 학생(공립 학교 재학생 및 독립 학교 재학생 모두 포함)에 대해 1인당 동일한 금액의 바우처(Skolpeng)를 책정한다. 이 바우처 금액은 학생의 연령, 필요(예: 특수교육 대상 학생의 경우 추가 지원) 등을 고려하여 일부 조정될 수 있지만, 기본적으로 공립과 독립 학교 간에 차별 없이 지급된다. 따라서

학교의 총예산은 '학생 수×학생 1인당 바우처 금액'을 기준으로 하되 공립 학교에 대해서는 사정에 따라 추가적 지원이 이뤄지기도 한다. 하지만 공립 유치원의 예산에서도 가장 큰 비중은 바우처 금액이다. 이는 학교가 더 많은 학생을 유치하기 위해 교육의 질을 높이고 매력적인 프로그램을 개발하도록 하는 강력한 유인이 된다. 독립학교는 학부모부터 별도의 수업료를 받을 수 없으므로, 전적으로 이 바우처 수입에 의존하여 학교를 운영해야 한다.

* **덴마크**: 유아교육기관의 경우, 지방자치단체가 운영비의 상당 부분을 학생 수에 따라 보조금으로 지원한다. 부모 부담금도 있지만, 정부 지원이 주된 재원이다. 초등 단계의 자유학교 및 사립 초·중등학교는 국가로부터 학생 수에 따라 운영비의 약 70~75%를 지원받는다. 나머지 25~30%는 학부모가 납부하는 수업료로 충당한다. 공립 학교(Folkeskole)는 전액 지방자치단체의 예산으로 운영되지만, 이 역시 학생 수를 중요한 예산 배정 기준으로 삼는다. 학생 수가 많은 학교일수록 더 많은 예산을 확보할 수 있는 구조는 학교가 학생과 학부모의 요구에 민감하게 반응하도록 만든다.

이처럼 학생 수를 기반으로 한 예산 배분 시스템은 학교가 교육 수요자의 선택을 받기 위해 끊임없이 노력하도록 만들며, 비효율적이거나 질 낮은 교육을 제공하는 학교는 자연스럽게 도태될 수 있는 시장 경쟁 원리를 교육 시스템에 도입한 것으로 볼 수 있다.

스웨덴, 덴마크 학생·학부모의 반응 및 사회적 영향

스웨덴과 덴마크에서 스쿨바우처 제도와 학교 선택제 확대에 대한 학생과 학부모의 반응은 대체로 긍정적인 것으로 평가된다.

* **학교 선택권 확대 및 만족도 증가:** 학부모들은 자녀의 특성, 교육적 필요, 또는 자신들의 교육 철학에 맞는 학교를 선택할 수 있는 기회가 확대된 것에 대해 높은 만족도를 보인다. 다양한 교육 이념과 프로그램을 가진 학교들이 등장하면서 교육 선택의 폭이 넓어졌고, 이는 전반적인 교육 만족도 향상으로 이어지고 있다는 연구 결과들이 있다. 학생들 역시 자신에게 더 잘 맞는 환경에서 학습할 수 있게 되어 학습 동기 부여 및 학교생활 적응에 긍정적인 영향을 받는 경우가 많다.

* **교육의 질 향상 노력 촉진:** 학교 간 경쟁이 심화되면서, 각 학교는 우수한 교사를 확보하고, 특색 있는 교육 프로그램을 개발하며, 학생 및 학부모와의 소통을 강화하는 등 교육의 질을 높이기 위한 다각적인 노력을 기울이게 된다. 이는 공교육 시스템 전체의 질적 수준을 끌어올리는 데 기여할 수 있다.

* **다양한 교육 모델 등장:** 학교 선택제가 활성화되면서 몬테소리, 발도르프, 종교 기반 교육, 특정 분야 특성화 교육(예: 예술, 과학) 등 다

양한 교육 철학과 방법을 가진 학교들이 설립되고 성장할 수 있는 기반이 마련되었다. 이는 획일적인 교육에서 벗어나 학생들의 다양한 잠재력을 계발할 수 있는 기회를 제공한다.

그러나 긍정적인 측면만 있는 것은 아니다. 몇 가지 우려와 비판도 제기된다.

* **학교 서열화 및 교육 불평등 심화 가능성**: 인기 있는 학교로 학생이 몰리면서 학교 간 서열화가 나타날 수 있으며, 교육 자원이나 정보 접근성이 낮은 계층의 자녀는 학교 선택 과정에서 불리한 위치에 놓일 수 있다는 우려가 있다. 스웨덴의 경우, 독립 학교의 증가가 사회경제적 배경에 따른 학교 분리(school segregation)를 일부 심화시켰다는 연구 결과도 있다.

* **학교의 영리 추구 문제(스웨덴의 경우)**: 스웨덴에서는 영리 목적 독립 학교 설립이 허용되면서, 일부 학교가 교육의 질보다는 이윤 추구에 더 집중할 수 있다는 비판이 제기되기도 한다.

* **정보 비대칭 문제**: 학부모가 모든 학교의 정보를 충분히 얻고 합리적인 선택을 하기에는 정보가 부족하거나 비대칭적일 수 있다는 문제도 있다.

이러한 문제점에도 불구하고, 스웨덴과 덴마크의 다수 국민은 학교 선택의 자유를 중요한 가치로 여기며, 스쿨바우처 제도의 기본 틀을 지지하는 경향이 강하다. 다만, 제도의 부작용을 최소화하고 교육의 형평성을 보장하기 위한 지속적인 보완 노력(예: 저소득층 학생에 대한 추가 지원, 학교 정보 공개 강화, 학교 설립 및 운영에 대한 질 관리 강화 등)이 이루어지고 있다.

스웨덴과 덴마크의 사례는 스쿨바우처 제도가 공교육 시스템에 활력을 불어넣고 교육 수요자의 만족도를 높일 수 있는 잠재력을 가지고 있음을 보여주지만, 동시에 발생 가능한 사회적 불평등 문제 등에 대한 세심한 고려와 제도적 보완 장치가 필수적임을 시사한다.

미래세대를 위한 공교육 혁신, 더 이상 선택 아닌 필수

대한민국의 미래를 짊어질 우리 아이들을 위한 공교육 시스템의 근본적인 개혁은 더 이상 미룰 수 없는 절박한 시대적 과제다. 잠자는 교실을 깨우고, 학교를 다시금 배움의 즐거움과 미래에 대한 희망으로 가득 찬 역동적인 공간으로 만들기 위해서는, 과거의 낡고 경직된 공급자 중심의 틀을 과감히 깨부수고, 교육의 주체인 학생과 학부모의 목소리에 진정으로 귀 기울이는 수요자 중심의 대전환을 이루어야 한다. 이는 단순히 교육 정책의 변화를 넘어, 우리 사회 전체의 인식과 문화의 변화를 요구하는 지난한 과정이 될 것이다.

본문에서 제시된 국가 교육과정의 혁신, 평가 방식의 개혁, 학교 자율권 및 선택권 확대, 스쿨바우처 제도 도입, 그리고 회계 투명성 강화 등은 공교육을 되살리기 위한 핵심적인 정책 방향이다. 이러한 개혁 과제들은 상호 유기적으로 연결되어 있으며, 어느 하나 소홀히 다룰 수 없다. 특히, 스쿨바우처 제도와 같은 혁신적인 정책 도입은 학교 간의 건전한 경쟁을 촉진하고 교육의 질을 획기적으로 높일 수 있는 잠재력을 가지고 있지만, 동시에 발생 가능한 부작용을 최소화하기 위한 철저한 준비와 사회적 합의 과정이 반드시 선행되어야 한다.

무너진 공교육을 방치하는 것은 대한민국의 미래를 포기하는 것과 다름없다. 지금의 위기를 혁신의 기회로 삼아, 모든 아이들이 각자의 잠재력을 마음껏 발휘하고 미래사회의 주역으로 성장할 수 있도록 지원하는 창의적이고 다양성을 존중하는 공교육 시스템을 구축해야 한다. 이는 우리 세대가 미래세대에게 물려주어야 할 가장 소중한 자산이자 책무일 것이다. 공교육 회생을 위한 사회적 대타협과 담대한 실천이 그 어느 때보다 절실한 시점이다. 더 이상 지체할 시간이 없다. 지금 바로 행동에 나서야 한다.

원아 수에 연동되는 스웨덴 공립 유치원의 예산 구조

스웨덴 공립 유치원의 예산 구조는 우리나라와 상당히 다르다. 한국의 공립 유치원 예산이 실제 원아 수와 거의 무관하게 책정되는 반면 스웨덴에서는 지자체가 공립 사립 모두에게 원아 수에 따라 1인당 일정 금액(16만 크로나, 약 2,300만 원)을 지급한다. 원아 수 50명일 경우 800만 크로나가 된다. 사립 유치원은 이것이 수입의 전부이기 때문에 원아 1인당 비용은 연간 16만 크로나, 월별로는 1.3만 크로나, 한화로는 193만 원 정도가 된다.

반면 공립 유치원에는 사정에 따라 지자체가 50만~100만 크로나를 더 지급해준다. 그 밖에도 공립 유치원의 인건비와 시설사용료는 지자체가 직접 부담한다. 그런 비용들을 합치면 690만 크로나로 결과적으로 이 유치원의 총수입은 1,490만 크로나가 되고 그중에서 800만 크로나, 즉, 53.7%는 원아의 수에 따라 얼마든지 줄어들 수 있는 부분이다. 사정이 이렇기 때문에 스웨덴에서는 사립뿐 아니라 공립 유치원도 부모의 선택을 받기 위해 치열한 노력을 할 수밖에 없다.

그래프 · 스웨덴 유치원 예산 구조 비교: 공립 vs. 사립(원아 수 50명 기준, 크로나)

항목	사립 유치원	공립 유치원
총 바우처 수입	800만	800만
추가 지자체 예산	0	50~100만
총 운영 가능 예산	800만	850~900만
인건비 (5명 교사, 3명 보조)	약 550만	0 (지자체 인건비 회계에 포함됨)
임대료/시설 유지비	100만	0 (지자체 소유 건물)
식자재 · 교육재료	70만	약 70만
행정 · 회계 · 보험	40만	지자체 통합 회계
예비비/이윤	40만	없음
순이익 또는 잉여 예산	약 40만	없음

*ChatGPT 도움을 받아 작성한 자료

• 근거자료

Skolverket (2020). Förskolans Finansiering – en översikt
OECD (2015). ECEC Policy Review: Sweden
Stockholm Stad Budgetdokument, 2021–2023
Björklund, A. & Sahlgren, G. (2017). School vouchers in Sweden: An evaluation, Institute of Economic Affairs

제9장

거꾸로 간
K-유치원
바우처[93]

우리나라의 유아교육, 더 나아가서는 공교육 전체가 수요자 지향적으로 전환되어야 한다. 그것을 위해 교육 재정은 바우처의 형태로 학부모에게 직접 지급해야 한다. 회계적으로는 정부가 공사립을 막론하고 원아 수, 학생 수에 일정액의 1인당 바우처 금액을 곱해서 유치원과 학교에 지급하는 방식이다.

교육 예산을 공립 학교로 주지 말고 학부모에 주자

노벨상을 수상한 경제학자, 밀턴 프리드먼이 스쿨바우처 제도를 주장한 이유는 공립 학교의 무능함을 해결하기 위해서였다.[94] 1950년대 미국은 이미 교사의 무관심, 학교폭력이 심각한 지경으로 치닫기 시작한 시기였다. 하지만 사립 학교는 그렇지 않았다. 학부모의 선택을 받지 못하면 문을 닫아야 하는 속성 때문에 어떻게든 문제를 해결하기 위해 노력한 결과다. 바우처는 공립에 사립의 속성을 가미하기 위한 방안으로 제시되었다. 공립 학교도 학부모의 선택을 받기 위해 사립처럼 변화하라는 것이 스쿨바우처가 교육자들, 교사들에게 요구하는 바였다. 말하자면 공립의 사립화를 추구하는 수단이라 할 수 있다.

많은 나라들이 이 제도를 택했다. 스웨덴은 가장 철저하게 바우처 제도를 운영하는 나라다. 국공립, 사립을 막론하고 모두 바우처를 적용한다. 미국의 차터스쿨(Charter School), 영국의 아카데미스쿨(Academy School)도 바우처의 변형된 형태들이다.

우리나라의 초중고등학교는 바우처의 무풍지대 속에서 안주해왔다. 학군제를 기본으로 하는 데다가 지원금은 학생의 선택과 무관하게 학교로 직접 지급된다. 학생이 줄어든 곳에는 지원금이 오히려 더 늘어난다. 학교의 수입이 학생 수와 비례하는 바우처 제도와는 정반대의 구조이다. 필자는 이 같은 재정적 안이함이 공교육 붕괴의 중요한 원인 중 하나로 작용했다고 본다.

그러는 가운데에서도 유일하게 유아교육 단계에서는 2009년부터 사립 유치원과 어린이집에 대해서 바우처 제도를 적용해왔다. 하지만 매우 불완전한 상태에 머물러 있고, 바우처 제도의 본래 취지에 가까워질 기미도 보이지 않는다. 공립 유치원을 실질적으로 대상에서 제외시켰다는 사실 자체가 바우처의 취지를 거스른다. 더욱 큰 문제는 이 제도의 도입과 더불어 사립 유치원들의 자율권이 심각하게 훼손되었다는 점이다. 제도의 원래 취지인 공립의 사립화가 아니라 그 반대인 사립의 공립화가 진행되어왔다. 이렇게 된 데에는 한국의 지식인 정책결정자, 그리고 한국인 다수가 바우처의 취지를 제대로 이해 못 하기 때문이라고 생각한다.

이 장에서는 우리나라의 유아교육 바우처 제도의 현황을 살핀 후 그것이 바우처 제도의 본래 취지에서 어떻게 벗어나 있으며, 어떠한 변화가 필요한지를 밝히고자 한다.

한국 유아교육-보육 바우처의 구조

바우처란 일종의 쿠폰 또는 상품권 같은 것이다. 현금처럼 무엇이든 살 수 있지는 않지만 정해진 용도 안에서는 마음대로 쓸 수 있다. 이 책에서 다루는 유아교육 바우처는 인가된 유치원 또는 어린이집에서는 어디서든 쓸 수 있는 데빗카드(Debit Card) 또는 상품권 같은 성격의 수단이다.

유아교육 바우처는 일종의 스쿨바우처인데 제2회 노벨상 수상자인 밀턴 프리드먼 교수가 1955년에 처음 제안했다.[95] 그 전까지 어느 나라든 공립 학교는 정부로부터 비용 일체를 직접 지원받는 것이 당연했다. 프리드먼은 그 돈을 학교가 아니라 바우처의 형태로 학부모에게 주고 학교는 그것을 받아서 쓰게 하자고 제안했다. 공립 학교들의 안일한 행태를 바꾸기 위한 정책 제안이었다. 당시로서는 매우 충격적인 아이디어였다. 70년이 지난 현재도 우리나라에서 공립 학교가 나라에서 직접 지원을 못 받고 학부모가 건네는 바우처를 받아서 써야 한다면 받아들일 사람이 많지 않을 듯하다.

그래서 우리나라는 초중고등학교 모두 바우처 제도가 적용되지 않는다. 공립 학교의 경우 교원 인건비는 국가가 직접 지급하며 나머지 운영예산은 사전에 정한 기존에 따라 부족함 없이 지급된다. 학교 입장에선 학생이 납부하는 등록금은 없어도 그만이다. 모자라면 어차피 국가가 채워주기 때문이다. 사립 학교는 일반 사립과 자립형 사립이 다른데, 자립형 사립은 학생의 등록금으로 모든 비용을 충당하며, 원칙적으로 정부 지원은 없다. 일반 사립 학교의 경우 공립과 거의 비슷하다. 사립임에도 등록금이 공립과 같은 수준에서 규제되기 때문에 손실이 불가피하지만, 정부가 재정결함보조금이라는 이름으로 부족분을 채워준다.

대부분 초중고에 있어 학생의 선택권은 인정되지 않는다. 재정 결함에 대한 지원은 학생이 아니라 학교에 대한 지원이다. 일부 선택이 허용되는 사립 초등학교나 자립형 사립고의 경우 정부의 재정지원은 없기 때문에 비용은 학생(학부모)자신이 부담한다.

특이하게도 3~5세 유아들에 대해서만은 '누리과정 지원금' '유아학비 지원금' 또는 '보육료'라는 이름으로 부분적으로나마 바우처 제도가 작동해왔다. 필자는 이를 유아교육 바우처라는 이름으로 부르겠다. 그리고 여기서 잠시 우리나라의 유아교육-보육 제도의 구조에 대해서 되짚어보자.

부모들이 이 나이의 아이들을 맡기는 기관은 크게 유치원과 어린이집, 그리고 사설 학원으로 나뉜다. 유치원은 교육부의 감독을 받는 공식 학교이고, 어린이집은 보건복지부 감독하의 아동돌봄 기관이다. 학원은 제도권 밖에 있다. 부모들이 흔히 영어유치원이라고 부르는 곳은 법적으로 학원이다. 유아교육 바우처는 유치원과 어린이집의 학부모에게 지급된다.

우리나라 유아교육 바우처의 가장 큰 특징은 공립 유치원은 제외한 채, 사립 유치원 및 어린이집 학부모에게만 적용된다는 사실이다. 프리드먼의 바우처는 공립 학교를 적용대상으로 했다. 즉, 바우처를 통해 구태의연한 공립 학교들을 사립 학교처럼 학생과 학부모의 수요에 적극적으로 반응하도록 만들고자 한 것이다. 그러나 우리나라의 유아교육 바우처는 공립은 배제한 채 사립 유치원과 민간 어린이집에만 적용된다. 구체적 내용을 살펴보자.

아이가 사립 유치원 및 어린이집에 등록할 경우 정부가 매월 35만 원을 해당 학부모에게 지급한다.[5] 공립 유치원 학부모의 경우는 15만 원으로 작은데,[6] 이들 유치원은 결국 거의 모든 비용을 국가가 부담하므로 누리과정 지원금의 크기가 큰 의미를 가지지 않는다. 한편 부모가 가정에서 직접 돌보는 경우는 나이에 따라 월 10만 원 또는 15만 원의 양육수당이 지급된다.

이 지원금 중 사립 유치원 및 어린이집 등록자에게 지급되는 월 35만 원이 바우처에 해당한다. 각 부모는 전체 유치원비와의 차액만큼만 부담하면 된다. 그 차액은 대개 10~30만 원 정도이다. 바우처

---

[5] 사립의 경우 오전부터 오후 1시까지의 누리과정 지원금 28만 원, 그 이후의 방과 후 과정비 7만 원. 국공립은 누리과정 지원금이 10만 원, 방과 후 과정 지원금이 5만 원이다.

[6] 누리과정 지원금 10만 원 + 방과 후 과정 지원금 5만 원

가 가지는 가장 큰 의미는 학부모의 선택이 기관의 수입과 직결되도록 하는 것이다. 이 월 35만 원 지원금은 원생 숫자만큼 유치원 또는 어린이집의 수입이 되기 때문에 바우처로서의 성격을 가진다.

그런 면에서 본다면 공립 유치원 등록자에게 지급되는 15만 원은 바우처라 할 수 없다. 이 금액을 얼마로 하든, 등록한 원아의 숫자가 몇 명이든 국공립 유치원은 어차피 정부가 대부분 비용을 채워주게 되어 있다. 그들이 스스로 조달하는 수입은 학부모로부터 특별활동비 등의 이름으로 받는 월 1, 2만 원 정도에 불과하다. 15만 원이라는 지원금이 있든 없든 국공립 유치원의 수입에는 거의 변동이 없기 때문에 형식은 바우처더라도, 실질적 효과는 예산 직접 지원 방식이다. 반면 사립 유치원은 원아 1인당 35만 원씩이 늘거나 줄어든다. 그것이 바우처 제도의 본질이다.

이처럼 사립 유치원과 어린이집에는 바우처 제도가 적용되고 있는데, 그 사실을 인식하지 못하는 경우가 많다. 즉, 월 35만 원이라는 돈은 학부모에게 지급되었음에도 불구하고 유치원 및 어린이집에 대한 지원으로 착각한다. 부모들은 그럴 만하다. 당사자들이 직접 돈 계산을 하지 않기 때문이다. 해당 지원금은 부모들과 무관하게 유치원이 교육청에 원생 수대로 신청해서 정산하는 방식으로 작동한다. 원아 수가 10명이면 350만 원, 20명이면 700만 원이 유치원 계좌로 입금되며, 학부모는 그 돈을 보지 못한다. 궁극적으로는 학부모가 매월 자기에게 주어지는 월 35만 원을 해당 유치원에 납입하는 것이지만, 그 과정에 본인이 직접 개입하지 않기 때문에 그렇다는 사실을 깨닫지 못하게 된다.

바우처 방식의 유아무상교육 도입 이후 나타난 변화

─

유아교육-보육에의 바우처 도입은 1991년부터 시작되었다. 저소득층 유아의 돌봄비용을 지원하면서 그 방식을 바우처로 택했다. 그 후 유아의 보육 또는 교육에 대한 정부 지원은 계속 확대되었고, 2011년에는 소득 하위 70%까지 지원대상에 포함되었다. 바우처의 사용량도 그와 비례해서 증가했지만, 그것이 어린이집과 유치원의 보육 및 교육방식에 큰 영향을 주지 않았다. 아마 교육이 아니라 복지정책 차원에서 이뤄진 일들이었기 때문으로 보인다.

2012년부터는 복지가 아니라 무상교육 차원에서 유아에 대한 지원이 이뤄지기 시작했다. 그해에는 부모의 소득과 관계없이 만 5세아 전원에게 월 20만 원의 지원이 시작됐고, 2013년에는 3~5세아 모두에게 지원금이 확대되었다. 그러면서 우리나라의 유아교육-보육계는 커다란 변화를 맞이하게 된다.

가장 즉각적인 것은 교육과정의 변화이다. 이전에도 유치원에는 국가가 정한 표준유아교육과정, 어린이집은 표준보육과정이 있기는 했지만, 누구나 수긍할 만한 내용들이어서 유치원이나 어린이집 현장에 큰 구속으로 작용하지는 않았다. 하지만 2012년부터는 '누리과정'이라는 이름의 공통교육과정이 들어왔고, 모든 유치원과 어린이집이 의무적으로 이를 따라야 했다. 교육 내용을 신체운동, 의사소통, 사회관계 등 5개 영역으로 나눠 구체적 시행방식 등이 명시되어 있다. 현장의 자율성을 극도로 제약한 것은 세세한 실행방식을 제시한 '지도서'였다. 매일 5시간으로 프로그램이 구성되고 그중 1시간은 바깥 놀이를 해야 한다는 등의 내용도 들어 있다(이윤진 외, 2014).

표 · 유아무상교육 시작 이후 교육과정 변화

구분	2012년	2013년 3월			
		만 5세	만 4세	만 3세	만 0~2세
유치원 (교육부)	교육·보육과정 유치원교육과정 (5세 누리과정/ 만 3~4세 교육과정) ⇒	5세 누리 과정	4세 누리 과정	3세 누리 과정	–
어린이집 (복지부)	표준보육과정 (5세 누리과정/ 만 3~4세/2세/2세 미만)	(교육부·복지부 공동)			만 2세 미만 및 2세 표준 보육과정 (복지부)

출처: 최은영(2016), 누리과정 시행 이후의 유아교육재정 변화 및 향후 과제, 열린유아교육연구, vol 21 no 1,51-68

이런 변화는 유치원과 어린이집에 서로 다른 영향을 주었다. 그 전까지 다양한 교육, 수요지향적 교육을 제공해오던 사립 유치원들은 획일적 누리과정으로 전환하지 않을 수 없었다. 몬테소리, 발도르프, 숲유치원 등 저마다 다른 프로그램을 포기하든가 또는 누리과정의 틀에 맞춰 변형시켜야 했다. 주로 돌봄을 위주로 하는 어린이집, 특히 소규모의 가정 어린이집의 경우 교육이라고 불릴 만한 활동의 내용이 상대적으로 적었는데 누리과정 의무화로 보다 유치원 교육에 더 가까워진 측면이 있다. 어린이집 중에서도 규모가 큰 곳의 경우, 사립 유치원들처럼 교육 내용이 많았는데 누리과정으로 그 특색이 줄어들었다고 봐야 한다. 우리나라의 유아무상교육은 바우처 방식의 취지와는 반대로 획일적 유아교육의 출발점이 되었다.

운영방식, 특히 회계 문제도 큰 변화를 겪게 되었다. 공립 유치원의 경우 학교 회계 기준에 따라 자금 출납을 기록한 반면, 사립 유치원은 바우처가 도입되기 전까지는 특별한 틀이 없었다. 일반 회계 방식을 따르는 곳도 있었고, 아예 장부 기록을 하지 않는 곳도 있었다. 바우처 방식의 무상교육이 도입되면서 이들에게도 실질적으로 공립 유치원과 같은 회계 운영이 요구되었다.

회계 감시는 온라인 회계시스템인 에듀파인의 의무화로 완성되었다. 유치원의 모든 개별 지출들이 이것을 통해 기안, 결재, 지출의 단계를 거치며, 관련 공무원들이 실시간으로 상황을 모니터할 수 있다. 2019년 원아 200인 이상인 원부터 시작했고 2020년에는 모든 사립 유치원들로 확대되었다.[96] 그로 인해 회계업무가 폭발적으로 증가했음은 물론이고, 물건을 구입할 때도 공무원들이 공무에 사용하는 나라장터를 이용해야 할 정도가 되었다. 일반 마트보다 값이 더 비싼 데도 그렇다. 사실상 관청이나 공립 학교처럼 되었다고 봐도 된다. 사립 유치원장들이 이 조치가 위법하다며 소송을 제기해서 헌법재판소까지 갔지만 2021년 현재는 에듀파인 의무화를 합헌으로 판결했다.[97]

가장 큰 변화는 대다수 사립 유치원들이 비리 집단으로 매도되기 시작했다는 사실이다. 필자가 매도라는 단어를 쓴 것은 횡령 등 그들에 대해 비난하는 포인트가 대부분 불법이 아니기 때문이다.[98]

유치원에 대한 본격적 감사는 2012년 3월부터 누리과정의 도입 직후부터 시작되었다. 첫 감사부터 대다수의 대상들이 비리 혐의로 지적을 받았다. 당연히 언론에 대서특필이 시작되고, 일반 대중의 눈에 사립 유치원은 비리 집단으로 비쳐지기 시작했다.

  감사의 주된 지적사항들의 핵심은 유치원의 돈을 소유자 개인적 용도로 지출했다는 것이다. 마치 공적 자금을 사적으로 유용한 행위, 즉, 횡령인 것처럼 비쳐졌다. 하지만 문제가 된 사립 유치원들은 대부분 법적으로 법인이 아니라 개인 소유 재산이다. 따라서 자기 돈을 자기가 쓴 것이니 횡령이 될 수 없다. 그런데 공무원들이 일종의 자영업자인 사립 유치원을 법인처럼 간주해서 그 돈의 씀씀이를 횡령으로 지적했고, 언론도 그렇게 보도했다.

  교육청 측도 자신들의 무리를 인정했는지, 횡령이 아니라 누리과정 지원금을 다른 용도로 전용한 부분으로 초점을 바꿨다. 하지만 그 부분 역시 불법이 아님은 사법부의 판결로 가름이 났다. 난처하게 된 교육청 공무원들은 결국 고발이 아니라 언론 플레이로 방향을 틀었다. 박용진 의원 같은 사람은 불법이 아닌 행위를 불법으로 만들기 위한 법을 만들기까지 했다.

  이처럼 사립 유치원의 운영에는 많은 제약들이 가해졌지만, 또 다른 한편으로는 유치원과 어린이집의 수입이 늘었고, 그에 따라 새로 설립되는 유치원, 어린이집들도 많아졌다. 유아들의 기관 이용률이 늘어났기 때문이다. 만 5세 아의 경우 2012년 81.1%이던 기관 이용률은 다음해인 2013년에 96.1%로 높아졌다. 그에 따라 사립 유치원 중에서 원비를 올리려는 곳도 많았던 모양인데,[99] 정부가 인상률을 물가상승률에서 규제하면서 그럴 가능성은 사라졌다.

  무상보육 바우처 제도는 원아의 증가에 따른 유치원 및 어린이집 숫자 증가라는 효과와 더불어 획일적 누리과정, 에듀파인을 통한 실시간 회계 감시, 사립 유치원 비리 집단으로 낙인찍기라는 부정적 변화를 가져다주었다.

바우처의 이상에 비추어본 한국 유아교육 바우처의 현실

밀턴 프리드먼 교수가 바우처에 의한 학교 선택을 제안한 이유는 공립 학교의 무기력함을 해결하기 위함이었다. 미국의 공립 학교들이 학업성취도는 떨어지고 학교폭력은 심각해져가는 상황이었다. 프리드먼은 정부와 공무원들, 교사들의 교육 독점에 있다고 보고 바우처와 학교선택제를 통해 그것을 깨고자 했다.[100] 무상교육의 재원을 학교가 아니라 바우처의 형태로 학부모에게 주는 방식을 제안했다. 그는 그런 선택 압력이 학교와 교사들의 태도 변화를 가져올 것이고 학생과 학부모의 선호를 반영한 학교 교육의 혁신도 이뤄질 것으로 봤다. 교육 내용의 혁신뿐 아니라 비용 절감도 기대되었다.

바우처라는 점에서는 같지만 약간 다른 방향에서 제안한 사람이 크리스토퍼 젠크스(Christopher Jencks)이다.[101] 그는 형평성을 중시했고, 학부모 선택에 따른 부작용 방지책을 가미했다. 구체적으로는 저소득층에게 양질의 교육을 받을 정도의 충분한 금액을 보장해야 하며, 학교가 학생을 받을 때 저소득층이나 소외 계층을 차별하지 못하게 하는 장치를 둘 것으로 제안했다.

이 두 가지를 학교 바우처 제도의 이상적 기준으로 삼아, 우리나라의 유아교육-보육 바우처는 어떤 상태인지 평가해보자. 우선, 우리나라에서 젠크스가 우려했던 일은 거의 벌어질 가능성이 없다. 저소득층은 그보다 상위계층에 비해서 특별대우를 받는다. 사립 유치원의 경우 누리과정 지원금 외에 15~20만 원 정도의 추가 비용을 징수하는데, 저소득층은 그것이 부담되어 사립에 보내지 못할 수도 있다. 정부는 이런 경우에 대비해서 사립 유치원에 다니는 법정 저소득층 유아에게는 추가로 월 15만 원을 지원하기 때문에(2022년), 저소득층이라 해도 돈이 없어서 유치원에 못 보내는 경우는 거의 없다고 봐야 한다.[102] 한편 미국처럼 유치원 입학에서의 차별이 이뤄진 사례는 아직 보고된 바 없다. 즉, 우리나라 유아교육 바우처 제도는 젠크스의 이상을 충분히 만족하고 있는 셈이다.

이상과 거리가 먼 측면은 선택을 통한 공급자의 태도 변화, 그것을 통한 교육 혁신이라는 부분이다. 오히려 바우처가 공급자를 반대 방향으로 몰아갔다. 바우처의 원래 의도 중 하나는 무능한 공립 학교를 변화시키는 데에 있었다. 하지만 우리나라 유아교육 바우처 제도는 공립 유치원을 실질적으로 그 대상에서 배제하고 있다. 공립 유치원 교사의 급여는 교육청에서 직접 지급하며, 필요한 예산도 직접 지원된다. 형식적으로는 원아 1인당 15만 원의 누리과정 지원금이 지급되는 형태를 취하지만, 어차피 수입이 모자라면 교육청이 채워주기 때문에 바우처 수입금의 크기가 의미를 가지지 않는다.

이는 유아교육법의 취지에도 정면으로 배치된다. 동법 제24조는 취학 직전 3년의 유아교육은 무상으로 하되, 그 비용은 유아의 보호자에게 지원함을 원칙으로 한다고 규정하고 있다.[103] 공립이든 사립이든 유치원에 대한 지원이 아니라 학부모에 대한 지원이 원칙이라는 말이다. 그러나 현실에서 바우처는 사립 유치원에 아이를 보내는 경우에만 적용되고, 공립 유치원은 필요한 재원을 거의 전액 국가예산에서 지급받는다. 물론 급식비나 특별활동비 명목으로 월 1~2만 원 정도를 내는 경우가 있지만 공립 유치원의 예산 규모에 비추면 미미한 수준이다. 현재의 바우처 제도는 유아교육법조차도 제대로 지키지 않고 있다.

물론 공립이라 해도 선택 압력, 경쟁 압력을 전혀 느끼지 않는 것은 아니다. 부모는 공사립을 막론하고 자기 아이에게 맞는 곳을 선택한다. 그래서 바우처 방식이 아닌 공립도 정원을 채우지 못할 수 있다. 그렇더라도 사립처럼 재정적 결함이 생기지는 않지만 여론의 압박 등 여러 가지 불편한 점이 생길 수 있다. 원아 수가 5인 미만으로 줄면 공립 유치원이라도 문을 닫을 수 있다. 실제로 인천교육청의 경우 2023년 8월 27일 현재 공립 유치원이 190개인데 지난 3년간 26개가 최소인원을 채우지 못해 문을 닫은 결과이다.[104]

공립 유치원도 어느 정도는 학부모의 선택 압력을 느낀다는 사실은 사립 유치원 원아에 대한 추가 지원을 놓고 벌어지는 공립과 사립 사이의 갈등을 통해서도 확인할 수 있다. 사립 유치원 학부모들은 누리과정 지원금과 실제 원비와의 차액인 10~30만 원 정도를 자비로 부담해야 하는데, 인천, 충남 등 일부 지방에서는 그중 상당 부분을 정부가 부담해서 공립 유치원처럼 거의 무상교육으로 만들어 줬다. 교육감이나 도지사 선거 과정에서 그런 공약들이 등장하기 때문이다.

안 그래도 공립은 사립과 비교해서 학부모 수요 충족에 소극적인데, 비용상 이점마저 사라지니, 원아 모집이 더욱 어려워질 수밖에 없다. 그래서 전교조 등 공립 유치원 교사들은 사립 유치원 부모들에게 더 이상 지원하지 말라고 교육청에 강력하게 항의하는 방식으로 대응해왔다. 이는 공립 유치원들도 학부모의 선택을 놓고 사립측과 경쟁을 인식하고 있음에 대한 정황적 증거가 된다. 하지만 그 압력의 크기는 바우처 제도가 원래 의도하는 선택 압력, 즉, 사립 유치원들이 느끼는 압력과는 비교도 할 수 없을 정도라고 봐야 할 것이다. 공립 유치원을 바우처에서 배제한 것은 바우처의 취지에서 벗어난 일이었다.

한편 사립 유치원들은 바우처 제도가 원래 의도했던 방향과 정반대의 상황을 맞이했다. 학생, 학부모 지향적인 혁신이 촉진되기 대신 오히려 공립화, 획일화를 요구받아왔다. 원래 사립 유치원은 상당한 교육의 자유를 누려왔다. 국가 수준의 '유치원 교육과정'을 지켜야 하긴 했지만 유아교육자라면 누구나 따르는 추상적 원칙 정도였기 때문에 자율성에 거의 제약으로 작용하지 않았다. 그 덕분에 촘촘한 국가수준 교육과정의 제약을 받는 초중고등학교와는 달리 사립 유치원에서는 매우 다양한 교육 프로그램들이 운영되어왔다. 몬테소리, 발도르프, 숲유치원 등 잘 알려진 프로그램들은 그 다양성의 극히 일부에 불과하다. 이는 유치원의 자율성과 아이들이 다양성을 반영한 학부모 선택의 결과였다고 보면 된다. 제대로 된 바우처 제도라면 그 다양성을 공립으로 확산하는 노력에 나섰어야 한다. 하지만 2012년부터 시작된 바우처 방식의 무상교육은 모든 유치원을 공립으로 만들려는 듯 교육 내용의 획일화, 통제와 감시 일변도로 나아갔다.

이미 언급했던 누리과정부터 그렇다. 5개의 영역으로 된 교육의 원칙에는 누구나 동의하겠지만 그것의 실행을 위한 세세한 지침서는 현장의 융통성을 박탈했다. 개별 유치원이 처한 상황과 무관하게 매일 1시간의 바깥 놀이 의무 같은 내용도 그렇다. 2019 개정누리과정 이후에는 어느 정도 현장의 자율성이 확대됐지만 여전히 공립 유치원처럼 하기를 요구 받는 분위기는 크게 달라지지 않았다고 한다.

한편 정부 온라인 회계전산망인 에듀파인은 사립 유치원의 일거수일투족을 감시하는 수단이 되어버렸다. 교육행정전산망인 나이스 체제의 도입까지 예고되어 있다. 사립 유치원들은 교육 내용과 회계를 넘어서 직원 인사 등 거의 모든 행동을 실시간으로 감시·통제받게 될 것이다. 정치적으로 항의하고 저항할 만도 하지만 이제는 범죄 집단으로 낙인찍혀 그조차도 제대로 하지 못하는 상태가 되었다. 사립 유치원 경영자 정금숙[105]의 발언은 그가 처한 현실을 다음과 같이 전해주고 있다(정금숙은 한국사립 유치원협의회 교육혁신위원장이기도 하다).

"과거 유치원별로 특색 있는 교육과 철학으로 다양하고 창의적인 교육을 해왔다고 하면 지금은 초중고와 같이 공통되고 획일적인 틀에 가두고 따라오기만 하라는 식으로 변질되고 있습니다. 실제 사례로 사립 유치원은 공립 유치원과 마찬가지로 처음학교로, 정보공시, 에듀파인 등 각종 시스템을 의무적으로 사용하고 있습니다. 아이들은 방과 후에 유치원 앞에 장사진을 친 각종 학원 차에 올라 어디론가 사라집니다. 유치원에서 하던 방과 후 프로그램을 시간과 과목 수까지 제한하며 규제하기 때문에 예전처럼 학부모들이 유치원에 기대하는 것이 없게 되고 결국 학원행을 택하게 되는 것입니다."

바우처가 원래의 취지대로 학생 중심적 교육혁신을 촉진하려면 공사립을 막론하고 학교와 현장의 교사들에게 자율권이 허용되어야 한다. 학부모의 선택과 더불어 학교와 교사의 자유가 보장되어야 다양한 시도를 할 수 있고, 그러는 과성에서 성공적 교육 혁신이 확산될 수 있다. 교육에서 공무원이 손을 떼는 것이 성공적 바우처 제도의 핵심이다. 바우처를 한다면서 현장의 자유를 박탈하고 획일화 했기에, 선택의 의미는 사라지고, 교육혁신 촉진을 기대하기는 더욱 어려워졌다. 우리나라의 유아교육-보육 지원 제도는 바우처의 형식만 취했을 뿐 제도의 본래 취지와는 정반대 방향으로 흘러왔다.

다만 여기서 한 가지 첨언해둘 사항이 있다. 지금까지 논의한 효과는 바우처뿐만 아니라 무상교육에 따른 효과가 겹쳐 있다. 우리나라의 현실에서 바우처의 대안은 재정결함보조금 제도이다. 각 사립 학교별로 '기준재정수요'라는 것을 책정해놓고 수입과의 차액, 즉 부족분을 지원해주는 방식이다(경상남도교육청, 2022).[106] 자율형 사립고를 제외한 대부분 사립 중고등학교들이 이 방식으로 지원을 받는다.

만약 유아교육에도 바우처가 아니고 재정결함보조금 방식으로 무상교육을 시행했다면 어떻게 되었을까. 사립 유치원은 매우 빠른 속도로 공립화되어갔을 것이 거의 확실하다. 현재는 사립 유치원들이 여전히 학부모의 선택을 받아야 하기 때문에 획일화를 강요받는 와중에도 차별점을 만들어내려고 노력을 기울인다. 하지만 학부모의 선택과 무관하게 부족재원을 채워준다면 사립 유치원들은 선택을 받기 위해 차별화하려는 노력을 멈출 가능성이 높다.

이렇게 본다면 현재의 획일화·공립화 추세는 무상교육의 후폭풍이지 바우처의 역효과라고 말하기는 어렵다. 무상교육을 바우처 방식으로 했기에 그나마 사립 유치원들이 현재 정도의 다양성이나마 유지한다고 이해하는 것이 맞을 것이다. 그러나 획일적 누리과정, 실시간 회계감시 등 여러 가지가 바우처의 효과가 발휘되지 못하게 막아온 것은 분명한 사실이다.

유아교육 바우처 제도를 둘러싼 오해들

여러 가지 오해와 고정관념들이 바우처 제도를 바우처 같지 않게 만들어왔다. 첫 번째는 바우처를 통한 정부지원금의 성격에 대한 오해이다. 교육청 공무원들과 '정치하는 엄마들' 등의 시민단체, 박용진 의원 등은 바우처 금액은 정부지원금이니 교육 목적으로만 쓰여야 한다고 생각한다. 다른 목적에 쓰이면 횡령이라고 받아들인다. 하지만 이는 바우처의 속성을 부정하는 발상이다.

바우처는 학부모에게 지급한 것일 뿐이어서 그 금액을 받은 유치원은 현금을 받은 것으로 간주되어야 한다. 바우처가 없었다면 현금으로 받았을 것을 바우처로 대신 받았을 뿐이다. 따라서 현금 수입을 유치원 마음대로 쓰는 것이 횡령이 아니라면 바우처로 받은 금액도 다를 것이 없다. 동네 의원을 운영하는 의사가 보험공단에서 받은 진료비를 치료에 쓰지 않고 해외여행에 쓴다고 해서 횡령이 아닌 것과 마찬가지 원리이다. 물론 세금 계산을 위해 사업상 비용과 개인적인 비용을 구분할 필요는 있지만 그것은 세무상 문제일 뿐, 그 돈의 개인적 사용은 횡령이 될 수 없다.[107] 보험공단이 따질 것이 있다면 부정청구에 대해서이지, 그 돈을 의사가 어떻게 사용하든 관여할 바가 아니다. 한자 역시 의원에 따질 것이 있다면 치료의 수준이 기대에 못 미친다는 정도이지, 자기가 낸 진료비를 왜 진료에 쓰지 않았냐고 추궁할 권리는 없다.

사립 유치원의 돈도 마찬가지다. 대부분의 사립 유치원은 1980년대 초부터 동네 의원과 마찬가지로 자영업적 경영을 인정받아왔다. 그렇기 때문에 수십 년간 학부모로부터 현금으로 받았던 유치원비는 아무리 개인적으로 썼다 해도 횡령이 될 리 없었다. 바우처가 적용되었다 해서 그런 원리가 달라질 것이 없다.

법원도 이런 원리를 인정했다(사립 유치원, 어린이집 비리에 대한 법원 판결들에 대해서는 김정호(2021)을 참고할 것). 어린이집 원장이 남편을 운전기사로 허위등록한 후 월급과 4대보험료를 지급해서 문제가 된 사건인데 제주교육청이 해당 원장을 횡령혐의로 고소했다. 2018년 7월 대법원은 무죄취지로 파기환송했고 결국 무죄판결을 받았다. 그 근거는 다음의 문장에 잘 들어 있다.

"어린이집 원장이 영유아 보호자들로부터 지급받은 보육료와 경비는 일단 피고인의 소유가 되고 목적과 용도를 위탁한 금원에 해당한다고 볼 수 없어 횡령의 대상이 아니다."

이런 원리는 사립 유치원도 다를 수 없다. 이들은 1980년대부터 자영업적 경영이 합법적으로 인정되어왔기 때문에 바우처로 받은 금액을 어떤 용도로 쓰던 횡령의 대상이 될 수 없다.

비슷한 사건으로 유죄 판결이 난 경우도 있긴 하지만 그것은 재단 형태를 취한 어린이집에서 원장이 재단에 속한 돈을 개인적으로 쓴 경우였다. 법인이 아닌 일반 민간 어린이집, 사립 유치원의 돈은 소유자의 것이기 때문에 횡령이라는 개념이 성립되지 않는다.

그 후로도 교육청 등이 사립 유치원을 횡령 등의 혐의로 재판에 넘겼지만 번번이 무죄 판결이 났고, 결국 검찰이 기소를 하지 않는 지경에 이르렀다. 상황이 이렇게 되자 담당 공무원들은 사법부에 고소 고발을 하는 대신 언론 플레이에만 주력하게 되었다. 박용진 의원 같은 사람이 무죄로 판결되던 행위들을 유죄로 만드는 법을 발의해서 통과되었지만, 바우처 제도의 본질상 과연 유죄 판결이 날지는 알 수 없다. 이런 원리에 비추어봤을 때 정부 당국이 사립 유치원, 민간 어린이집들을 범죄 집단 취급하고, 에듀파인 등 온라인 시스템으로 이들을 실시간 모니터링하는 것은 바우처의 취지에 맞지 않다.

또 다른 오해는 정부가 지원하기 때문에 모두가 정부가 정한 커리큘럼에 따라야 한다는 발상이다. 2013년 이후 누리과정이 의무화된 것은 그런 발상의 결과물이다. 2011년 교육부가 출간한 5세 누리과정 해설서상의 제정 배경을 정리하자면 다음과 같다.

'유아교육은 성인이 된 후의 삶에도 크게 영향을 준다. 계층 간에 벌어진 유아교육의 격차를 국가가 나서서 줄일 필요도 있기 때문에 국가의 지원을 확대한다. 이런 배경하에서 만 5세 교육 보육에 대한 국가의 책임을 강화하는 〈만 5세 공통과정〉을 시행한다. 유치원 교육과정과 어린이집용 표준보육과정을 통합해서 5세 누리과정으로 일원화한다.'[108]

이 취지문에는 바우처 제도에 대한 이해가 전무하다. 왜 모든 유치원이 획일적으로 동일한 교육과정을 해야 하는지에 대한 설명이 없다. '정부지원=정부가 정한 동일한 내용'이라는 식의 고정관념이 한국 사회 전반에 고착된 결과인 듯하다.

바우처는 다양성과 창의적 혁신을 취지로 한다. 유치원과 어린이집에 좋은 교육의 예시를 제시하는 것은 좋지만, 모두에게 동일한 교육을 강요하는 것은 교육을 퇴행시키는 행위일 뿐이다.

바우처에 대한 또 다른 오해는 교육학자들의 학술논문에서 주로 발견된다. 이들은 바우처 도입의 전제 조건으로 완전경쟁시장이 필요하다는 논지를 편다. 예를 들어 김연명과 김송이는 무수한 공급자와 수요자, 서비스의 동질성, 진입의 자유, 완전정보 등이 갖춰져야 바우처가 성공할 수 있는데 현실은 그렇지 못하기 때문에 우리나라에서는 이 제도가 적합치 않다는 취지로 논문을 썼다.[109]

결론부터 말하자면 완전경쟁시장은 바우처의 전제조건이 아니다. 바우처가 아닐 경우보다 더 나은 결과를 가져오는 정도로도 충분하다. 우리나라의 현실에서 바우처의 대안은 사학재정결함보조금이다. 육아정책연구소의 박창현 박사 등도 유치원에 대해서 궁극적으로는 바우처 대신 사학재정결함보조금으로 가야 한다고 주장한다.[110] 그렇게 되었다면 사립 유치원들은 거의 완전히 공립화되었을 것이다. 유치원들이 사학재정결함보조금 방식보다 바우처 방식에서 학부모의 선택 압력을 더 느낀다면 바우처는 의미를 가진다. 언급된 여러 조건이 갖춰지면 효과가 더 크겠지만 그렇지 않다 해서 바우처를 배격해야 할 필요는 없다.

한편 숙명여대 교육학과 송기창 교수는 또 다른 전제조건을 제시한다.[111] 선택할 수 있는 유치원이 가까운 지역에 많이 있어야 하고, 유치원에 대한 정보가 적절히 제공되어야 한다. 원아의 숫자가 줄면 폐원이 이뤄질 수 있어야 한다. 국공립과 사립 사이에 교육비 차가 없어서 동등한 조건의 경쟁이 가능해야 한다. 바우처 외에 기관지원비가 없어야 한다 등이다. 송기창 교수는 현실에서 이 조건들이 충족되지 않기 때문에 바우처가 적절치 않다는 취지의 논지를 편다.

각각의 조건에 대해서 그 타당성을 생각해보자. 가까운 지역에 경쟁 관계의 유치원이 많으면 좋겠지만 그렇지 않다 해도 유치원의 교육 질에 따라 원아의 숫자가 달라진다면 바우처는 의미를 가진다. 유치원 폐원 가능성의 경우, 이미 많은 유치원들이 폐원하고 있는 상황이며 심지어 공립 유치원도 폐원하는 곳들이 여럿이어서 장애가 되지 않는다. 공사립별로 비용이 동등하면 좋겠지만 그렇지 않더라도 학부모의 선택 압력만 작용한다면 상관없다. 지금도 1인당 교육비 면에서 사립 유치원은 공립의 절반에 불과하지만 바우처를 통해서 얼마든지 경쟁이 이뤄진다. 바우처를 하지 않고 사학재정결함보조금으로 간다면 오히려 경쟁이 사라지게 된다. 마지막으로 기관지원비는 없애는 것이 좋으나, 있다고 해서 바우처를 거부할 이유가 되지는 않는다. 그런 상황에서도 바우처가 작동한다면 학부모 선택을 받기 위한 유치원들의 노력이 벌어질 것이기 때문이다.

우리나라의 유아교육-보육 바우처가 본래 취지와 반대 방향으로 흘러온 것은 여러 가지 오해와 고정관념에서 비롯되었다. 이를 고치지 않는다면 바우처 제도도 제자리를 찾기 어려울 것이다.

바우처다운 바우처를 위한 제안

―

우리나라의 유아교육 바우처를 바우처 제도의 이상에 맞게 만들기 위해선 여러 가지 제도 변화가 필요하다. 가장 손쉽게 할 수 있는 것은 정부가 통제를 멈추는 것이다. 누리과정은 느슨한 원칙 정도로 운영하고, 현장에서의 적용은 각 유치원과 교사에게 맡겨야 한다. 이와 더불어 실시간 회계 감시 시스템인 에듀파인 접속 의무를 폐지해야 한다. 회계는 공인회계사의 감사를 받아 1년에 한 번 공개하도록 하되, 지출 통제가 아닌 학부모에게 정보를 제공할 목적으로 해야 한다.

이렇게 해서 사립 유치원들이 더욱 자유롭게 교육 내용을 개발할 수 있도록 장을 열어준 후, 어떤 것이 좋을지는 학부모의 판단에 맡겨야 한다. 그것이 올바른 바우처 제도다. 정부는 유치원의 교육에 관여하기보다 학부모들의 입장에서 유치원들의 교육 내용을 평가해서 각 유치원별 장단점을 알려주는 일에 주력해야 한다. 지금도 인터넷에 유치원 알리미 사이트가 있긴 하지만 형식적이어서 학부모 선택에 별 도움이 되지 않는다. 뉴질랜드의 교육평가청(Education

Review Office)이 좋은 본보기가 될 수 있다.[112]

　둘째는 이 제도의 원래 취지대로 공립 유치원도 바우처의 대상에 포함시켜야 한다. 그러자면 공립 유치원에 대한 재정지원 제도를 근본부터 바꿔야 한다. 공무원인 직원 급여는 어쩔 수 없다 해도, 나머지 비용은 직접 지원하지 말고 모두 바우처를 받아서 해결하도록 바꿔야 한다. 그렇게 되면 공립 유치원 교사들도 학부모의 선택을 받기 위한 노력을 더 많이 하게 될 것이다.

　마지막으로 직접 지원 또는 사학재정결함보조금 방식으로 운영되는 무상교육 방식을 바우처로 바꾸길 권한다. 공교육 붕괴 현상은 기존의 공립에 대한 직접 지원 방식, 사립 학교에 대한 재정결함보조금 방식이 잘못되었음을 말해준다. 학생과 부모의 선택권이 살아있는 자립형 사립고와 민간 학원들에서는 왜 교육 붕괴 현상이 나타나지 않는지를 생각해보면 답이 나올 것이다.

　우리나라에서 초중고등학교 지원의 바우처화가 혁명적 변화일 것임은 분명하지만, 글로벌한 관점에서 교육 바우처 제도는 이미 상당히 보편화된 추세이다. 스웨덴과 노르웨이는 초중고등학교가 공사립 막론하고 모두 바우처 방식으로 운영된다. 계속 그 숫자가 증가하고 있는 미국의 차터스쿨, 영국의 아카데미스쿨도 바우처의 한 형태라고 볼 수 있다.

　만약에 기존 초중고등학교에의 실시가 부담스럽다면 대안학교들의 설립을 대폭 자유화하고, 거기에 다니는 학생부터 바우처를 지급하는 데에서 출발할 수 있다.

　이렇게 변하는 데에 가장 큰 장애는 대중의 고정관념일 것이다. 바우처는 유치원에 대한 지원금이기 때문에 국가가 철저히 용도를 감시해야 하며, 교육 내용도 철저히 통제해야 한다는 식의 사고가, 우리나라 대중과 학부모의 머릿속에서 사라지지 않는 한 공무원도 정치인도 바우처를 시도하지 않을 것이다.

제10장

유보통합이라는 이름의 획일화

　유보통합을 글자 그대로 풀면 유아교육과 보육을 통합한다는 말이다. 교육 위주인 유치원에는 3~5세 아이들이 다니고, 보육(돌봄) 위주인 어린이집은 주로 유치원 가기 전 아이들이 다니는데 둘 다 유아학교(또는 영유아학교)로 이름을 바꾼 후 모든 기관에서 1~5세 아이들을 보듬자는 취지의 정책이다. 윤석열 정부의 역점 사업으로 추진되었는데 정권이 바뀌었으니 아마도 추진 동력이 줄어들겠지만, 그래도 30년 넘게 이어져왔음을 고려할 때 여전히 중요한 정책 의제로 남을 가능성이 높다.

　문제는 유보통합이 자칫하면 아이들에게 해를 끼칠 수 있다는 점이다. 미래가 불확실한 만큼 교육은 다양해야 좋다. 다양한 시도들을 하다 보면 새로운 현실에 맞는 것이 나오기 마련이고, 다른 유치원, 어린이집도 그 모형을 따르게 된다. 거기에서 새로운 시도들이 또 나올 수 있다.

　그런 필요에 비추어볼 때 우리나라의 초중고등학교는 너무나 획일화되어 있다. 평준화와 무상교육은 대부분의 학교를 공립 학교처럼 만들어버렸다. 그런 척박한 교육환경 속에서 사립 유치원, 사립 어린이집들은 오아시스 같은 존재였다. 다양성 그 자체였다. 유아교육 무상화와 같이 시작된 누리과정은 그 다양성을 파괴해왔다. 유보통합은 더욱 큰 치명타가 될 수 있다. 이제 사립 유치원, 어린이집이 왜 그토록 다양했는지, 그리고 어떻게 획일화가 진행되어왔는지에 대해서 살펴보자.

몬테소리 유치원을 통해 본 다양성 폭발의 원리[113]

유치원과 어린이집은 법률적 유형만도 10종이 된다. 그 숫자가 8,294개인 유치원은 국립, 공립, 사립의 3종이 있고, 29,016개인 어린이집은 국공립, 사회복지법인, 민간, 가정, 직장 어린이집 등 7종이 있다. 그런데 이는 법률적 개념일 뿐이고 교육 내용으로 보면 더욱 다양하다. 사립 유치원만 봐도 몬테소리, 발도르프, 숲유치원 등 수없이 많은 종류들이 있어 왔다. 이렇게 다양할 수 있었던 이유는 아이와 부모의 수요가 다양했고, 어린이집 유치원의 설립과 운영도 매우 자유로웠기 때문이다. 그렇게 되는 과정 속으로 들어가 보자.

세계 모든 곳이 그랬듯이 우리나라도 아이를 보살피는 일은 엄마와 가족들의 몫이었다. 유아교육은 아이가 자라면서 저절로 이뤄졌다. 집집마다 나름대로의 방식대로 아이들은 길러졌고 배웠다. 그

과정에 국가가 개입할 권리도 능력도 없었다.

　이 땅에 유치원을 처음 세운 주체는 외국인 선교사들이었다. 교육을 통한 선교를 하려고 일제 초기부터 유치원을 세웠다. 해방 후에는 한국 교회들이 또 선교 목적으로 유치원을 열었다.[114] 이화여대 등에는 유아교육과가 생겼고 부설 유치원이 생겼다. 1960년대 말까지만 해도 유치원은 외국 경험이 있거나 돈 많은 집 아이들이 누리는 사치였다. 1966년의 경우 5세 아의 취원율은 2.6%에 불과했다.[115] 이 시기에 유치원을 세우고 운영한 주체들은 대부분 교회, 대학 등 비영리 단체들이었다.

　아이를 맡아주는 또 다른 주체는 탁아소였는데 집이 가난해서 엄마가 나가서 일할 수밖에 없는 경우에 어쩔 수 없이 아이를 맡겼다. 탁아소는 정부와 복지재단 등이 사회봉사 차원에서 설립하고 운영했다.

　유아교육 대중화는 경제성장의 결과물이라 할 수 있다. 경제성장으로 한국인의 소득이 늘었고, 그 돈의 상당 부분은 과외공부와 학원 보내는 데 투자되었다. 대부분 대학입시를 위함이었시만 시간이 지나면서 열풍은 학령 전 아이들로까지 퍼져나갔다. 유아교육에 대한 수요는 급증하는데 유치원 설립은 수요를 따르지 못했다. 국가는 유아교육까지 신경 쓸 여력이 없었다. 사립 유치원 설립도 원활하지 않았다. 학교와 마찬가지로 유치원도 일종의 자선사업으로 할 수밖에 없는 구조였다. 이미 비영리로 정식 유치원을 운영 중인 교회나 대학들은 유치원을 더 늘릴 여력이 없다 보니 공급이 늘지 않았다. 부모들의 유아교육 욕구를 채워주겠다고 나선 것은 학원과 무인가 유치원들이었다. 유아를 대상으로 하는 학원들이 생겨났다. 특히 미

술교육과 보육 기능을 동시에 제공하는 미술학원들이 많아졌다.[116]

　유아교육에 국가가 본격적 역할을 시작한 것은 1980년 제5공화국부터였다. 북한과의 비교 때문이었다고 한다.[117] 당시 북한은 이미 거의 모든 아이들이 유치원 같은 유아교육 시설에서 교육을 받고 있었는데 한국은 그렇지 못했다. 유아교육 시설을 빠른 시일 안에 늘리기 위해 전두환 정부는 투트랙 전략을 택했다. 농어촌 지역은 정부의 직접 투자를 통해 그 숫자를 늘렸다. 농어촌 지역 국민학교의 유휴 교실을 활용해서 공립 병설 유치원을 만들어나갔다. 새마을유아원 같은 시설을 당시 내무부가 맡아서 밀고 나갔다. 도시지역에 대해서는 민간의 활력을 활용했다. 전두환 정부는 유치원 설립과 운영을 전면적으로 자유화하고 비영리법인에게만 허용되던 유치원의 자영업적 설립과 운영을 묵인했다.[118] 그 덕분에 미술학원 등이 사립 유치원으로 전환되었고, 새로운 유치원들도 많이 생겨났다.

　다음 그림은 그 변화가 얼마나 급격했는지를 보여준다. 1980년 861개이던 사립 유치원이 1995년 4,500개를 넘어섰다. 국공립은 1980년 40개에서 1988년 4,600개를 돌파한다. 원아의 숫자는 사립의 경우 1980년 6.4만 명에서 1995년 41.4만 명으로 늘었다. 국공립은 같은 시기 2,300명에서 11.4만 명이 되었다.

　사립 유치원은 다양한 교육 프로그램을 만들어냈다. 처음에는 중구난방이었지만 원아 유치를 위한 치열한 경쟁이 유치원 교육의 수준을 높여갔다. 좋은 교육에 대한 학부모들의 요구를 채워주기 위해 사립 유치원들은 다양한 경로를 통해 선진 교육방법을 스스로 체득했고 개발해나갔다. 아이 주도적 학습방법인 몬테소리 교육이 자생적으로 확산되어가는 과정은 사립 유치원들이 교육과정 개발에 얼마나 노력을 기울이는지 잘 보여준다. 1980년대부터 이에 대한 학부모들의 요구가 생겨났고 사립 유치원 원장과 교사들 사이에서도 이 교육법을 배우려는 수요가 생겨났다. 그런 분위기 속에서 몬테소리 교육을 가르치는 교육기관이 자생적으로 생겨났다.[119]

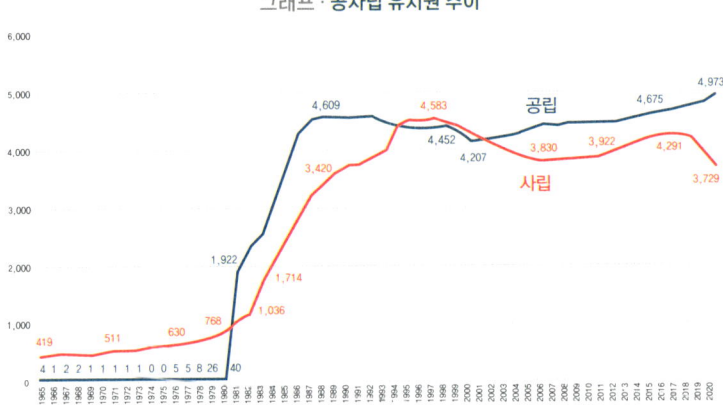

그래프 · 공사립 유치원 추이

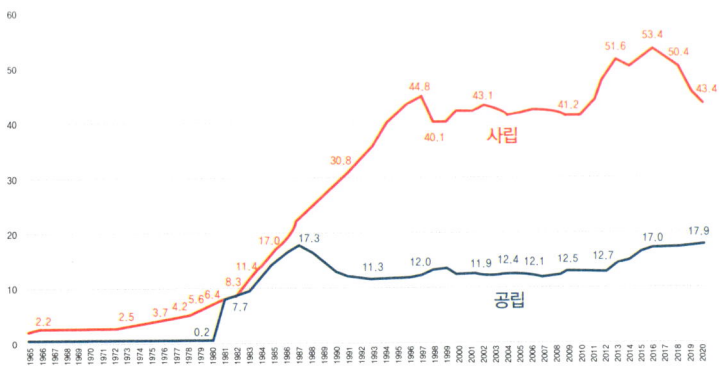

그래프 · 공사립 유치원 학생 수 추이(단위: 만 명)

1984년 한국몬테소리 교육연구소의 1년 과정 교사 양성 프로그램을 시작으로 1987년 돈보스꼬 몬테소리 교육 실천연구소, 또 같은 해에 밀알몬테소리 교사교육원이 문을 여는 등 몬테소리 교육을 전수하고 배우려는 열풍이 계속되었다. 1990년대, 7개 대도시의 2,167개 사립 유치원 중 26.2%인 568개 원이 몬테소리 교육을 실시하고 있었는데 이는 엄청나게 빠른 속도였다.

사립 유치원들은 공무원들이 지시하지 않아도 선진 교육 방법을 자발적으로 습득해서 아이들에게 제공한다. 이런 방식으로 발도르프, 레지오에밀리아, 숲유치원, 프로젝트 교육 등 다양한 커리큘럼들이 보급되어 나갔다. 아이들과 학부모의 선택을 받기 위한 치열한 노력의 구체적 모습들이다.

유아교육 교수들, 국공립 유치원 교사들, 장학사들은 사립 유치원이 학부모들의 요구를 반영해 특성화 교육을 하는 것을 사교육에 빗대곤 한다. 국가가 정한 누리과정이면 충분하다고 한다. 하지만 어느 쪽이 더 나은지는 아이의 미래 성공 여부로 판단되어야 한다. 그리고 아이의 성공과 실패를 가장 자기 일처럼 느끼는 사람은 부모다. 유아교육 교수나 교육 공무원들의 교육이론이 그 부모들의 요구보다 더 낫다고 할 수 있을까. 부모와 공무원 중 어느 쪽의 요구가 더 맞든 간에 사립 유치원들은 학부모의 다양한 요구를 반영해서 다양성의 꽃을 피웠다.

어린이집 확산도 자유화의 결과

    1980년대에 사립 유치원이 급증한 반면, 1990년대, 특히 김영삼 정부 시기에는 어린이집이 급격히 늘었다. 유치원은 교육 중심이고 어린이집은 돌봄 중심이었다. 정부의 담당부처도 유치원이 교육부 소관인 반면 어린이집은 복지부 소관이다.

    김영삼 정부가 보육시설 확대를 위해 택한 어린이집 정책은 1980년대 유치원 정책과 비슷했다. 저소득층을 위한 보육 시설은 정부가 투자하고 중산층 이상을 위한 시설은 민간이 공급하도록 제도적 틀을 만들었다.[120] 1991년 영유아보육법으로 어린이집의 종류를 현재와 같이 7개로 규정했다. 1995년부터 시작된 '보육시설 확충 3개년 계획'(1995~1997년)은 민간 보육 시설의 설치를 적극 장려했다.[121] 정부가 민간시설을 설립하는 사람들에게 국민연금 기금을 저리로 대출해주고, 그린벨트 내에도 보육시설의 신축을 허용할 정도로 공급이 장려되었다. 물론 자영업적 경영도 묵인했다.

    정책에 힘입어 1994년 6,975개이던 어린이집 숫자는 1998년 17,605개로 약 2.5배 증가하였다. 증가분의 대부분은 민간 시설이었다. 국공립 어린이집이 300여 개 증가한 데 비해, 민간과 가정 어린이집은 합쳐서 8,900여 개나 늘었다. 어린이집이 돌보는 아동의 숫자도 당연히 급증했다. 1994년 22만 명이었던 어린이집 재원 유아 수는 1998년 56만 명으로 54% 증가했다. 민간 어린이집, 가정 어린이집의 신설 장려책은 김대중 정부에서도 이어져 인가제를 신고제로 바꾸기까지 했다.[122] 보육은 기본적으로 현장마다 다를 수밖에 없다 보니 다양성은 자연스러운 모습이었다. 이런 과정을 거쳐 다양한 어린이집들이 만들어져갔다.

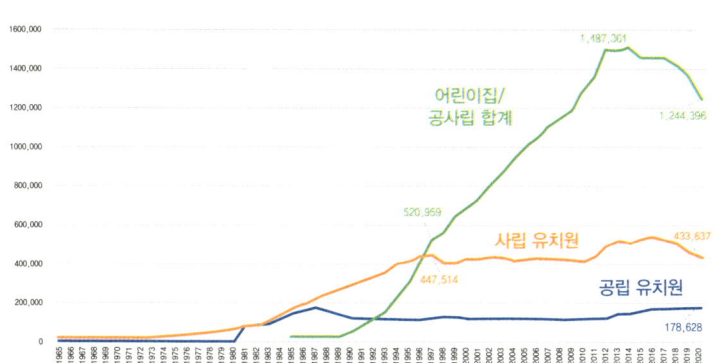

그래프 · 사립 유치원, 공립 유치원, 어린이집 원아 수 추이(만 명)

무상보육+누리과정, 획일화의 시작

유아교육에 재정 지원이 시작되면서 다양성은 훼손되어갔다. 2012년 이명박 정부는 모든 5세 아에게 매월 1인당 17.7만 원의 원비를 지원하면서 유치원과 어린이집에는 누리과정을 의무화했다. 박근혜 정부에서는 그 대상이 3, 4세로 확대되었다. 즉, 정부는 재정 지원의 대가로 모든 유아들이 동일한 내용을 학습하도록 강제했다.

무상교육이 확대될수록 유아교육의 다양성은 파괴되고 획일화는 공고해졌다.

누리과정 전에도 유아교육 및 보육에 대한 국가수준 교육과정은 있었다. 그러나 유치원과 어린이집들이 활동함에 있어서 그다지 구속을 느끼지 않았다.[123] 상식 선에서 잘 하면 되는 정도였다. 반면 누리과정은 매우 구속력이 강했고, 그로 인해 현장의 다양성은 사라져갔다. 부경대 유아교육과 이경화 교수는 누리과정이 바꿔놓은 현장의 분위기를 다음과 같이 정리해놓았다.

"누리과정이 시행된 2013년 3월 이후, 유치원과 어린이집의 교육과정 획일화 경향은 더욱 가속화되고 있다. 배경에는 국가수준 교육과정과 정부 또는 위탁체가 발간하는 교단지원자료인 《연령별 누리과정 교사용 지도서》가 자리 잡고 있다. 현장의 교사들은 지도서를 교육과정과 동격의 것으로 그리고 지도서를 최선의 모델로 오해하는 경향이 생겼다. 최소한의 기준만 제시하면 되는데, 하나의 방식만을 고수하면서 전국의 유아교육과정을 획일화시키고 있다."[124]

현장의 불만을 반영했는지, 2019년에는 교육부가 놀이 중심-아이 중심 개념의 개정 누리과정을 내놨다. 아이 중심 교육으로 치자면 사립 유치원들은 원래부터 그렇게 해왔다. 어떤 부모이든 아이 중심 교육을 원할 것이기 때문이다. 다만 그 방법은 원마다 다를 수 있을 것이다. 누리과정은 아이 중심 교육, 놀이 중심 교육조차도 국가가 정한 방식대로 하기를 강요한다.

에듀파인(EduFine: Education Finance)이라는 국가회계시스템은 사립 유치원의 국공립화, 획일화를 더욱 가속화했다. 유치원의 모든 지출을 실시간으로 일일이 이 시스템에 업로드하고, 정당성 여부를 확인받게 되는데 그야말로 실시간 감시 시스템인 셈이다. 또 다른 획일화의 사례는 물품을 조달할 때 '학교장터'와 똑같은 가격으로 하길 요구하는 규제이다. 학교장터(s2b.kr)란 공립 학교들이 물품구매 계약을 체결하는 쇼핑몰 사이트이다. 사립 유치원들이 이 사이트를 이용할 의무가 있는 것은 아니지만 가격은 여기와 같기를 요구받는다. 그 가격과 비교해서 낮아도 높아도 지적 대상이 된다. 사립 유치원들은 할인을 받을 수 있는데도 비싸게 사야 하는 처지가 되었다. 국공립 유치원들은 원래부터 그렇게 해왔다. 절약하고 값을 깎는 것이 몸에 밴 사립 유치원들로서는 이해할 수 없는 일이지만 그렇게 안 하면 회계 부정으로 지적당할 수 있을 테니 울며 겨자 먹기로 따를 수밖에 없다. 정부가 사립 유치원으로 하여금 공립처럼 낭비를 조장하는 셈이다.

2017년에는 누리과정 이후 시간의 특별활동에서 영어 교육을 금지했는데 학부모들의 반발이 커지자 다음 해에 유예조치를 했고, 유야무야되기도 했다.

유아교육에 정부 재정 투입이 늘어날수록 획일화·공립화는 심해지고, 다양성은 훼손당한다. 다시 말해서 국민의 세금을 투입할수록 아이들은 미래역량을 쌓을 기회를 상실한다.

유보통합과 다양성, 획일성

―

　유보통합이란 유치원에서 하는 유아교육 기능과 어린이집의 보육 기능을 통합하려는 정책이다. 출발선의 평등에 대한 사회적 요구를 반영한 정책이다. 어린이집은 유치원에 비해 시설도 교육 내용도 못한 경우가 많다. 아이가 3세가 되면 유치원을 갈 수도 있고 어린이집을 갈 수도 있는데 왜 어느 쪽을 선택하는가에 따라 다른 서비스를 받아야 하는가라는 문제의식이 유보통합 논의로 이어졌다. 어디를 가나 똑같은 교육을 받게 하자는 주장이다. 일리가 있는 말이다.

그래프 · **유치원과 어린이집 종류별 숫자(2024)**

유형		기관 수	비고
유치원 8,294	국립	3	교육부 직할
	공립	5,105	지자체 운영 (단설·병설 포함)
	사립	3,186	민간 및 법인 운영
어린이집 29,016	국공립	6,250	대부분 민간 위탁 운영
	사회복지법인	1,202	복지법인 운영
	법인·단체 등	551	종교·단체 등
	민간	11,000	개인, 21인 이상
	가정	8,578	소규모, 20인 이하
	직장	1,385	기업 부설
	협동	50	부모 조합형
총계		37,310	유치원 8,294 + 어린이집 29,016

출처: 2024 교육통계연보 및 〈2024년 1월 보육사업 통계〉

　유보통합에 대한 논의는 1995년 김영삼 정부 때부터 본격 시작되었는데, 구체적 성과는 이명박 정부 때 나타났다. 당시 모든 5세 아동에 대한 무상교육과 함께 누리과정을 유치원, 어린이집 모두에게 의무적으로 시행하게 한 것이 본격적 유보통합의 시작이었다. 즉, 누리과정을 통해 유치원과 어린이집의 교육 내용을 통일하고, 과정의 운영비를 양 기관에 동일하게 지급했으니 기능적으로 상당한 통합이 이뤄졌다. 하지만 관할 부처는 여전히 교육부(유치원)와 보건복지부(어린이집)로 나뉘어 있었다.

표 · 윤석열 정부의 유보통합 계획 중 기관 통합 계획

현행							⇨	개편(안)				
유치원									사립			
국립		공립		사립				국공립	지정형	일반형	가정형	직장형
어린이집												
국공립	사회복지법인	법인·단체	민간	가정	협동	직장						

(국공립) 국가와 지자체가 설립하여 직접 운영
(지정형) 사도 교육청 지정, 영유아 교육·보육 접근성·보편성 증진 및 선도적 역할 병행
(일반형) 다양하고 특색(特色)있는 프로그램 등 제공
(가정형) 영유아의 접근성 보장 목적
(직장형) 사업주가 근로자를 위해 설립·운영

유보통합을 중요한 국정과제로 채택한 윤석열 정부는 부처 통합을 가장 먼저 밀어붙여서 교육부가 유치원과 함께 어린이집도 관할하도록 했다. 아직 확실히 결정된 바는 없지만 기관의 종류도 통합할 계획이었다. 현재는 유치원 3종, 어린이집 7종으로 합계 10종인데 이것을 5종으로 줄이려는 계획을 세웠다. 교사의 자격도 통합하겠다는 취지를 밝혔다. 유치원 교사는 4년제 대졸, 어린이집 교사는 전문대졸이 많은데 지속적인 연수를 통해서 교사의 지위를 통합하

기로 방향 설정했다. 하지만 새로운 정부에서 어떻게 될지는 알 수 없는 상황이다. 특히 전교조 같은 교사 단체가 강력히 반대를 하는 상황이어서 민주당이 집권한다면 문재인 정부에서처럼 유보통합 대신 국공립 유치원 확대에 힘이 실릴 가능성이 높다.

아이들의 미래라는 관점으로 봤을 때 유치원과 어린이집 모두를 교육부 관할로 옮긴 것은 바람직하다. 보건복지부는 보육을 교육의 관점이 아니라 복지의 개념으로 접근하다 보니 지나치게 규제가 심했고, 현장에서 제 실력을 발휘하기 힘들었다.

그러나 10개의 기관을 5개로 통합해서 무엇을 얻을 수 있는지는 의문이다. 오히려 기관의 다양성을 줄여서 학부모와 유아들에게 선택의 폭만 줄어들 가능성이 높다. 어린이집의 낮은 수준이 문제라면 어린이집의 수준을 높이도록 해야 한다.

어린이집이 열악한 이유: 보육료 규제

어린이집의 진정한 문제는 통합되지 않은 데에 있지 않다. 한국어린이집총연합회 이중규 회장은[125] 어린이집 보육의 질이 낮음을 사실로 인정하면서 그렇게 된 가장 큰 원인이 비현실적 보육료 규제라고 밝혔다. 한국민간어린이집 총연합회 회장을 지낸 장진환 원장의 발언은 좀 더 구체적이다. 그는 저가 보육료가 아이들의 급식 부실, 교사들의 저임금, 그리고 보육프로그램 다양성 저해로 이어졌다고 지적했다.[126]

공립 어린이집의 경우 민간에 운영을 위탁하면서 인건비의 대부분을 보장하기 때문에 정해진 보육료만으로 운영이 가능하다. 반면 민간 어린이집, 가정 어린이집들은 현재의 보육료만으로는 적자를 면하기 힘들다.

다음 그림은 유아교육 저널인 〈베이비뉴스〉가 2018년 경기도의 한 민간 어린이집 결산자료를 바탕으로 수입과 지출을 정리한 결과다.[127] 모든 연령대에서 적자가 발생하고 있음을 확인할 수 있다. 이런 사정 속에서 좋은 교육, 보육이 나오기 어렵다.

그래프 · 경기도 모 민간 어린이집의 2018년 결산 요약

*스마트폰으로 QR코드 스캔하면 바로 접속 가능.

그러다 보니 어떻게든 수익을 내려고 특별활동비 등의 형태로 학부모로부터 돈을 걷는다. 정부는 이것마저 잡으려고 어린이집이 부모에게서 징수할 수 있는 금액의 한도를 지자체별로 매년 고시한다.

그 한도는 물론 표준보육비에 못 미친다.

　어린이집들의 재정 사정은 저출산에 따른 유아 숫자의 감소 때문에 더욱 악화되고 있다. 아이의 숫자가 줄어들수록 어린이집에 오는 숫자도 줄고 이는 바로 수입 감소로 이어진다. 반면 교사 인건비, 임대료 등 어린이 숫자와 무관하게 지출돼야 하는 것들이 많다. 어린이집들의 폐원이 급증하는 것은 아이들 숫자 자체의 감소 말고도 비현실적 보육료 통제가 큰 원인으로 작용하고 있다.

　민간 어린이집, 가정 어린이집 등 자영업 형태를 가진 곳은 폐업이라도 할 수 있지만 법인 형태로 설립한 어린이집들은 폐원도 못 한다. 가정집을 활용한 어린이집이 법인으로 전환한 경우들인데 그 부동산은 법인 소유가 되어 있어서 폐원하면 국가에 귀속된다. 그야말로 집도 없이 쫓겨날 사람들이 상당히 많다.

　2012년 이전에는 어린이집에 그나마 3~10% 정도의 보육료 인상을 허용했다.[128] 하지만 그 후 무상보육 확대와 더불어 규제가 더욱 강해져서, 정직하게 운영을 하면 적자를 면할 수 없는 상태가 되었다. 폐업할 수 있는 곳들은 폐업을 택할 것이고, 법인 유치원들은 기본 재산인 주택이 빈껍데기가 될 때까지 폐원도 못 한 채 적자를 이어가고 있을 것이다.

　유치원의 경우, 공립 유치원은 유아 1인당 평균 207만 원을 국고에서 지원하니 살림은 풍부하다. 사립 유치원의 경우 누리과정 지원금은 어린이집과 동일하지만 추가 등록금을 비교적 자유롭게 징수할 수 있다. 인상율에 대한 제한은 있지만 본래의 등록금 수준을 통제하지는 않았기 때문에 어린이집보다는 여유가 있다. 이런 사정들을 고려했을 때 어린이집의 보육의 질이 낮은 가장 큰 이유는 비현실적인 보육료 통제라고 봐야 한다.

푸르니가 말해주는 어린이집 문제의 진실

어린이집 문제가 어린이집 자체의 문제가 아니라 잘못된 제도 때문임은 직장 어린이집의 사례를 보면 알 수 있다. 다음 그림은 2022년 보건복지부가 어린이집을 이용하는 1,000가구를 대상으로 만족도 조사 결과인데 가장 낮은 곳은 민간 어린이집으로 3.98인데 직장 어린이집은 4.35로 가장 높았다. 심지어 부모 부담이 작은 국공립 어린이집보다도 상당히 높았다.[129]

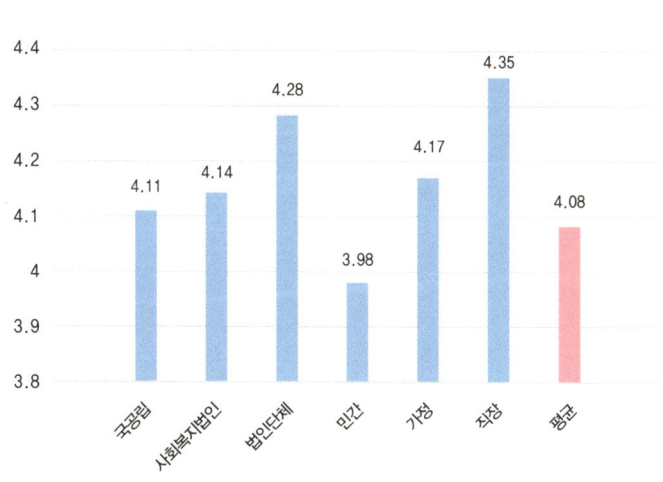

그림 · 어린이집에 대한 만족도(2022 보건복지부 조사)

직장 어린이집에 대한 만족도가 높은 원인은 당연히 보육-교육의 수준이 높기 때문이다. 어떻게 그것이 가능했을까. 그 원인은 돈과 운영 주체의 차이에 있다. 종업원 500인 이상이거나 또는 여성 종업원 300인 이상인 직장은 의무적으로 어린이집을 설치하거나 또는 비용을 지원해야 한다. 그렇게 만들어진 직장 어린이집은 시설이 좋은 데다가, 해당 직장이 비용 지원을 하기 때문에 재정이 비교적 넉넉하기 마련이다.

더욱 주목해야 할 부분은 운영 방식이다. 대부분 직장은 어린이집 운영을 외부의 전문 위탁기관에 맡기는데, 필자가 확인할 수 있는 전문 위탁기관은 전국에 7개였다.[130] 직장 어린이집 숫자가 1,305개이니까 평균 170개 정도의 어린이집을 맡아 운영한다는 말이다. 그 중 가장 큰 푸르니보육지원재단의 경우 홈페이지에 올라 있는 어린이집이 300군데였다. 그야말로 0~5세 전연령을 대상으로 하는 본격적인 보육 및 유아교육 전문 기업이고 교육 프랜차이즈인 셈이다. 규모가 이렇게 크다 보니 자체 프로그램도 개발하고 교사들에 대한 교육과 훈련도 매우 체계적이다.

아이를 푸르니 어린이집에 보내는 부모의 체험기에서 교육 전문 기업의 보육-교육의 실체를 확인해보자.[131] 다음은 엔지니어의 노트라는 필명으로 어느 분이 쓴 푸르니 직장 어린이집 후기를 약간 손 봐서 옮긴 내용이다.

고맙게도 내 직장의 어린이집은 푸르니재단에 맡기고 있는 덕분에 수준이 높고 들어가기 위한 경쟁률이 3대1까지도 된다. 운좋게도 내 아이는 여기에 다닌다. 대형재단에서 운영하는 만큼 시스템과 프로그램이 체계적이다. 등하원 출석체크 시스템, 선생님들과 교류하는 시스템, 아이들을 위한 견학, 교육 프로그램이 모두 짜임새가 있다.

가장 좋은 점은 바깥 놀이에 진심이라는 것이다. 비오는 날은 비옷에 우산을 들고, 맑은 날은 모자를 쓰고 밖에서 논다. 하루에 한 번도 아니고 오전에 한 번 오후에 한 번, 이렇게 두 번씩 아이들이 신나게 뛰어놀 수 있게 해준다. 푸르니에 다니고 난 후 아이의 체력 수준이 달라진 것 같다. 다른 어린이집, 유치원 보니까 하루종일 조그만 방 안에서 지내는 경우가 많은데 여기는 하루 두 번씩 바깥 놀이를 한다. 나중에 잠깐 다니게 된 대형 공립 유치원도 바깥에 나가는 일에 꽤 소홀했다. 이사 때문에 어쩔 수 없이 다니게 된 그 대형 공립 유치원은 정말 정말 별로였다.

여름이면 운동장에다 물풀장을 몇 개씩이나 만들어서 아이들이 매일 신나게 물놀이를 한다. 그 많은 애들 매일매일 옷 갈아입히고 물 닦고... 그 일들을 어떻게 다 할까? 우리가 만나본 푸르니 선생님들은 모두 최고였다. 리스펙트! 바깥 놀이도 제대로 안 하고 선생님들 귀찮은 것 하나도 안 하던 국공립 어린이집 생각나서 다시 또 화가 나려 하네.

다른 어린이집들도 직장 어린이집처럼 재원이 풍부하다면 보육의 질을 훨씬 더 높일 수 있었을 것이다. 또 푸르니 같은 교육 전문 기업 또는 재단이 맡아서 한다면 더욱 수준이 높아졌을 것이다. 유보통합 문제도 저절로 해결될 수 있다. 그러나 사립 어린이집들은 보육료 통제에 따른 예산 부족과 작은 규모 때문에 이런 식의 경영을 할 수 없다. 낮은 보육 질 문제를 해결하려면 유보통합이 아니라 어린이집에 더 많은 자유를 허용해줘야 한다.

다양성을 유지하는 통합 방안

─

유보통합을 하더라도 아이들의 미래역량을 위해 기관의 다양성, 프로그램의 다양성은 유지되어야 한다. 그러기 위한 통합의 방향을 다음과 같이 제안한다.

어린이집과 유치원을 모두 교육부가 관할하게 하자. 보건복지부는 어린이집도 양로원이나 고아원과 같은 차원에서 관리하기 때문에 교육의 질을 높이는 데에 적임이 아니다. 교육부가 둘 다 맡아서 교육의 관점에서 어린이집도 관리하는 것이 아이들을 위해 좋다.

재정 통합과 바우처 제도의 확대를 제안한다. 보육재정과 유아교육재정을 통합한 후, 공립과 사립 모두를 바우처 시스템으로 통합하자. 현재는 사립 유치원과 사립 어린이집들에 대해서만 바우처 방식으로 지원되는데, 앞으로는 공립 유치원, 국공립 어린이집도 수입이 원아의 숫자에 비례하도록 만들 필요가 있다. 스웨덴, 네덜란드, 덴마크 등의 사례를 배울 필요가 있다.

병설 유치원 등 공립 유치원의 확대는 멈추고, 그 재원으로 바우처 금액을 늘리는 쪽이 더 아이들에게 낫다. 그렇게 되면 사립 유치원의 다양성은 더욱 커질 수 있다.

유치원과 어린이집의 종류는 줄이지 말자. 오히려 더 다양한 형태가 생겨날 수 있도록 길을 열어줄 필요가 있다.

국가수준 교육과정인 누리과정의 실행에 있어서 일선 유치원과 어린이집에 자율권을 늘리는 것이 좋다. 그로 인해 다양한 시도들이 이뤄지고 아이들 각자에게 맞는 프로그램이 나올 가능성이 높아진다. 다만 누리과정이 추구하는 가치에 글로벌 지향성과 AI 친화적 역량을 추가할 필요가 있다. 미래세대에 반드시 필요한 역량인데, 우리나라 교사들이 대체로 세계화를 좋아하지 않기 때문에 현장의 자율에만 맡겨서는 해결하기 힘들다. 그리고 부모들이 비싼 돈 내고 영어유치원 안 보내도 되도록 사립 유치원, 어린이집에서의 놀이 기반 누리과정 수업을 영어로도 할 수 있게 허용하자.

푸르니보육지원재단 같은 전문 보육-교육 기관이 더 많은 어린이집, 유치원을 맡아서 운영할 수 있도록 제도적 장애물들을 걷어내는 작업도 필요하다.

통합이 필요한 또 다른 분야는 정보의 제공이다. 유치원, 어린이집의 다양성이 증가할수록 부모들은 정보의 부족으로 선택에 어려움을 겪는다. 유치원 알리미가 있기는 하지만 정보가 충분치 않기 때문에 부모들은 맘카페에서 오가는 대화들에 더 의존한다. 맘카페 없이도 자기 아이에 맞는 곳이 어디인지 판단할 수 있도록 유치원, 어린이집 알리미의 내용을 충실하게 만들자.

특히 중요한 것은 이미 이용해본 사람들의 평가와 이용 후기들이다. 맘카페를 드나드는 이유도 바로 그런 생생한 정보를 얻기 위함이다. 노르웨이에서는 유치원 알리미 사이트에 해당 유치원 학부모들에 대한 설문조사 결과를 공개해놓고 있다. 영국과 뉴질랜드에서는 교육 당국의 해당 기관에 대한 평가결과를 공개하고 있다. 우리나라의 유치원 어린이집 알리미에도 그런 정보들을 공개해서 학부모가 선택하는 데 실질적인 도움을 얻을 수 있게 해줘야 한다.

> **노르웨이 유치원 알리미 사이트의 모습**
>
> 다음 사이트의 내용을 한글로 번역한 것임.
>
> 해당 유치원에 대한 학부모 설문조사 결과가 있음에 유의할 것.
>
> https://barnehagefakta.no/barnehage/997702883/drommehagen-barnehage-as

드림 가든 유치원 AS

* Floghaugane 61, 5918 Frekhaug, *Alver*
* 소유권: 개인
* 143명의 아이들
* 1~5년
* 일반 유치원
* 레지오 에밀리아에서 영감을 받은 유치원
* 웹사이트 보기
* 07:00 - 17:00
* 어린이 1인당 놀이 및 생활 공간: 4.8㎡, 총 690㎡

주요 수치에 대하여

유치원에 지원하려면 어떻게 해야 하나요?
유치원 입학은 지자체 웹사이트를 통해 신청하세요.
지자체 웹사이트 보기

 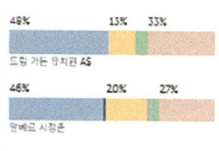

 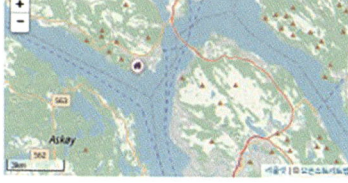

*스마트폰으로 QR코드 스캔하면 바로 접속 가능.

미주

1. Meet 5 Kid Entrepreneurs Who Are Earning Their Own Pocket Money From A Young Age, by Ching Sue Mae, DollarsAndSense.sg, 2019.8.28. https://dollarsandsense.sg/meet-5-kid-entrepreneurs-earning-pocket-money-young-age/
2. Country comparison South Korea vs Singapore. https://countryeconomy.com/countries/compare/south-korea/singapore
3. Ministry of Education, Overview of Singapore Education System. https://www.moe.gov.sg/-/media/files/about-us/overview_of_singapore_education_system.pdf
4. "Teach Less, Learn More" Initiative and Applied Learning Programme, by Parliament of Singapore, Singapore Parliament Reports (Sitting No. 4, Vol 94), 2017.3.7. https://sprs.parl.gov.sg/search/email/link/?id=004_20170307_S0004_T0002&fullContentFlag=false
5. *Hoiskon tytöt saivat Liekin loistamaan - Parhaan myyntipuheen palkinnon pokanneet pikkuyrittäjät tietävät, mitä tekevät, by Torstai-lehti, Torstai-lehti, 2023.4.26. https://www.torstai-lehti.fi/2023/04/26/hoiskon-tytot-saivat-liekin-loistamaan-parhaan-myyntipuheen-palkinnon-pokanneet-pikkuyrittajat-tietavat-mita-tekevat/#google_vignette

    Liekin myyntipuhe tehosi - Pikkuyrittäjät palkittiin Helsingissä, by Jarko Kivinen, Järviseutu-lehti, 2023.4.22
    https://www.jarviseutu-lehti.fi/uutiset/liekin-myyntipuhe-tehosi-pikkuyritt%C3%A4j%C3%A4t-palkittiin-helsingiss%C3%A4
6. Finland ranked number one among 50 countries in entrepreneurship education, by Anna-Mari Simunaniemi, University of Oulu Blogs (Kerttu Saalasti Institute Blog), 2022.6.23 https://www.oulu.fi/en/blogs/kerttu-saalasti-institute-blog/finland-ranked-number-one-among-50-countries-entrepreneurship-education
7. 수업시간에 안자는 교실⋯ 초등 71%, 중등 21%, 고등 7%, 조선일보, 2020.5.13. https://www.chosun.com/site/data/html_dir/2020/05/13/2020051300193.html
8. 자는 애 깨우면 "네가 뭔데"⋯ 초등교실도 속수무책, 조선일보, 2023.7.20. https://www.chosun.com/national/education/2023/07/20/5T5UUBUKXJEYTMR6VU5Y44UWLE/
9. 키워놓은 두뇌도 실리콘밸리行⋯인재전략이 없다, 서울경제, 2022.7.31. https://www.sedaily.com/NewsView/268QJGXUT5
10. 韓 '핵심두뇌 유출' 1위⋯中의 11배, 한국경제신문, 2024.10.27. https://www.hankyung.com/article/2024102719861
11. https://www.hankyung.com/article/2024102719861

12 http://17region.pa.go.kr/news/local_news_read.php?board_id=34&id=43610&page=15

13 국내 첫 국제 바칼로레아(IB) 학교 제주 표선고 추진, 연합뉴스, 2015.5.8. https://www.yna.co.kr/view/AKR20150508063800001

14 국내 IBDP 학교 첫 졸업생들 학업성취도·정서 등 고루 우수, 연합뉴스, 2021.5.17. https://www.yna.co.kr/view/AKR20210517109800001

15 2025년 13대 주력산업 전망, 산업연구원, 2025.1.9. https://eiec.kdi.re.kr/policy/domesticView.do?ac=0000191288

16 의대 합격생 10명 중 8명은 N수생…5년 새 최고 비율. https://www.yna.co.kr/view/AKR20240404078000530

17 Society at a Glance 2024: OECD Social Indicators, by OECD, OECD Publishing, 2024.1.25. https://www.oecd.org/en/publications/society-at-a-glance-2024_918d8db3-en.html

18 The 10 Worst Countries for Racial Equality, by U.S. News Staff, U.S. News & World Report(2023년 Best Countries 순위 데이터 기반, 페이지 접속일 2025년 5월 22일) https://www.usnews.com/news/best-countries/slideshows/worst-countries-for-racial-equity?onepage

19 OECD Economic Surveys: Korea 2024, by OECD, OECD Publishing, February 2024. https://www.oecd.org/en/publications/oecd-economic-surveys-korea-2024_c243e16a-en.html

20 다보스 참석 김동연 "정치 매몰된 한국의 고민, 세계와 너무 동떨어져", 조선일보, 2024.1.22. https://www.chosun.com/international/international_general/2024/01/21/3XWZGJR4HZEIPMHL4B4EYFHM5A/

21 EF Standard English Test. https://www.ef.com/wwen/epi/

22 토플 시험 개정 이후 한국인 스피킹 성적 하락(91위→129위), 파이낸스투데이, 2024.8.13. https://www.fntoday.co.kr/news/articleView.html?idxno=330404

23 김안나, 김혜정, 미래사회에 필요한 유아의 핵심역량과 교육 내용에 대한 교사의 인식 연구, 미래유아교육학회지. 2023.11.25 30:27

24 삼성도 아는 삼성의 숙제…외부수혈잔혹사 끊을까[팩플], 중앙일보, 2025.1.3 https://www.joongang.co.kr/article/25304827

25 기업내 영어공용화, 어떻게든 되살려야, 조선일보, 2015.10.21. https://biz.chosun.com/site/data/html_dir/2015/10/19/2015101901892.html

26 대기업 호칭 파괴 두고 설왕설래, 매일경제, 2022.2.2. https://m.mk.co.kr/news/business/view/2022/02/94244/

27　The Heckman Curve, by The Heckman Equation, https://heckmanequation.org/resource/the-heckman-curve/

28　김헌철, 국가가 아동의 미래에 투자해야 하는 경제학적 이유, 그리고 팬데믹 기간의 실패, 한국아동학회 학술발표논문집. 2024-04 2024(4):73-89. 에서 재인용.

29　The Heckman Curve, 상게서.

30　Brenda Taggart et. Al, How pre-school influences children and young people's attainment and developmental outcomes over time, Research Brief June 2015. UK Dept. of Education.

31　[전재학 칼럼] 이상과 현실 사이에 선 혁신고교, 그리고 교육이 가야 할 길. 교육플러스 2021.08.19. https://www.edpl.co.kr/news/articleView.html?idxno=2271 이 글을 쓰던 당시 전재학은 인천세원고 교감이었다. 그 뒤 인천산곡남중 교장을 거쳐 현재는 교육칼럼니스트로 활동하고 있다.

32　학교에서 사라지는 원어민 교사, 연합뉴스, 2016.10.6. https://www.yna.co.kr/view/AKR20161006086100004?utm_source=chatgpt.com

33　2024.3.25. 국회 교육위원회 강득구 더불어민주당 의원이 교육부로부터 제출받아 발표한 자료. https://www.newspim.com/news/view/20240325000810

34　학생수 급증 표선고, 내년 고교학점제 연구학교 운영, 제주매일, 2022.11.27. https://www.jejumaeil.net/news/articleView.html?idxno=313664

35　로버트 풀검, 최정인 옮김, 《내가 정말 알아야 할 모든 것은 유치원에서 배웠다》, 알에이치코리아, 2018.

36　Schweinhart, L. J., Montie, J., Xiang, Z., Barnett, W. S., Belfield, C. R., & Nores, M. (2005). Lifetime effects: The HighScope Perry Preschool study through age 40. Ypsilanti, MI: HighScope Press. "영유아기 교육·보육 경험이 초기 학업성취 및 학교적응에 미치는 영향 분석: KICCE 아동패널 3차년도 자료를 중심으로" (김은설 외, 2012, 육아정책연구)

37　Pinker, S. (2002). The Blank Slate: The Modern Denial of Human Nature. New York: Penguin Books.

38　앤절라 더크워스, 김미정 옮김, 《그릿: IQ, 재능, 환경을 뛰어넘는 열정적 끈기의 힘》, 비즈니스북스, 2016.

39　상게서.

40　THE FUTURE OF EDUCATION AND SKILLS Education 2030

41　Why Phenomenon-based Learning is important? https://finlandeducationshop.fi/tag/transversal-competences/

42　Educators' Guides for NEL Framework 2022, https://www.nel.moe.edu.sg/teaching-n-learning-resources/frameworks-and-guidelines#:~:text=Frameworks%20and%20

Guidelines-, NEL%20Framework, -The%20NEL%20Framework

43 김은주, 임예슬, 안세정, 유아의 놀이 사례에 나타난 '과학적 배움' 분석: 〈2019 개정 누리과정〉 놀이운영사례집을 중심으로, 교육혁신연구 33. 3 (2023): 169-200.

44 자유놀이와 목적 지향 놀이의 차이에 대해서는 다음 문서들을 참조했다. A Curriculum Framework for Preschool Education in Singapore - Nurturing Early Learners(NEL), https://www.nel.moe.edu.sg/qql/slot/u143/2022/NEL%20Framework%202022_new.pdf, Learning Through Play: The Role of Play-Based Education in Early Childhood Development in Singapore - Educare Tutoring, 2025년 4월 26일에 접속, https://www.educaretutoring.sg/post/learning-through-play-the-role-of-play-based-education-in-early-childhood-development-in-singapore, Purposeful play during learning centre time: From curriculum to practice Author(s) Alfredo Bautista, Malikka Habib, Anthon - NIE Digital Repository, 2025년 4월 26일에 접속, https://repository.nie.edu.sg/bitstreams/314ee8cc-4c22-4de1-9715-fd6fe5619a63/download

45 Liu, J., Birkeland, Å. Perceptions of Risky Play among Kindergarten Teachers in Norway and China. IJEC 54, 339-360 (2022). https://doi.org/10.1007/s13158-021-00313-8

46 정현숙, 〈네덜란드〉 "1년 늦게 졸업해도 제대로 배워야죠" 공교육 신뢰…유치원부터 대학까지 유급제 엄격. https://www.hangyo.com/news/article_print.html?no=39995

47 "No single intervention by schools is worse than retention", by Communications Unlimited, Communications-Unlimited.nl, 2018.3.11. https://www.communications-unlimited.nl/no-single-intervention-by-schools-is-worse-than-retention/

48 Five things Irish schools could learn from the Netherlands, by Poilinni Regan, The Irish Times, 2018.8.30. https://www.irishtimes.com/life-and-style/abroad/five-things-irish-schools-could-learn-from-the-netherlands-1.3613854?mode=amp

49 놀이하며 자라는 유아시민역량. 미래역량 강화를 위한 현장 지원자료(유아 교사용), 교육부, 2022.

50 Singaporeans' National Values and Identity, by Ipsos, Ipsos.com, 2020.8.25. https://www.ipsos.com/en-sg/singaporeans-national-values-and-identity?utm_source=chatgpt.com

51 [국가 자부심] "대한민국 국민인 것이 자랑스럽다" 58%, by 한국리서치, 한국리서치 여론 속의 여론, 2023.9.23. https://hrcopinion.co.kr/archives/28222?utm_source=chatgpt.com

52 "취업하려면 경력 쌓아야 된대요"…신입채용에 경력 원하는 기업들, 한경매거진, 2025.3.20. https://magazine.hankyung.com/job-joy/article/202503207741d

53 질문 안 하는 기자들? 안 하는 게 아니라 못하는 것. http://www.mediatoday.co.kr/?mod=

news&act=articleView&idxno=114621
54 Denmark's Forest Kindergartens, https://www.youtube.com/watch?v=Jkiij9dJfcw
55 청소년 사회화과정의 국제비교 연구Ⅰ- 한국·일본·미국·독일·스웨덴의 가족내 자녀사회화과정 비교를 중심으로, 한국청소년개발원, 2006.
56 How China Views South Korea's Nuclear Debate - CSIS, 2025년 5월 11일에 접속, https://www.csis.org/analysis/how-china-views-south-koreas-nuclear-debate
57 www.rand.org, 2025년 5월 11일에 접속, https://www.rand.org/content/dam/rand/pubs/perspectives/PEA500/PEA524-1/RAND_PEA524-1.pdf
58 Transforming the Future - The Impact of Artificial Intelligence in …, 2025년 5월 11일에 접속, https://www.elibrary.imf.org/view/journals/018/2025/013/article-A001-en.xml
59 [신종우 칼럼-27] 한국 교육의 침묵을 깨뜨리자 - 교육플러스, 2025년 5월 11일에 접속, https://www.edpl.co.kr/news/articleView.html?idxno=14324
60 The role of critical thinking in the IB program | Shiv Nadar School, 2025년 5월 11일에 접속, https://shivnadarschool.edu.in/role-critical-thinking-ib-program
61 The influx of International Baccalaureate (IB) programmes into local education systems in Hong Kong, Singapore, and South Korea - NUS Faculty of Arts and Social Sciences (FASS), 2025년 5월 11일에 접속, https://fass.nus.edu.sg/srn/2023/03/01/the-influx-of-international-baccalaureate-ib-programmes-into-local-education-systems-in-hong-kong-singapore-and-south-korea/
62 How IB Helps Students Develop an Entrepreneurial Mindset - KR Mangalam Global School, 2025년 5월 11일에 접속, https://krmangalam.global/how-ib-helps-students-develop-an-entrepreneurial-mindset/
63 Implementation of International Baccalaureate programmes in South Korea (2025). https://www.ibo.org/research/outcomes-research/continuum-studies/implementation-of-international-baccalaureate-programmes-in-south-korea-2025/
64 Ling Tan, Performance comparison between IB and non-IB school students on the International Schools' Assessment, Australian Council for Educational Research (ACER), 2021. https://research.acer.edu.au/monitoring_learning/52/
65 삼성전자, 대만 TSMC 출신 임원 퇴사…왜?, 데일리한국, 2024.12.31. https://daily.hankooki.com/news/articleView.html?idxno=1163522
66 초등학교 84명(49%), 중학교 69명(40%), 고등학교 20명(12%). https://te.co.kr/news/article.html?no=23962
67 광진구 IB교육 활성화 방안 연구, 광진구의회 미래혁신교육연구회, 2024.12.
68 [논평] IB는 아동학대 프로그램이다! 대구교육청은 IB 강행을 즉각 중단하라!, 전교조 대구지

68 부, 2023.10.12. https://chamdg.eduhope.net/bbs/board.php?bo_table=maybbs_c_2&wr_id=28652

69 IB교육은 공교육의 성공 모델이 될 수 있을까 임영구 표선고 교장 인터뷰. 제주투데이, 2023.8.3.

70 [Q&A]도교육청, "IB 디플로마 프로그램(IBDP) 대해 알고 있나요?", 뉴스N제주, 2019.5.1.

71 https://noworry.kr/policyarchive/?bmode=view&idx=3853311&utm_source=chatgpt.com

72 사교육걱정없는세상 보도자료, 2020.5.18. https://noworry.kr/policyarchive/?bmode=view&idx=3853311&utm_source=chatgpt.com

73 수능 최초 설계자가 말하는 수능 실패 원인, 주간조선, 2021.12.18. https://weekly.chosun.com/news/articleView.html?idxno=18522

74 학부모 10명 중 9명 "수능 가장 공정해…정시 확대해야" 조선일보, 2017.11.1. https://edu.chosun.com/m/edu_article.html?contid=2017110102284

75 경북도내 사립 학교운영위원회 대부분 유명무실, 뉴시스, 2024.1.6. 전상혁. (2020). 학교운영위원회의 기능과 운영 실태에 관한 연구: 서울시 공립 중등학교를 중심으로. 석사학위논문, 서울교육대학교 교육대학원. 김민지. (2021). 초등 혁신학교 학부모의 학교참여 경험에 대한 질적 연구 - 충북 청주S초등학교를 중심으로. 사회과학연구, 32(2), 219-241.

76 대한민국 정책브리핑, 2019.3.4. https://www.korea.kr/news/cultureColumnView.do?newsId=148858854

77 KEDI POLL 2021의 여론조사는 만 19세 이상 75세 미만의 전국 성인남녀 4,000명을 대상으로 웹패널을 활용한 전면 온라인 조사. 조사 기간: 2021.8.16. 부터 4주. https://kedi.re.kr/khome/main/research/selectPubForm.do?plNum0=14537

78 https://www.ibabynews.com/news/articleView.html?idxno=108086&utm_source=chatgpt.com

79 2022 유아교육 실태조사, 교육부, 서울특별시교육청, 육아정책연구소, 2022.

80 서효원, 사립 유치원 경력이 있는 공립 유치원 교사의 교직 경험에 대한 내러티브 탐구, 이화여자대학교 석사논문, 2018.

81 김양희, 공립과 사립 유치원의 특성에 관한 공립 유치원 기간제교사의 인식 중앙대학교 대학원 석사학위논문, 중앙대학교, 2015.

82 김문수 국회의원, 유치원 학부모부담금, 올해 20.0% 증가, 와리스뉴스 2024.8.5. http://www.waris.kr/bbs/board.php?bo_table=news&wr_id=9058

83 2022~2026년 중기 전북 교육재정 제1차 변경계획 2022~2026년 중기전북교육재정 제1차 변경계획, 전라북도교육청, 2022.

84 유치원 회계 실태와 개선점, 육아정책연구소, 2015. https://repo.kicce.re.kr/bitstream/2019.oak/4563/2/IP1509.pdf?utm_source=chatgpt.com

85 Education at a Glance 2024, OECD, 2024.
86 2021~2025 국가재정운용계획: 학령인구 감소에 따른 교육재정 효율화, KDI, 2021.
87 《2022 유아교육 실태조사》, 교육부, 서울특별시교육청, 육아정책연구소, 2022.
88 다음 자료들 참조. "영어유치원 비용 (월 수강료, 입학금, 기타 비용) 비교 및 실제 후기," 네이버 블로그: 달콤한 엘린의 달콤한 육아 & 일상 (2022년 7월 5일). https://blog.naver.com/sweetjo/223110295959, "서울 비인가 국제학교 학비 (세인트폴 대치, SIE, GIS, CCAS, SSI, BCC 등)," 네이버 블로그: 리차드 잉글리쉬 (2024년 7월 16일). https://blog.naver.com/richard3-/223518790173, "비인가 국제학교, 정부 지원 없이 학부모가 모든 비용 부담," 네이버 블로그: 마스터 유학원 공식 블로그 (2023년 12월 19일). https://m.blog.naver.com/master608/223298664218, "사립초 학비 : 1년간 비용 총정리," 네이버 블로그: 후기에 진심 (2023년 11월 10일). https://blog.naver.com/kmaroma/223261535460
89 [G20 정상회의 D-60] 오바마 대통령의 '통큰' 배려… 한국 기자단은 '침묵', 조선일보, 2010.9.9. https://www.chosun.com/site/data/html_dir/2010/09/09/2010090900016.html
90 학교선생님보다 학원강사가 더 존경스러워요, 조선일보, 2010.9.9. https://www.chosun.com/site/data/html_dir/2010/09/08/2010090800016.html
91 우리가 학교선생님보다 나은 점은…, 조선일보, 2010.9.8. https://www.chosun.com/site/data/html_dir/2010/09/08/2010090800016.html
92 학생수 줄어도 교육예산은 늘어…1인당 교육비 첫 3천만 원 육박, 연합뉴스, 2024.9.7. https://www.yna.co.kr/view/AKR20240907035600002?utm_source=chatgpt.com
93 이 장은 필자의 다음 논문에 기초했음. 바우처 제도의 이상과 한국적 현실, 김정호, 공공선택학저널, 2권, 2호, 127-146, 2023, 10.55795/jpc.2023.2.2.127.
94 Friedman, M. (1955), The Role of Government in Education, From Economics and the Public Interest, ed. Robert A. Solo.
95 Friedman, M. (1955), The Role of Government in Education, From Economics and the Public Interest, ed. Robert A. Solo.
96 모든 사립 유치원 2020년 3월부터 K-에듀파인 전면 도입, 한국시민방송, https://www.kcbpaper.com/news/view.php?bIdx=1990
97 헌재 "사립 유치원에도 에듀파인 의무 도입… 합헌" https://www.lawtimes.co.kr/news/174568
98 김정호(2017), 사립 유치원 비리 문제에 대한 새로운 시각, 규제연구. 26(2):97-119
99 들리는 이야기를 전한 것일 뿐 구체적 데이터는 없다.
100 McDonald, K. (2019), Why Milton Friedman Saw School Choice as a First Step, Not a

Final One. https://fee.org/articles/why-milton-friedman-saw-school-choice-as-a-first-step-not-a-final-one

101 Jencks, C. (1970), Giving Parents Money for Schooling: Education Vouchers, The Phi Delta Kappan Vol. 52, No. 1, Unfinished Business in the Teaching Profession, pp. 49-52
102 교육부, 2022학년도 유아학비와 저소득층 유아학비 지원 확대, https://www.eduyonhap.com/m/page/view.php?no=61604
103 유아교육법 제24조(무상교육) ① 초등학교 취학 직전 3년의 유아교육은 무상(無償)으로 실시하되, 무상의 내용 및 범위는 대통령령으로 정한다. ②제1항에 따라 무상으로 실시하는 유아교육에 드는 비용은 국가 및 지방자치단체가 부담하되, 유아의 보호자에게 지원하는 것을 원칙으로 한다.
104 원아 5명 모집도 어려운 '공립 병설 유치원', 인천일보, 2023.7.25. https://www.incheonilbo.com/news/articleView.html?idxno=1204466
105 정금숙(2022), 지속가능한 공사립 유치원 균형발전 방안 토론문, 학령인구감소시대, 서울 공사립 유치원 운영 실태와 미래 전망 토론회, 육아정책연구소.
106 경상남도 교육청(2020), 2020학년도 사립 학교 재정결함보조금 지원계획
107 김정호(2017), 사립 유치원 비리 문제에 대한 새로운 시각, 규제연구. 26(2):97-119
108 만5세 누리과정 해설서, 교육부, 2011
109 김연명, 김송이(2009), 보육바우처의 도입과 한국 보육정책의 딜레마, 한국영유아보육학, 1-27.
110 박창현·김근진·윤지연(2021), 유아의무교육 및 무상교육 보육의 쟁점과 과제, 육아정책연구소.
111 송기창(2011), 유아교육재정의 쟁점과 과제, 유아교육연구 31(1), 43-59.
112 뉴질랜드 교육평가청의 학교별 평가보고서는 이 페이지에서 열람할 수 있다. 유치원도 물론 가능하다. https://ero.govt.nz/review-reports
113 이하의 내용은 필자의 졸고, 《맘이 선택케 하라》, 비비트리북스, 2021, pp.62-97을 요약했음.
114 나은경, 한국 유아교육의 공교육 형성에 관한 교육역사사회학적 탐색, 부산대학교 교육학 박사학위 논문, 2016.
115 나은경, 상게서.
116 박명희·백일우 한국 사교육시장 전개의 역사와 그 의미. 미래교육학연구, 2016, 29(2): 23-50
117 석성환, 유아교육법규 20년-연구 성과와 과제, 2005, 미발표 논문.
118 상게 논문.
119 조성자·양정남, 한국에 있어서 몬테소리교육사상의 발전과정에 관한 연구, 실천유아교육(구 Montessori교육연구) 9권, 2004년 12월. 115-148, P.123.
120 조복희·강희경·김양은·한유미, 한국 보육의 역사 및 관련법과 현황, 한국보육지원학회지, 제9

권 5호, 2013, pp.381-405

121 이혜원, 보육정책의 효과와 개선방향, 한국조세재정연구원, 2013. https://www.hankyung.com/society/article/2010071536278

122 그러나 2005년 다시 인가제로 복귀했으며 자치구별로 운영방식을 결정하게 되었다. https://www.hankyung.com/society/article/2010071536278 조복희 등 상게서.

123 박정애, 국가수준 유치원 교육과정에 대한 교사들의 관심과 실행연구, 동국대 석사논문, 2008. 부성숙, 유치원 교육과정에 대한 교사들의 관심도와 활용수준, 이화여자대학교 석사논문, 1998

124 이경화, 3-5세 누리과정의 한계와 유아교육자의 과제, 생태유아교육연구, 2016. 제15권 제4호, 1-23

125 "우리 아이들을 위해 보육료 현실화 꼭 이뤄내겠다"(한국어린이집총연합회 이중규 신임회장 인터뷰), 베이비뉴스, 2020.5.28. https://ibabynews.com/news/articleView.html?idxno=85947

126 장진환, 아동학대 해법은 교사 근무환경 개선, 한겨레 2015.3.9. https://www.hani.co.kr/arti/opinion/because/681434.html

127 https://www.ibabynews.com/news/articleView.html?idxno=77844

128 우리 아이들을 위해 보육료 현실화 꼭 이뤄내겠다(이중규 회장 인터뷰), 베이비뉴스, 2020.5.28. https://www.ibabynews.com/news/articleView.html?idxno=85947

129 2022년 어린이집 이용자 만족도 조사 결과 발표, 보건복지부, 2023.2.28.

130 재단 직장 어린이집 사이트 정리 및 특징, https://m.blog.naver.com/kjst/222255260359

131 푸르니 직장 어린이집 후기(최고). 2024.3.21. https://socrates-dissatisfied.tistory.com/100?utm_source=chatgpt.com